牧民心書 2

역주 목민심서 2

정약용

다산연구회 역주
임형택 교열

창비

차례

2

愛民六條
제4부 애민 6조

吏典六條
제5부 이전 6조

戶典六條
제6부 호전 6조

1

일러두기

1. 이 책 『역주 목민심서』(전7권)는 1934~38년 신조선사에서 간행한 『여유당전서與猶堂全書』(전67책冊, 1970년에 경인문화사에서 6책으로 영인본 간행) 중 제5집 정법집政法集의 『목민심서牧民心書』를 저본으로 한 『역주 목민심서』(전6권, 창작과비평사 1978~1985)의 전면개정판이다. 전7권 중 국문 번역문은 제1~6권에, 한문 원문은 제7권에 실었다.
2. 원문에 충실한 번역을 원칙으로 하되 독자의 이해를 돕기 위하여 경우에 따라 의역을 하였다.
3. 원저의 지은이 주註는 본문에서 【 】 안에 넣었다. 다만 옮긴이의 보충이 필요한 항목은 각주에서 원주의 내용을 밝히고 추가 설명을 하였다.
4. 인명, 지명, 제도, 중요한 역사적 사실과 용어 등에 대하여 옮긴이의 각주를 붙였다.
5. 『목민심서』의 서술 체제는 강목체綱目體로 되어 있는데 이 책에서는 활자의 색과 크기를 달리하고 행간을 띄어 강綱과 목目을 구분하였다.
6. 부(예: 제1부 부임 6조), 조(예: 제1조 전정) 등은 원문에는 없지만 이해를 돕기 위하여 붙였다.
7. 원저의 목目 부분에 ○ 기호로 구분지어 서술해놓기도 했는데, 번역문에서 그 부분을 그대로 따랐다. 다만 독자의 편의를 위해 문단을 나누기도 하였다.
8. 원저의 목目 부분에는 소제목이 없지만 독자의 편의를 위해 소제목을 넣기도 하였다.
9. 이 책에 나오는 기호는 다음과 같이 사용하였다.

   『 』 서명을 나타낸다. 서명과 편명을 함께 밝힐 때는 중점으로 구분했다. 예: 『후한서·순리전』

   「 」 편명을 나타낸다. 예: 「순리전」「호전」

   〔 〕 병기한 한자와 음이 다른 경우, 번역문에 원문을 병기할 때 사용하였다.

   案 鏞案 臣謹案 정약용 자신의 견해임을 밝힌 표현이다. 鏞案은 존경하는 분의 말씀에 대해, 臣謹案은 임금의 말씀에 대해, 案은 그밖의 일반적인 문제에 대한 견해이다.

제4부 애민 6조

愛民六條

【수령의 직분이 어찌 칠사七事에만 그칠 것인가! 지금 위에서도 칠사로 명을 하고 아래서도 칠사로 받들어 오직 칠사 외에는 더 힘쓸 바가 없는 줄 알고 있다. 비록 어질고 착한 사람이라도 아득해서 손을 어디서부터 써야 할지 모르고 있으니 한심하지 않은가. 『주례周禮·지관사도地官司徒·대사도大司徒』의 보식육정保息六政●은 실로 수령이 첫째로 할 일이다. 여기에 그 뜻을 대략 옮겨서 애민 6조를 만든다.】

● 『주례周禮·지관사도地官司徒·대사도大司徒』의 보식육정保息六政: 대사도는 『주례』의 6관 중 지관地官에 해당한다. 원래 교화를 맡았는데, 중국 한나라에서는 승상을 대사도라 지칭했다. 후에 호부戶部로 이어져 내려왔다. '보식육정'은 백성을 보호하여 편히 살게 하는 여섯 가지 정사政事를 말하는데, 첫째 자유慈幼, 둘째 양로養老, 셋째 진궁振窮, 넷째 휼빈恤貧. 다섯째 관질寬疾, 여섯째 안부安富이다.

제1조 노인을 봉양함

養老

노인을 봉양하는 예가 폐지된 후로 백성들이 효도를 하지 않으니 수령 된 사람은 다시 노인을 봉양하는 예를 거행하지 않으면 안 된다.

옛날 예법에 대부大夫로서 기로耆老[1]에 이른 사람을 국로國老라 이르고 서인庶人으로서 기로에 이른 사람을 서로庶老라 일렀다. 유우씨有虞氏[2]는 서로를 하상下庠에서 받들었고 하후씨夏后氏[3]는 서로를 좌학左學에서 받들었으며, 주周나라에서는 교상郊庠에서 받들었다【「왕제王制」[4]에 보인다】. 지

---

1 기로耆老: 원래 60세 이상의 노인을 가리키는 말이다. 조선시대에는 기로소耆老所를 설치하고 연로한 문신을 예우하여 국로國老를 받드는 예를 갖추었다. 세종 때에 벼슬에서 물러난 대신들이 모여 국사를 의논하는 치사기로소致仕耆老所를 정식으로 발족시켰는데, 중기에는 정경正卿 정2품으로서 70세 이상 된 문신이 참여할 수 있었고, 왕으로서는 태조와 숙종, 영조가 참여하였다고 한다. 본문 '노인을 봉양함'에서 다루는 것은 옛 중국의 양로養老의 예에 따라 서로庶老들을 대접하는 것을 주로 하고 있다.

2 유우씨有虞氏: 중국 고대의 순舜임금. 순임금이 우虞 지역, 즉 지금의 산서성山西省 평륙현平陸縣에 나라를 세웠으므로 유우씨라고 한 것이다.

3 하후씨夏后氏: 중국 우왕禹王. 하夏 왕조를 가리키기도 한다.

4 「왕제王制」: 『예기禮記』의 편명으로 나라를 다스리는 제도를 논하는 내용을 담고 있다. 「왕제」에 의하면 중국 고대국가의 나라별 학교 편제는 다음과 같다. 유우씨–하후씨–은殷–주周의 차례로 소학小學은 하상下庠–서서西序–좌학左學–우상虞庠이며, 대학大學은 같은 차례로 상상上庠–동서東序–우학右學–동교東膠이다. 주나라의 대학인 동교는 왕궁의 동쪽에 있는 데 대하여 소학인 우상은 서교西郊에 있었기 때문에 우상을 교상郊

금 수령 된 자는 모름지기 서로를 받들어야 한다. 『예기禮記·교특생郊特牲』에 "봄에는 고아들을 위한 잔치를 베풀고 가을에는 늙은이들을 대접한다"라고 하였으며, 『예기·월령月令』에 "봄에는 어린아이들을 양육하고 가을에는 늙은이들을 봉양한다"라고 하였다. 마땅히 가을 추수 뒤 추위가 오기 전에 이 예를 행하도록 할 것이다【상강霜降[5]이 무방하다】.

성호星湖[6] 선생은 다음과 같이 말하였다. "효도하고 우애하지 않는 자는 있어도 우애하면서 효도하지 않는 자는 없을 것이다. 그러므로 선왕의 제도에 우애는 향촌에서도 통하고 우애는 길거리에서도 통하며 우애는 군대에서도 통하니, 우애의 교화는 국가의 노인 공경에 근거하고 있는 것이다. 유우씨 이래로 노인을 공경하는 예를 폐한 일이 없었다. 사람들은 비용이 많이 드는 것을 걱정한다. 그러나 예법에 70세, 80세, 90세에 따라 각각 접대하는 그릇의 수가 있으니 더 보태서는 안 된다. 초대할 노인의 수가 많을까 꺼려지면, 그중에서 나이 많은 순서대로 부르거나 마을을 돌아가면서 하면【봄에는 동촌의 노인을 초대하고 여름에는 남촌의 노인을 초대하는 것을 말한다】 안 될 것이 없다. 의식은 환갑잔치 등에서 장수를 빌며 술잔을 올리는 것같이 간략하게 하고, 아울러 아래의 두터운 정이 위로 통하게 하면 어찌 얻는 것이 적을 것인가! 사마광司馬光은 '자주 모임을 갖되 예를 극진히 하고, 차리는 음식은 박하더라도 정이 두터워야 한다'라고 하였다. 마땅히 일정한 기일을 정해놓고 계절이 지날 때 한 번씩

庠이라고도 한다.

5 상강霜降: 24절기의 하나. 양력 10월 23일경이다.

6 성호星湖, 1681~1763: 조선 후기의 실학자 이익李瀷. 자는 자신子新, 본관은 여주驪州, 성호는 호이다. 실학이라는 학풍을 연 학자로 평가된다. 저서에 『성호사설星湖僿說』이 대표적이며, 문집으로 『성호집星湖集』이 있다.

초대하는 것이 좋다." ○ 성호 선생이 또 말하였다. "삼로오경三老五更[7]을 봉양함은 곧 성왕聖王의 유제遺制로서 한漢나라 명제明帝 이후 위魏나라 고귀향공高貴鄕公[8]이 거행하였고 그 후에 북위北魏의 효문제孝文帝와 북주北周의 무제武帝가 거행하였다. 이후로는 이 예식을 거행했다는 이야기를 듣지 못했다. 군왕의 도가 너무 높아져서 아래의 사정이 위로 통하지 않으며, 수령조차 역시 망령되게 스스로 존대해져서 이 예가 드디어 폐지된 것이다."[9]

재력이 부족한 경우 초대 범위를 너무 넓혀서는 안 된다. 80세 이상의 노인을 골라 초청하는 것이 좋을 것이다.

남자 80세 이상을 뽑아서 잔치에 참여하게 할 것이다. 80세 이상에 대해서는 찬饌을 네 접시【떡과 국 외에 네 접시】로 하고, 90세 이상에 대해서는 찬을 여섯 접시로 한다. 『예기』에는 "60세는 세 접시, 70세는 네 접시, 80세는 다섯 접시, 90세는 여섯 접시로 한다"【향음주鄕飮酒[10]의 법이다】라고 하였다. 이제 이를 대략 취해서 정한 것이다. ○ 노쇠하고 병이 있어 올

7 삼로오경三老五更: 중국 주대周代에 천자가 삼로오경을 두어 부형父兄의 예로써 봉양하였다. '삼로'와 '오경'을 각각 다른 사람으로 보아 두 명이라고 해석하는 견해와 '삼로'를 세 명, '오경'을 다섯 명이라고 해석하는 견해가 있다.

8 고귀향공高貴鄕公: 중국 삼국시대 위魏나라의 문제文帝인 조비曹丕의 손자.

9 두 인용문은 『성호사설』에 실려 있다.

10 향음주鄕飮酒: 『예기·향음주의鄕飮酒義』에서는 향대부가 향인들을 초대하여 술을 마시는 의례의 절차와 의미를 서술하였는데, 노인의 연령에 따라 제공할 접시의 구체적인 개수가 제시되어 있다. 향음주의에 대한 주석에서는 어진 이를 높이고 노인을 봉양하는 의미가 있다고 하였다.

수 없는 이들에게는 찬을 그 집으로 보낸다. ○ 100세 이상인 분이 있으면 수령은 당일에 여덟 접시의 찬을 좌수座首를 통해 보내 그의 집에 올리도록 한다.

동월董越의 『조선부朝鮮賦』[11]에는 "나라 안에 있는 80세 이상의 노인 남녀 모두에게 연회를 베풀어 임금의 은혜를 널리 미치도록 한다"라고 하였으며, 이에 스스로 주를 달아 "매년 늦가을에 국왕은 80세의 노인을, 왕비는 80세의 부인을 궁전에 불러 잔치를 베풀어준다"라고 하였다. ○ 국초國初에는 해마다 이렇게 했기 때문에 동월의 부에서 이와 같이 쓴 것이다.

노인을 봉양하는 의례에는 반드시 걸언乞言[12]의 절차가 따라야 한다. 백성이 당하고 있는 고통과 병폐를 물어서 이 예에 맞추도록 할 것이다.

장횡거張橫渠가 운암현령雲巖縣令으로 있을 때, 매월 초하루에 술과 음식을 갖추어놓고 고을의 연세 많은 노인들을 불러 현청에서 친히 술을 권하여 사람들로 하여금 양로養老와 어른 섬기는 의미를 알게 하였다. 그

---

11 동월董越의 『조선부朝鮮賦』: 동월은 성종 19년(1488)에 조선에 왔던 중국 명나라 사신이다. 남경공부상서南京工部尙書를 역임했고, 『규봉문집圭峯文集』 『사동일록使東日錄』 등의 저술을 남겼다. 그가 사행을 마치고 돌아가서 조선에 대한 견문 기록을 남겼는데 그 책이 바로 『조선부』이다. 부賦란 문학의 한 양식으로 사실을 펼쳐서 진술하는 문체이다.

12 걸언乞言: 윗사람이 아랫사람에게 좋은 말을 구한다는 의미. 원래 노인을 존경하는 것과 걸언을 연계해서 의미를 부여했다. 어떤 큰 문제가 발생했을 때 국왕이 신하들에게 직언을 구하는 경우도 있었는데, 여기서는 지방관의 입장에서 관하의 백성에게 의견이나 제언을 듣는다는 취지이다.

리하여 백성들의 어렵고 괴로운 사정을 묻고 자제들을 훈계하는 도리도 들어보곤 하였다. 案 장횡거가 시행한 것은 곧 옛날 양로하고 걸언하는 취지이다.

여헌旅軒 장현광張顯光[13]은 보은현감報恩縣監으로 있을 때 부로父老들과 초하루와 보름날에 만나기로 약속하고, 그들로 하여금 민간의 괴로움과 잘못된 점들을 말하도록 하여 시정할 것은 시정하는 한편, 이를 효도와 우애를 돈독히 하고 염치를 기르고 덕행을 존중하고 나쁜 풍속을 물리치는 방도로 삼았다. 案 이 또한 장횡거의 법이다.

예법을 따르되 절차는 간략히 하고 향교鄕校에서 거행하도록 한다.

『대학大學』에 "위에서 어른을 어른으로 섬겨야 백성들도 우애를 일으킨다"라고 하였으니, 곧 태학太學에서 양로 의식을 행해야 함을 말하는 것이다. 수령이 지금 이 예를 거행하려면 응당 향교에서 해야 한다. 옛날의 향음주례鄕飮酒禮에는 거문고와 비파를 썼는데, 요즘 소위 삼현三絃[14]이라는 것은 군악軍樂이므로 향교에서 쓸 수 없는 것이다. 필히 거문고, 비파, 종, 북이 있어야 거행할 수 있다. ○ 무릇 길흉吉凶의 예식에는 오직 빈賓 한 사람과 주主 한 사람을[15] 세워 거행하는바 양로의 예에서도 의당

13 장현광張顯光, 1554~1637: 자는 덕회德晦, 여헌旅軒은 그의 호, 본관은 인동仁同이다. 저서로는『여헌집旅軒集』『역학도설易學圖說』등이 있다.

14 삼현三絃: 가야금·당비파·거문고 세 가지의 현악기. 조선 후기에 군악에서 삼현 육각이 발달했는데 이것이 연회의 음악으로도 사용되었다.

15 원문은 "일빈일주一賓一主"이다. 향음주의 예식에서 빈賓과 주主를 설정하는데 '주'는

여러 노인들 중에서 가장 나이 많은 사람 한 명을 빈으로 세워야 예를 거행할 수 있다. 무릇 절하고 읍하는 데 있어서 오직 빈 한 사람만이 답배答拜 답읍答揖을 하며, 다른 여러 노인들은 함께 움직이지 않는다. 먼저 이 예법부터 분명히 밝혀두어야 할 것이다.

○ 양로의 예는 하루 전날에 예리禮吏가 향교의 명륜당明倫堂 뜰에 장막을 치고 지상에 멍석을 펴되 바닥을 짚 같은 것으로 두껍게 깐다.

○ 그 이튿날 자리를 펴고서【깨끗한 자리를 사용한다】 수령은 서쪽을 향해 앉으며, 노인들의 자리는 북쪽 줄은 남쪽을 향하고 동쪽을 상석으로 하며【수령이 동쪽에 있다】, 남쪽 줄은 북쪽을 향하고 동쪽을 상석으로 한다【중하층 사람들이다】.

○ 진시(辰時, 오전 7~9시)에 수령은 조의朝衣 조관朝冠을 하고 나와서 자리에 선다.

○ 동재東齋의 장의掌議[16]는 지체가 높은 노인들을 인도하여 문 밖의 위치에 나아가 서쪽을 향하고 북쪽을 상석으로 해서 서는데【문의 동쪽】 나이순이다.

○ 서재西齋의 장의는 여러 노인들【중하층】을 인도하여 문 밖의 위치로 나아가서 동쪽을 향하되 북쪽을 상석으로 해서 서는데 나이순이다【문의 서쪽】.

○ 동쪽 줄의 제일 앞에 있는 사람을 빈으로 세운다.

응당 수령이 되며, '빈'은 초청받은 여러 노인 중에서 대표로 한 사람을 정해 의식을 거행해야 한다는 것이다.

16 장의掌議: 조선시대 때 성균관이나 지방 향교의 재생齋生 중 으뜸가는 사람을 말한다. 성균관의 유생이나 향교의 생도가 기숙하는 집을 재齋라고 했는데, 동재東齋와 서재西齋가 있었다. 그 재의 대표가 장의이다.

○ 예리가 나와서 청빈請賓하는 말로 “현령이 좋은 술과 맛있는 안주를 갖추어놓고 빈을 즐겁게 해드리고자 합니다”라고 한다.

○ 빈은 “사또의 명이 있으시나 저는 실로 덕이 없기에 감히 사양하나이다”라고 답한다.

○ 예리가 복명하고 다시 나와서 “옛 예법을 따라 진실로 감히 청하는 바입니다”라고 한다.

○ 빈이 또 “굳이 사양하나이다”라고 답한다.

○ 예리가 세 번째 청하여 “진실로 감히 청하는 바입니다”라고 한다.

○ 빈은 “저는 고사해도 허락해주심을 받지 못했으니 감히 삼가 따르지 않으리까!”라고 대답한다.

○ 주악이 시작된다.

○ 예리가 수령을 인도해 나와서 문 안의 동쪽에 선다.

○ 빈은 문의 서쪽으로 들어와서 동쪽을 보고 선다.

○ 수령이 서쪽을 향하여 읍하면 빈은 답읍한다.

○ 수령이 들어와서 자리에 나아가되 좌석에는 오르지 않고 서쪽을 향하여 선다.

○ 장의가 빈을 인도해 들어가면 동쪽 반열의 노인들이 따른다.

○ 빈이 자리에 들어가되【북쪽 줄】 좌석에 오르지 않고 남쪽을 향해 선다.

○ 장의가 서쪽 반열의 노인들을 인도하여 들어와서 자리에 나아가되【남쪽 줄】 좌석에 오르지 않고 북쪽을 향하여 선다.

○ 수령이 몸을 굽혀 절을 하고 빈이 답배한다【동쪽 줄과 서쪽 줄의 노인들 모두 움직이지 않는다】.

○ 수령이 좌석에 앉으면 빈과 노인들은 각자 몸을 돌려 자리에 앉는다.

○ 찬을 올리는데, 나이 많은 분에게 먼저 올린다.

○ 찬을 올리는 것이 끝나면 수령은 일어나서 찬을 둘러보는데, 북쪽 줄을 먼저 보고 다음에 남쪽 줄을 본다【언제나 동쪽을 먼저 하고 서쪽을 뒤에 한다】.

○ 수령이 자기 자리로 돌아오면 수령에게 찬을 올린다.

○ 주악이 그친다.

○ 사준司尊[17]이 술을 따라 수령에게 올린다.

○ 수령이 잔을 받아서 봉작奉爵[18]에게 준다【사준과 봉작은 유생들이 하며, 서쪽 줄은 모두 교생校生이 한다】.

○ 봉작이 잔을 받아서 빈에게 올리고 다음에 차례대로 모든 노인에게 올린다.

○ 노인들은 술잔을 받아서 각자 자기 소반 위에 놓는다.

○ 봉작이 수령에게 잔을 올린다.

○ 주악을 다시 한다.

○ 수령이 잔을 받아 마시면 노인들도 모두 잔을 들어 마신다.

○ 음식을 다 먹으면 주악을 그친다.

○ 수령이 일어나서 먹는 것을 살펴보되, 먼저 북쪽 줄을 살피고 다음에 남쪽 줄을 살핀다.

○ 찬을 물리되 노인들의 것을 먼저 치우고 수령의 것은 뒤에 치운다.

○ 이에 노인들에게 걸언을 한다.

○ 예리가 붓과 종이를 빈에게 바친다.

---

17 사준司尊: 의식에서 술을 따르는 일을 맡은 사람.

18 봉작奉爵: 술잔을 드리는 일을 맡은 사람.

○ 빈은 종이에 격언을 쓰되 다스리는 이치로 권면하는 뜻을 담는다.

○ 예리가 노인들의 말을 차례대로 받아쓰되 처음과 같이 한다.

○ 받아쓴 종이를 수령에게 올린다.

○ 수령이 일어서면 노인들도 모두 일어선다.

○ 수령이 절을 하고 빈이 답배한다【다른 노인들은 답배하지 않는다】.

○ 찬자贊者[19]가 예가 끝났음을 알린다.

○ 주악을 다시 한다.

○ 수령이 일어서고 노인들도 모두 일어선다.

○ 빈이 자리에서 나와 문 안의 서쪽 편에 이르러 동쪽을 향해 선다.

○ 수령이 자리에서 나와 문 안의 동쪽 편에 이르러 서쪽을 향해 선다.

○ 수령이 읍하고 빈이 답읍한다.

○ 노인들이 앞으로 나아감에 따라 악대도 주악을 하면서 따라간다.

○ 연회를 필히 뜰에다 배설排設하는 까닭은, 수령은 마루 위에 앉고 노인들은 뜰에서 대접하는 것은 예가 아니기 때문이며, 또한 존로尊老는 마루에서 대접하고 비로卑老[20]는 뜰에서 대접하는 것도 예가 아니기 때문이다. 그러므로 뜰에서 행해야 한다.

○ 음식을 드는 것이 끝나면 기름종이 한 장씩을 노인들에게 나누어주어 그 자제들로 하여금 남은 음식을 싸가지고 가게 한다.

○ 노인 한 사람마다 자제 둘이 부축하여 뒤에 있게 하되, 자제가 없는

---

19 찬자贊者: 공적 의식을 거행할 때 그 진행 절차를 맡은 사람.

20 존로尊老·비로卑老: 『예기』에 의하면 존로는 국로, 비로는 서로를 말하는데, 여기서는 존로는 양로의 예를 거행함에 있어서 북쪽 줄에 앉는 노인들, 즉 양반 신분의 노인들이며, 비로는 남쪽 줄에 앉는 노인들, 즉 중하층의 노인들을 지칭한다.

사람은 그의 친족이 하는 것도 괜찮다.

> 옛날 훌륭한 사람들이 이것을 닦아서 시행하였기에 이미 상례常例가 되어 여전히 그 여운餘韻이 남아 있다.

장전張戩[21]은 금당현金堂縣을 맡았을 때 성심으로 사람들을 사랑하고 노인을 잘 대우하며 궁한 사람을 구제하였다. 또 이따금 부로들을 불러서 자제들을 독려하도록 하였으며, 백성 중에 조금이라도 선행을 한 사람이 있으면 장부에 기록하도록 하였다. 그리고 자기 봉록의 돈으로 술과 음식을 마련하여 매월 초하루에 노인들을 불러 위로할 때 그 자손들에게 모셔오게 하여 효도와 우애를 권장했다. 백성들이 그 덕화에 힘입어, 그가 가는 곳마다 옥사의 소송이 날로 줄어들었다.

정일두鄭一蠹[22] 선생이 안음安陰[23]현감으로 있을 때였다. 집무하는 여가에 읍중의 총명한 자제들을 뽑아, 재실을 지어놓고 거기에 거처하도록 하며 친히 지도해서 매일 글을 읽고 외우게 했다. 학도들이 이 말을 듣고 멀리서 찾아오기도 하였다. 또한 봄가을로 양로의 예를 거행하는데, 내청內廳과 외청外廳을 마련하여 내청에서는 부인이 접대하고 외청에서는 그가 관대冠帶를 갖추고 접대하니, 안팎의 노인들이 모두 배불리 먹고 취

---

21 장전張戩, 1030~1076 : 중국 송나라 사람. 자는 천기天祺이다. 관중關中의 학자.

22 정일두鄭一蠹, 1450~1504 : 이름은 여창汝昌, 일두一蠹는 그의 호, 자는 백욱伯勗, 본관은 하동河東이다. 김종직金宗直의 문인으로 무오사화에 연좌되어 죽임을 당했다. 문묘文廟에 배향되었다.

23 안음安陰 : 경상도 안의현의 별칭. 지금의 경상남도 함양군 안의면 지역이다.

하여 노래하고 춤추며 즐기지 않는 사람이 없었다. 정사가 맑고 깨끗하니, 백성들이 모두 기뻐하며 경내 사람들이 서로 경계하기를 우리 사또를 속여 저버리는 일이 없도록 하자고 하였다.

박환朴煥이 단양군수丹陽郡守로 있을 때의 일이다. 그 고을이 산속의 궁벽한 곳이어서 별다른 일이 없었다. 그는 정사를 하는 데 조용하고 번거롭지 않은 것을 좋아하였다. 그리고 부로 중에 늙은이들을 맞아들여 술과 음식을 준비하여 즐겁게 놀도록 하였다.

팔송八松 윤황尹煌이 영광군수靈光郡守로 부임했는데, 그 고을은 원래 번거로운 곳으로 알려져 있었다. 그는 처음부터 아침 일찍 정사에 임하고 밤늦게 퇴근하니, 한 해가 지나자 맑고 조용한 곳으로 바뀌어 별다른 일이 없었다. 경사스러운 날이나 명절에는 많은 노인들을 불러 양로의 예를 거행하는데, 자기 어머니를 연회에 참석하도록 하고 큰형님도 능성綾城[24]에서 직접 와서 술잔을 올려 헌수하며 상하가 어울려 즐겼다. 고을 사람들이 이 일을 이야기로 전하여 지금도 미담이 되고 있다.

조극선趙克善이 순창군수淳昌郡守로 있을 때, 향약鄕約[25]을 실시하도록 하고 양로의 예를 행하였다. 또한 효도하고 우애하며 절조 있는 행동을 한 사람을 탐문하여 공청公廳에서 향응을 베풀어 술을 권하며 영예롭게 해주었다. 형편이 어려워 이 연회에 참석하지 못한 사람에게는 그의 집에 존문存問을 하고, 이미 죽은 사람에 대해서는 그 자손을 찾아 위문하였다.

---

24 능성綾城: 전라도의 옛 고을. 지금의 전라남도 화순군 능주면 지역.

25 향약鄕約: 조선시대에 지방의 양반 유생이 주동하여 향촌의 풍속을 순화할 목적으로 실시한 자치 규약.

이성항李性恒[26]이 연풍延豐[27]현감으로 있을 때, 관아 마당에 노인들을 불러 모아 빈주賓主의 예로 연회를 열었으며, 과년하도록 시집가지 못한 여자들에게는 혼수를 도와주었고, 재주있는 자제들을 찾아 양식을 대주고 학업을 권장하였다. 얼마 지나지 않아 온 경내가 감격해 마지않았다.

때때로 노인을 우대하는 혜택을 베풀면 사람들이 노인을 공경할 줄 알게 될 것이다.

『상산록象山錄』에서 "80세 이상 장수한 남자 21명과 여자 15명을 뽑아, 전모氈帽 36개를 구입하여 남자는 자주색으로, 여자는 검은색으로 만들어 입동에 관부에서 배부하였다. 그 비용은 1관貫【돈 10냥】에 불과하였으나 백성들이 진심으로 기뻐하였다"라고 하였다. ○ 계피와 생강을 넣은 엿을 법제法製대로 36근을 만들어 기름종이에 싸놓았다가 동짓날 관부에서 배부하였다. 들어간 비용은 10냥에 불과한데 백성들이 진심으로 기뻐하였다. 엿을 만드는 법은 다음과 같다. 먼저 갱엿 30여 근을 만들어 거기에 계피·건강乾薑·진피陳皮·반하半夏·과루인瓜蔞仁·천초川椒·오매烏梅·칠엽漆葉【그 껍질을 쓰기도 한다】 각 두 냥, 호초胡椒·남성南星 각 한 냥을 갈아서 한데 골고루 섞고 엿이 식기를 기다렸다가 콩을 볶아 갈아서 엿에 입힌다. 이 엿은 담을 누그러지게 하고 기침을 멎게 하고 회충을 진정시

26 이성항李性恒, 1603~1660 : 조선 후기의 문신. 자는 성구聖久, 본관은 전주全州이다. 사헌부지평으로 있을 때, 자의대비 조씨의 복상문제로 상소를 올렸다가 연풍현감으로 좌천되었다.

27 연풍延豐 : 충청도의 옛 고을. 지금의 충청북도 괴산군 연풍면 지역.

키고 흥분을 가라앉히는 등의 효과가 있다. 노인들이 겨울을 날 때 아주 좋다.

섣달 그믐날 이틀 전에 노인들에게 음식물을 돌린다.

80세 이상 된 남자에게는 각각 쌀 한 말과 고기 두 근을 예단禮單을 갖추어 보내 인사를 하고【여자에게는 조금 줄여도 무방하다】, 90세 이상 된 노인에게는 진귀한 찬 두 접시를 더한다【유과·약과·건치乾雉 등속】. ○ 한번 생각해보라. 아무리 큰 고을이라도 80세 이상 된 노인은 수십 명에 불과하며, 90세 이상 된 노인은 몇 명뿐이다. 그러니 소용되는 쌀은 두어 섬【30두】이요, 고기도 60근에 불과할 것이다. 이것이 어찌 써버리기 어려운 재물이겠는가? 기생을 끼고 광대를 불러서 하룻밤을 즐기는 데 거액을 가볍게 내던지는 사람이 수두룩하다. 선비들은 비난하고 백성들은 저주하니, 그 방종한 향락을 혐오함이 이보다 더한 것이 없다. 이것이 이른바 재물을 없애면서 원망을 사는 일이다. 감사는 듣고 치적으로 평가하지 않을 것이요, 자손들은 알고는 행장行狀에 싣지 않을 것이다. 천하에 함부로 소비하고 헛되이 버리는 것으로 이런 일이 또 있겠는가? 어찌 그 반액이라도 떼어 양로의 예에 쓰는 것만 같겠는가! 전에 영조 때 수령이 양로의 예를 연례행사로 거행하였는데, 40년이 지난 지금 이 일을 일체 듣지 못하게 되었다. 다시 닦아서 시행하는 것을 그만둘 수 없다.

범재泛齋 심대부沈大孚가 성산현감星山縣監으로 있을 때, 어린 고아와 병약한 자들을 돌보고 노인들을 문안하되 명절 때마다 쌀과 고기를 옛 관행대로 보내주었다.

제2조 어린이를 보살핌

慈幼

어린이를 잘 양육하는 것은 옛날 훌륭한 임금들의 큰 정사였으니, 역대로 이를 법으로 삼아왔다.

『주례·지관사도·대사도』에 "보식육정으로써 만민을 기른다"라고 하였으니, 첫째가 '어린이를 양육함〔慈幼〕'이요【정현鄭玄[1]의 주에 "아이 셋을 낳으면 보모를 붙여주고 둘을 낳으면 양식을 대어준다"라고 하였다】, 둘째는 '노인을 봉양함〔養老〕'이요, 셋째는 '빈궁한 자를 구제함〔振窮〕'이다. 案 '자유慈幼'란 고아를 긍휼히 여겨 기른다는 뜻이다. 정현의 주에는 엉뚱하게 월越나라 구천句踐의 법으로 자유를 말했는데, 그 의미를 잘못 본 것이다.

『급총주서汲冢周書』[2]에 "근인勤人을 세워서 고아들을 맡게 하고, 정장正長을 세워서 어린아이들을 보살핀다"[3]라고 하였다. ○『관자管子』[4]에 "국

1 정현鄭玄, 127~200: 중국 후한後漢 시대의 학자. 유가의 여러 경전에 주석을 하여 경학의 기초를 세웠다.

2 『급총주서汲冢周書』: 중국 서진西晉 무제武帝 함녕咸寧 5년(279)에 급군汲郡 사람 부준不準이 전국시대 위나라 양왕襄王의 옛 무덤을 발굴하였는데, 그 속에서 죽간竹簡에 쓰여진 소전小篆 고서古書 수십 종을 얻었다. 이를 『급총주서』라 한다. 양왕은 안희왕安釐王이라고도 한다.

3 근인勤人·정장正長: 고아와 어린아이를 보살피는 직관職官으로 추정되나 자세한 것은 알 수 없다.

4 『관자管子』: 중국 춘추시대 제齊나라의 재상 관중管仲이 지었다는 책. 총 24권. 국가 정치

도國都에는 모두 고아를 맡는 직책이 있다. 고아 한 명을 기르는 자에게는 그의 아들 한 명분의 부세賦稅를 면제해준다"라고 하였다. ○『한시외전韓詩外傳』[5]에 "백성 가운데 능히 어른을 공경하고 고아를 돌보아주는 자가 있으면, 그의 임금에게 아뢰어 두 필 말이 끄는 장식한 수레를 타게 할 것이다"라고 하였다. 鏞案 이는 모두 고아를 돌보는 정사이다. 천지의 화기和氣를 상하게 하고 인심의 슬픔을 극도로 자아내는 일은 어려서 부모를 잃은 것보다 더 심한 것이 없다. 고아를 돌보는 정사를 어찌 소홀히 할 수가 있겠는가?

위유魏儒[6]의 「사고론四孤論」에 이렇게 나와 있다. "전란을 만나 기근을 당하면 자식을 파는 자가 있고, 개천에 버리는 자도 있으며, 낳자마자 그 부모가 죽고 시마친緦麻親[7]조차 없어서 죽게 될 수밖에 없는 자도 있으며, 시속에 5월에 난 자식은 꺼려 거두지 않는 자도 있다. 이 네 부류의 고아를 자식 없는 집에서 거두어 기르고 가르쳐서 성인이 됨에, 어떤 사람이 '너는 이 집 아이가 아니다. 예법에 다른 성姓은 후계자가 될 수 없다'라고 말하면, 이에 문득 그 본래의 성을 찾아 돌아가는 것을 옳다고 여긴다. 과연 이것이 옳은 일인가?" ○송나라 유울지庾蔚之[8]는 말하였다.

전반에 걸친 경륜經綸의 대강大綱을 기록했다.

5 『한시외전韓詩外傳』: 『한시韓詩』는 『시경詩經』 사가四家의 하나로 중국 한나라 문제文帝 때의 박사博士 한영韓嬰이 전하는 『시경』을 말하는데, 노魯나라 모형毛亨과 조趙나라 모장毛萇이 주석을 단 『시경』인 일명 '모시毛詩'가 성행함에 따라 밀려나게 되었다. 『한시』는 총 10권인데 내전 4권이 소실되어 남송 이후로는 외전 6권만 남았다. 『시경』의 뜻을 풀이하기 위해 고사古事를 많이 인용하였다.

6 위유魏儒: 미상.

7 시마친緦麻親: 3개월의 상복을 입는 먼 친척.

8 유울지庾蔚之: 중국 남북조시대의 학자. 남조 송나라 효무제孝武帝 때 태상승太常丞이 되었고, 산기상시散騎常侍를 역임하였다. 저술로 『예기약해禮記略解』 『예론초禮論鈔』 『상복

"네 부류 고아의 부모가 낳은 자식을 거두어 기르지 못한 것이 어찌 자기 자식이 살기를 바라지 않아서이겠는가? 부모의 정으로 미루어 생각해본다면, 어찌 다른 사람에게 주어 그의 후계자가 됨을 원치 않고 정말로 자식을 살아남지 못하도록 하고자 하였겠는가? 그 부모가 자식으로 하여금 남의 후계자가 되는 것을 명한 것과 무엇이 다르랴! 이미 남에게 길러진 바에야 어찌 그쪽 성을 따르지 않으랴!"【『통전通典』[9]에 실려 있다】 鏞案 네 부류의 고아를 거두어 길러서 후계를 삼고자 하는 이들은 필시 미천한 백성들일 것이다. 예법의 옳고 그름은 천천히 의논해도 늦지 않다.

송나라 제도에는 군현마다 자유국慈幼局을 세우고, 무릇 가난한 집에서 자식을 기르지 못하고 내버리는 이들은 그 아이를 안고 자유국에 데려오되 아이의 생년월일을 쓰도록 했다. 자유국에서는 유모를 두어 기르는데, 다른 사람 집에 자녀가 없는 경우 자유국에 와서 데려다 기를 수 있게 했다. 그래서 흉년이 들어도 길가에 아이를 버리는 일이 없었다.

송나라의 민간구호단체인 덕생사德生社에서 올린 글에서 이렇게 말하였다. "물난리에 뒤이어 가뭄이 겹쳐 굶주리고 떠돌아다니다 죽은 자가 수두룩하고, 기근으로 인해 나쁜 병이 돌아 부부와 부자가 다 흩어지고 있다. 가장 처참한 일은 길바닥에 버려진 어린애가 숨을 깔딱이며 우는 것인데, 이를 보는 사람들이 마음으로는 슬퍼하면서도 어쩌지 못하는 실정이다. 심지어 죽은 어미가 산 자식을 안고 있으니, 이것이 노씨盧氏 집의 귀신 자식[10]이란 말인가? 굶주린 아비가 굶주린 아이를 안고 있으니,

---

喪服』 등이 있다.

9 『통전通典』: 중국 당唐나라 두우杜佑의 저술. 중국 고대부터 당에 이르기까지 제반 법령 제도를 기록했다.

곽씨郭氏가 아이를 묻으려던 일[11]과 같단 말인가? 입이 있어도 말을 못하니 참으로 호소할 데 없는 아이들이요, 발이 있어도 걸을 수 없으니 실로 위급한 아이들이다. 비록 하늘이 만물을 모두 가지런히 할 수 없다고 하나, 어진 사람으로서야 어찌 차마 이런 일들을 보고만 서 있겠는가? 그래서 특별히 버려진 아이들을 거두어 돌보는 시설을 원주항袁酒巷의 민가에다 설치하여, 늙은 할미들을 부르고, 널리 버려진 아이들을 모아서 양옆으로는 자리를 깔고, 죽과 미음을 여러 솥에 끓여서 먹이며, 병이 나면 약을 쓰되 진료는 좋은 의원에게 부탁할 것이다. 어린아이들이 울부짖을 텐데 달래는 일은 여러 할미들에게 맡겨 보살피게 한다. 요즘에 도적 떼가 들끓어 약탈이 자행되는데 어찌 도적들을 위하여 재물을 남겨둘 것이랴! 예로부터 선한 일과 상서로운 일을 상고해보면, 덕이 있는 가문에 경사가 생기는 것이 분명하다. 바라건대 개천에 버려진 가련한 아이들을 구해 질병을 곡진히 돌봐주며, 특별히 주방의 반찬을 줄여서라도 떠도는 아이들에게 베풀어주면, 장차 아들을 많이 낳을 징조가 나타나 자손이 번성하게 될 것이요, 가문이 대대로 창성하여 기필코 네 필 말이 끄는 수레가 드나들 만큼 대문이 높아질 것이다." 案 이는 군현의 명령에 따라서 하는 일이 아니요, 향촌에 덕망 있는 사람이 스스로 어린이들을 돌볼 기구를 열고 거기에 쓸 재물 모으기를 이처럼 하자는 취지이다.

---

10 노씨盧氏 집의 귀신 자식: 중국 한나라의 노충盧充이 사냥을 나갔다가 최소부崔少府의 죽은 딸의 묘墓에 이르자 여자의 혼령이 나타났다. 그 귀녀鬼女와 인연을 맺어 자식을 낳았는데, 귀녀는 아이를 3년 동안 기른 후 노충의 집에 돌려주었다는 이야기가 전한다.

11 곽씨郭氏가 아이를 묻으려던 일: 중국 한나라의 곽거郭巨라는 매우 가난한 사람이 있었다. 모친을 봉양하는데, 아이가 자꾸 모친의 반찬을 빼앗아 먹으므로 아이를 땅에 묻어버리려고 땅을 팠더니, 그 속에서 황금이 나왔다는 이야기이다.

백성들이 곤궁하면 자식을 낳아도 잘 거두지 못하니, 깨우치고 타일러서 우리 자녀들을 보전케 해야 할 것이다.

후한後漢의 종경宗慶[12]이 장사태수長沙太守가 되어 백성들이 자식을 죽이는 것을 금하자 백성들이 기른 자식이 3000여 명이나 되었다. 이들 모두 종宗 자를 넣어 이름을 삼았다. ○ 정혼鄭渾[13]은 백성들이 자식 죽이는 것을 금하고 넉넉히 기를 수 있도록 방도를 세워주었다. 그래서 남녀 모두 자字에 정鄭 자를 넣었다【『삼국지三國志』에 보인다】.

임방任昉[14]은 의흥태수義興太守로 있을 때 흉년이 들어 낳은 자식을 기르지 못함에, 법을 엄하게 하여 그 죄를 살인과 마찬가지로 하고, 임신한 이들에게는 비용을 지급했다. 이에 구제를 받은 집이 1000호나 되었다.

가표賈彪[15]가 신식新息의 관장으로 있을 때 일이다. 백성들이 가난하여 자식을 기르지 않는 자가 많기에, 가표는 법을 엄중히 제정하여 살인과 마찬가지 죄로 다스렸다. 성 남쪽에는 도적이 들어와 살인한 사건이 있었고 북쪽에는 어미가 자식을 죽인 사건이 있었다. 관장이 나가서 조사

---

12 종경宗慶: 중국 후한 때 사람. 자는 숙평叔平이다. 장사태수를 지냈다.

13 정혼鄭渾: 중국 삼국시대 위나라 사람. 자는 문공文公이다. 위군태수魏郡太守와 장작대장將作大匠 등을 지내고 은혜로운 정치를 베풀었다.

14 임방任昉, 460~508: 중국 남북조시대 양나라 사람. 자는 언승彦昇, 아퇴阿堆이다. 남조 송·제·양에서 벼슬했으며 의흥·신안新安의 태수로 있으면서 어진 정사를 펼쳤다. 문학으로도 이름이 있었다.

15 가표賈彪: 중국 후한시대 인물. 자는 위절偉節이다. 환제桓帝 때 신식新息의 장長으로 부임하여 치적이 있었다. 후일 '당고黨錮의 금禁'에 연루되어 화를 입었다.

할 때 아전이 남쪽으로 인도하려 하였다. 가표는 화를 내며 "도적이 사람을 해치는 것은 통상 있는 일이지만, 어미가 자식을 죽이는 것은 하늘을 거역하고 도리를 어기는 일이다"라고 말하고, 수레를 몰아 북쪽으로 가서 죄상을 조사해 다스렸다. 이에 도적도 자수해왔다. 수년 동안 정사를 펴니 사람들이 기른 자식들이 1000명이나 되었다. 사람들이 "이는 가씨 어른이 살려준 덕택이다"라고 말하고, 모두 가賈로 이름을 지었다.

송나라 유위兪偉[16]는 자가 중관仲寬인데, 검주劍州의 순창順昌[17]을 맡아 다스리게 되었다. 그전에는 백성들이 자식을 낳아 서너 명에 이르면 나머지는 버리고 키우지 않았다. 재산이 부족했기 때문이었다. 허다히 출산할 때 그릇에 물을 담아놓고 낳자마자 곧 아이를 빠뜨려 죽였는데 이를 일러 '세아洗兒'라고 하였다. 유중관이 자식 죽이는 것을 경계하는 글을 지어서 백성들을 깨우침에 온전히 살아난 자가 1000명을 헤아렸다. 많은 이들이 자식을 낳으면 유兪 자로 아명兒名을 삼았다. 유중관이 그만두고 떠났다가 뒷날 이 고을을 지나간 적이 있었는데 아이들 수백 명이 마중을 나왔다.

소식蘇軾이 주악주朱鄂州[18]에게 보낸 글에서 이렇게 일렀다. "악岳·악鄂[19] 지방의 들녘 백성들은 으레 2남 1녀만 기르고 이 이상 낳으면 바로 죽입니다. 태어나자마자 찬물에 넣어 죽이는데 그 부모 역시 차마 못하

16 유위兪偉: 중국 송나라 사람. 중관仲寬은 그의 자이다. 철종哲宗 즉위 초기에 순창현령順昌縣令을 지냈다.

17 순창順昌: 중국의 복건성福建省에 있던 고을 이름. 검주는 사천성四川省에도 있는 지명이어서 남검주南劍州로 일컬어지기도 한다.

18 주악주朱鄂州: 악주鄂州의 자사刺史인 주씨朱氏라는 뜻.

19 악岳·악岳鄂: 지금 중국의 호남성湖南省과 호북성湖北省 일대를 지칭하는 말.

여 눈을 감고 얼굴을 돌리고서 손을 물속에 누르면 아기는 으아 하다가 이윽고 죽는 것입니다. 악鄂 땅의 진광형秦光亨은 지금 이미 과거에 급제한 사람입니다만, 그가 어미의 뱃속에 있을 때 일이지요. 그의 외숙 진준陳遵의 꿈에, 어린 아기가 그의 옷을 끌어당기며 마치 호소하는 것 같은데 이틀 밤을 거듭 나타나 사정이 아주 다급한 듯싶었습니다. 생각해보니 그의 누이가 임신하여 곧 출산이 임박한 상태였습니다. 급히 달려갔더니 아이가 이미 물속에 들어 있어서 구출하여 죽음을 면하게 되었더랍니다. 법률에 비추어보면 고의로 자식을 죽인 죄는 도徒[20] 2년에 해당하니, 장리長吏[21]가 집행하는 것입니다. 원하건대 공公께서 이 법률을 공고하는 한편 화복禍福으로 깨우쳐주고, 법규에 따라 벌을 내리면 이런 풍습이 곧 고쳐질 것이외다."

우윤문虞允文[22]이 태평주太平州를 다스릴 때 일이다. 이 지방 백성들은 해마다 신정전견身丁錢絹[23]을 바치는데, 가난하여 납부하지 못하는 자는 아들을 낳으면 모두 내다버리고, 조금 자랐으면 곧 죽였으니 우윤문은 이를 측은히 여겼다. 강가 넓은 갈대밭의 수익이 굉장히 많은데 세력가와 사원에서 사적으로 차지하고 있음을 탐문하여 알게 되었다. 그는 그 전부를 장부에 올리도록 하고 그것으로 신정전견을 납부하도록 하

---

20 도徒: 오형五刑의 하나로 꽤 무거운 죄를 범한 자를 관에서 붙잡아두고 노역을 시키는 형벌.

21 장리長吏: 지위가 높은 벼슬아치를 가리키는 말인데 여기서는 자사를 지칭함.

22 우윤문虞允文, 1110~1174: 중국 송나라 사람. 자는 빈보彬甫이다. 좌승상左丞相에 올랐고, 『당서唐書』와 『오대사五代史』의 주석 작업을 했다.

23 신정전견身丁錢絹: 20세부터 59세까지의 정구丁口에게 부과하던 부세의 일종. 돈으로 바치는 것을 신정전身丁錢, 비단으로 바치는 것을 신정견身丁絹이라 하며, 오대五代 이후 송대에 계속 부과되었다.

니, 돈으로 계산하면 13만 7000여 민緡이 되고, 비단으로 계산하면 16만 3000여 필疋이 되었다. 신정전견을 면제한다고 공표하는 날, 온 주州의 백성들이 기뻐 날뛰었다. 비로소 아비와 자식이 오순도순 함께 사는 즐거움이 있음을 알게 되었다.

장순張淳[24]이 영강현永康縣을 맡아 다스릴 때의 일이다. 그곳 사람들은 가난하면 딸을 기르지 않는 자가 허다하였다. 그가 자상히 타이르고 경계하며 가난하여 양육할 힘이 없는 자에게는 자기 봉록을 덜어서 도와주었다. 이에 힘입어 살아난 자가 무수히 많았다.

『국조보감國朝寶鑑』[25] 숙종 7년에 실린 기사이다. 명천明川 사람으로 구걸하여 살아가는 자가 아들이 태어나자 곧 죽이려 했다. 감사 윤계尹堦[26]가 이 사실을 보고하매, 형조에서는 법조문에 비추어 장杖 60대에 도徒 1년에 해당한다고 아뢰었다. 임금은 최고형으로 판정하라고 명했다. 영의정 김수항金壽恒이 "함경도는 부역이 무겁기 때문에 아비와 자식이 서로 보전하지 못한 것입니다. 이런 사태는 슬퍼할 일이지 미워할 일이 아닙니다. 또한 이미 자식을 죽인 것과는 다르니, 청하건대 그다음 형을 주시기 바랍니다"라고 건의하여 임금이 허락하였다.

흉년이 든 해에는 자식 내버리기를 물건 버리듯 하니,

---

24 장순張淳, 1121~1181: 중국 송나라 사람. 자는 충보思甫이다. 건순乾淳 연간의 대유大儒로서 『의례식오儀禮識誤』를 저술하였다.

25 『국조보감國朝寶鑑』: 조선왕조 역대 군왕들의 모범이 될 만한 치적을 실록에서 뽑아 편집한 편년체의 역사서. 철종조哲宗朝에 이르기까지 여러 번 편찬되었는데 최종본은 순종 때 90권 26책으로 완성되었다.

26 윤계尹堦, 1622~1692: 자는 태승泰升, 호는 하곡霞谷이다. 호조판서戶曹判書와 좌참찬左參贊을 지냈다.

거두어주고 길러주어 백성의 부모 노릇을 해야 한다.

후한의 방참龐參[27]이 한양태수漢陽太守로 있을 적에 그 고을 사람 임당任棠[28]은 은거해 있으면서 후진을 가르치고 있었다. 태수가 먼저 찾아가 인사를 드리니, 임당은 아무 말도 없이 오직 염교[29] 1본本과 물 한 사발을 병풍 앞에 갖다놓고, 자신은 아이를 안고 방문 밖에 가 엎드리고 있었다. 방참은 그의 은미한 뜻을 풀이하여, "물은 내가 청렴하기를 바라는 것이요, 염교는 세력이 강한 족속들을 물리치라는 것이며, 아이를 안고 방문 밖에 있는 것은 나를 보고 문을 열어놓고 고아들을 잘 보살피라는 의미겠다"라고 생각했다. 그대로 좇아 행하여 한양이 잘 다스려졌다.

유이劉彝가 건주虔州를 맡아 다스릴 때에, 마침 강서江西 지역에 몹시 기근이 들어 길에 자식을 버리는 백성들이 많았다. 유이는 큰 길거리에 방을 붙여 알리고 사람들을 불러서 거두어 기르게 하되 날마다 광혜창廣惠倉[30]의 쌀 2되를 지급하면서 매일 한 번씩 아이를 안고 관아로 나오게 하여 살펴보았다. 가난한 사람들이 2되씩 주는 것을 이롭게 여겨 다들 잘 길렀다. 그 고을 경내에서는 굶어 죽은 아이가 없었다.

석림石林 섭몽득葉夢得[31]이 허창許昌을 다스릴 때의 일이다. 어느 해 홍

---

27 방참龐參, ?~136: 중국 후한시대 인물. 자는 중달仲達이다. 효렴과孝廉科 출신으로 한양태수와 태위太尉를 지냈다.

28 임당任棠: 중국 후한시대 인물. 기절奇節이 있어 벼슬을 하지 않고 숨어 살면서 후진을 가르치기에 힘썼다.

29 염교: 원문은 "해 䪥". 부추의 일종. 『장자·잡편·서무귀徐無鬼』에는 서무귀가 산속에 있으면서 도토리, 밤, 파, 부추 같은 거친 음식으로 연명하면서도 세력가인 무후武侯를 찾지 않았다고 한 표현이 있다. 이에 부추는 세력가를 물리치는 것을 의미하게 되었다.

30 광혜창廣惠倉: 중국 송대의 제도로 늙고 어리고 가난하고 병든 사람들을 구제하기 위해 곡물을 비축해두었던 자선기관이다.

수를 만나 10여만 명을 구제하여 온전히 살려냈으되, 오직 버려진 어린 아이들은 어떻게 할 도리가 없었다. 하루는 옆에 있는 사람들에게 "자식 없는 사람들이 왜 거두어 기르려 하지 않는가?" 하고 물으니, "실로 원하는 사람이 많지만 성장한 후에 누가 와서 제 자식인 줄 알아낼까 염려되어 그럽니다"라고 대답했다. 그가 법률을 조사해보니 재앙을 만나 내버린 아이는 부모가 다시 찾아가지 못하도록 규정되어 있었다. 그는 이 법을 만든 이 또한 어진 사람이었음을 알았다. '부모가 이미 버렸으면 부모로서의 은혜가 끊어진 터라, 만약 다른 사람이 거두지 않는다면 그 아이가 누구와 더불어 살아날 것인가'라고 생각했다. 이에 이름을 쓰지 않은 문권文券 수천 장을 만들고 거기에 해당 법률을 갖추어 적어 상廂[32]의 안팎 지역에 발급했다. 무릇 버려진 아이를 많이 길러낸 자에게는 상을 주고, 또한 상평창常平倉[33]의 남은 곡식을 가난한 사람들에게 나누어주어 보탬이 되도록 하였다. 일이 마무리된 다음에 장부의 기록을 살펴서 문권을 내어주었다. 무릇 3800여 명이 구렁에서 벗어나 포대기에 싸여지게 되었다.

송나라 효종 순희淳熙 8년에 신하들이 "기근을 만난 때에 내버려진 어린아이를 다른 사람이 거두어 기르면 법에 따라 친부모라도 인지해서 데려가지 못하게 하며, 아이를 기른 집에서 관가에 신고하여 호적에 올리

---

31 섭몽득葉夢得, 1077~1148: 중국 송나라 사람. 자는 소온少蘊, 석림石林은 그의 호이다. 한림학사翰林學士와 호부상서戶部尙書를 지냈다. 『석림춘추언石林春秋讞』 등의 저술이 있다.

32 상廂: 각 지방의 치소治所 가까운 지역을 일컫는 말. 송대에는 여러 고을의 진군鎭軍을 상병廂兵이라 하였다.

33 상평창常平倉: 미곡의 가격을 조절하기 위하여 설치한 공창公倉. 곡식값이 오르면 상평창의 곡물을 풀어 가격이 내리도록 하였다.

되 친자손법親子孫法에 의거함을 허락하도록 되어 있습니다. 예전에 섭몽득이 영창穎昌을 다스릴 때에 큰 흉년을 만나자, 이름을 적지 않은 문권에 위의 법을 인쇄하여 향리의 임원들에게 맡기되, 무릇 거두어 기른 자가 있으면 그 문권을 주도록 했습니다. 그래서 온전히 살아난 아이가 아주 많았습니다. 바라건대 이 뜻을 각 주현에 하달하여 각기 인쇄하여 백성들을 깨우쳐 알게 하소서"라고 아뢰었다【『문헌통고文獻通考』에 나와 있다】.
(案) 이는 양육하여 자기 자식을 삼는 것이다.

송나라 이종理宗 순우淳祐 9년, 임안臨安[34]에 자유국慈幼局을 설치하여 길에 버려진 가난한 아이들을 거두어 기르도록 하였다. ○ 허호許浩[35]는 "아비와 자식 사이의 사랑만큼 지극한 것은 없고, 이별하고 버려지는 것만큼 지독한 고통은 없다. 지극히 사랑하는 것을 떼어내어 지극히 비통한 곳에 두는 것은 아주 부득이한 경우가 아니면 하지 않기 때문에, 이는 진실로 어진 사람이 민망해하는 바이다. 이종이 자유국을 세워 어린아이들을 거두어 기르게 하면서, 이들의 부모가 어찌하여 지극한 사랑을 떼어내어 지극한 비통에 두게 되었던가에 대해서는 생각지 못했더란 말인가"라고 말했다.

진서산眞西山이 담주潭州를 맡아 다스릴 때에 별도로 자유사慈幼舍를 세우고 휼양전恤養田을 마련해서 버려진 고아들을 기르게 하였다.

왕조王詔[36]가 정주定州를 맡아 다스릴 때에 버려진 아이들을 거두어 기

---

34 임안臨安: 중국 절강성浙江省의 성도인 항주杭州. 남송시대에는 이곳이 수도였다.

35 허호許浩: 중국 명나라 사람. 홍치弘治 연간에 공생貢生으로 뽑혀 상성현相城縣의 교유敎諭를 지냈다.

36 왕조王詔: 중국 북송 말기의 사람. 자는 경헌景獻이다. 개봉윤開封尹과 공부상서工部尙書를 지냈다.

르니 교화가 잘 행해졌다. 촉蜀 지방 사람이 마침 정주를 지나가다가 백금百金이 든 전대를 잃어버려 관가에 와서 호소했다. 왕조는 "우선 거기 다시 가보아라. 지켜주는 자가 있을 것이다"라고 말했다. 촉 지방 사람이 가서 보니 과연 지키는 자가 한 사람 있었다. 그에게 왜 가지고 가지 않았느냐고 물으니 "어떤 사람이 자식을 버린 경우에 지켜주는 이가 없으면 우리 원님이 애달파하여 눈물을 흘리시거늘, 내 어찌 이 돈을 가지고 가서 당신을 우리 원님이 다스리는 경내에서 헤매고 다니게 하겠소?"라고 대답하는 것이었다. ○ 고아를 양육하는 정사가 사람을 감동시키는 것이 이와 같았다.

우리나라의 법에도 거두어 기른 아이를 자식으로 삼거나 노비로 삼는 것을 허용하는데, 그 조례가 상세하고 치밀하다.

『국조보감』을 보면, 중종 6년에 전국 각지에 명하여 버려진 아이들을 거두어 기르도록 하였다. ○ 명종 3년에 굶주린 백성의 버려진 아이를 다른 사람이 거두어 길렀을 경우 영구히 그 기른 사람에게 속하도록 한 옛 법을 거듭 명했다. ○ 현종 3년 봄 정월에 버려진 아이들을 거두어 기르도록 전국 각지에 유시諭示하였는데, 대사간 민정중閔鼎重[37]의 제안을 따른 것이다. ○ 현종 12년 여름 4월에 버려진 아이를 거두어 기르는 법을 세워 무릇 길가에 버려진 아이를 거둔 자는 한성부漢城府[38]에 고해서 공

37 민정중閔鼎重, 1628~1692 : 자는 대수大受, 호는 노봉老峰이다. 좌의정을 지냈다.
38 한성부漢城府 : 조선시대 수도인 한성의 행정 사무를 관장한 기관.

문을 받도록 하되, 자식으로 삼든지 노비로 삼든지 임의대로 하도록 하였다. ○ 숙종 갑신년에 진휼청賑恤廳[39] 당상堂上 민진후閔鎭厚[40]가 "거두어 기르기를 60일 하고 나이가 13세 이하의 어린아이인 경우에는 그 자손까지를 다 노비로 삼도록 하자"라고 아뢰었다【자세한 것은 '시행방법'(제11부 제4조)에 나와 있다】. 案 이상 5조목은 해와 별같이 환하게 드러나 있는데도 일을 맡은 신하들이 거듭 밝혀 펴지 못함은, 오직 양민을 억압하여 노비로 삼는 경우〔壓良爲賤〕[41] 그 법이 지극히 엄중했기 때문이다. 그러므로 가히 거두어 기를 만한 역량이 있는 자도 다들 의심하고 두려워하여 감히 거두어 기르지를 못하니 참으로 안타까운 일이다. 전에 내가 경기도의 암행어사가 되어 선왕先王[42]을 영춘헌迎春軒[43]에서 접견했을 적에 버려진 아이를 거두어 기르는 문제에 관한 임금의 뜻이 참으로 진실하고 간절함을 알 수 있었다. 그런데 내가 직접 여러 고을을 돌아다니며 살펴보니 한 사람도 임금의 뜻을 받들어 펴려는 자가 없었다. 목민의 임무를 맡은 사람들이 자기 직분을 다하려 하지 않는 것이 어제오늘의 일이 아니다.

『속대전續大典』에는 이렇게 규정하였다. "흉년에 버려진 어린아이를 다른 사람이 거두어 길러서 자식을 삼거나 노비를 삼는 것은 허락하되, 어린아이의 연령과 거두어 기른 시일의 기한을 정하는 문제는 일체로 임시사목臨時事目[44]을 따른다." ○ "버려진 아이를 거두어 기르는 것은 3세 이

---

39 진휼청賑恤廳: 조선시대에 흉년에 굶주린 백성을 구휼하던 기관. 처음에 구황청救荒廳이라 했던 것을 인조 4년(1626)부터 진휼청이라 하였으며, 비변사備邊司의 지휘를 받았다.

40 민진후閔鎭厚, 1659~1720: 자는 정순靜純, 호는 지재趾齋이다. 대사간大司諫을 지냈다.

41 압량위천壓良爲賤: 양인을 억압해서 천인, 즉 노비로 만드는 것. 이는 국법으로 엄히 금한 사항이었다.

42 선왕先王: 돌아가신 임금이란 뜻으로 여기서는 정조를 가리킨다.

43 영춘헌迎春軒: 창경궁昌慶宮에 있는 전각殿閣 중 하나.

전으로 정하되 만약 거듭 흉년이 들거나 큰 흉년을 당한 경우 8~9세나 15세까지로 기한을 정할 수 있으며, 생부모와 양부모 양편의 사정과 원하는 바를 들어서 그 소생들까지 영구히 노비로 삼거나 혹은 자신에 한하여 노비로 사역을 시키거나 또는 연한을 정하여 사역시키거나 하는 문제는 흉년의 정도와 거두어 기른 기간의 오래고 짧음에 따라 일체로 임시사목에 준거한다." ○ "거두어 기른 것이 60일 미만이거나 시작은 하였으되 끝까지 하지 못한 자에게는 이 규정을 모두 적용치 아니한다." ○ "거두어 기른 기한이 넘은 경우에는 양인良人[45]과 공사천公私賤[46]을 막론하고 모두 거두어 기른 자가 소유하는 것을 허락한다. 부모나 관官이나 주主[47]가 찾아갈 수 없다." ○ "그 부모와 족친族親이 3개월 이전에 찾아가는 경우에는 거두어 기르는 데 든 곡식을 배상하고 돌려받는 것을 허락하며, 기한이 지난 경우에는 허락하지 아니한다." ○ "구제받아 살아난 후에 자신을 길러준 사람을 싫어하여 회피하는 자는 주인을 배반한 죄목[48]으로 논하고, 위세로써 도로 빼앗아가는 자는 불법으로 논죄한다."【공천公賤과 사천私賤의 관官·주主를 말한 것이다】 ○ "공천과 사천이 서로 혼인하여 버려진 아이를 거두어 길러 자식으로 삼았을 때 이 양편에 해당하지 않는

---

44 임시사목臨時事目: 그때그때의 어떤 일에 관한 처리 규정.

45 양인良人: 양민良民, 상민常民과 같은 말이다. 조선왕조의 신분 계층으로 양반·중인·상민·천민 넷이 있었는데, 상민이 다수를 차지하며 천민과 함께 직접 생산자 계층을 이루고 있었다. 상민은 법제상으로는 일종의 자유민으로서 천민과는 대조적인 입장에 있었지만, 사실상 지배층 특히 국가권력의 강력한 예속하에 있었다.

46 공사천公私賤: 공천公賤과 사천私賤을 통칭하는 말. 곧 공노비公奴婢와 사노비私奴婢.

47 관官·주主: 원래 노비는 모두 주인이 있으니 공노비는 관官, 사노비는 사주私主에게 귀속된다.

48 주인을 배반한 죄목: 노비가 자기의 상전을 배반한 죄목. 조선에서는 주인과 노비 관계가 임금과 신하의 관계에 준하였다.

경우에는 양민이 됨을 허락한다." ○ "무릇 거두어 기르고자 하는 자는 그 어린아이의 연령과 용모를 갖추어 관에 보고할 것이며, 관은 그 어린아이의 부모 및 이임里任[49]과 가까운 이웃의 자세한 조사로 봉초捧招[50]를 받아 입안立案[51]하여준다." 案 이는 곧 영조 때에 정한 규정이다. 비록 공천·사천이라도 원래의 주인에게 돌려줌을 허락하지 않는 것은 그 지극한 뜻이 어린 생명을 살리자는 데 있기 때문이다.

『대전통편大典通編』에는 이렇게 규정하였다. "떠도는 거지 아이와 버려진 아이를 거두어 기르는 절목節目은 『자휼전칙字恤典則』[52]을 준용한다." ○ "떠도는 거지 아이는 10세까지로 하고, 길가에 버려진 아이는 3세까지로 한다." ○ "떠도는 아이는 흉년에는 보릿가을까지로 하고, 버려진 아이는 풍년과 흉년에 구애 없이 절목에 따라 시행한다." ○ "떠도는 아이는 진휼청의 관례에 따라 식량을 지급한다." ○ "버려진 아이는 떠도는 여자 가운데 젖이 있는 자를 택하여 한 명당 두 아이씩을 나누어 맡기되, 젖먹이는 여자에게는 매일 식구를 헤아려 쌀을 지급하고 장과 미역을 아울러 지급한다. 비록 떠도는 여자가 아니고 자원해서 데려다 기르고자 하는 자가 있으면 다만 한 아이씩 맡겨서 쌀과 장을 헤아려 지급한다." ○ "떠도는 아이나 버려진 아이를 거두어 기르기를 자원하는 자가 있으면 일체로 『속대전』의 사목事目에 의거한다." 案 이는 정조 7년에 반포한 것이다. 비록 흉년이 아닐지라도 버려진 아이를 거두어 기르는 일은 구애받지 않

---

49 이임里任: 이정里正 혹은 이장里長을 가리킨다.

50 봉초捧招: 소송 혹은 옥사에 있어서 관계자의 진술을 받는 일.

51 입안立案: 법에 규정한 방식에 따라 관이 작성해주는 증명서.

52 『자휼전칙字恤典則』: 버려진 아이〔遺棄兒〕, 떠도는 거지 아이〔行乞兒〕 등의 구제사목救濟事目을 규정한 법령집. 정조 7년(1783)에 만들고 국문으로도 번역하여 중외에 반포하였다.

게 하고 있으며, 오직 거두어 기르는 자가 있다면 응당 입안을 만들어주도록 한 것이다.

입안식立案式은 다음과 같다.

행 현령行縣令은 다음과 같이 입안한다. 모 향 모 리에 사는 보인保人[53] 이호인李好仁이 낸 소장訴狀에 "본 리里에 떠돌이 여자가 아이를 안고 와서 자고 있었는데, 밤중에 여자는 죽고 그 아이는 지금 젖을 잃어 목숨이 경각에 있습니다. 생각건대 소인은 늙은 몸으로 자식이 없으니 이 고아를 거두어 길러서 자식으로 삼는다면 실로 이치에 맞을 듯합니다. 이 사내아이를 조사해보니 나이는 2세가량이요 얼굴은 누렇고 여위었으며 별다른 점이나 흉터는 없습니다. 삼가 이임里任 정득손鄭得孫과 가까운 이웃 김유복金有福 등과 더불어 사유를 갖추어 제소提訴합니다"라고 하였다. 관에서 진상을 알아본바 일체가 말한 내용과 일치하므로 이에 너에게 거두어 길러 영원히 자식으로 삼기를 허락한다. 이 아이가 설사 그 아비가 있거나 혹은 본 주인이 있어 뒷날에 와서 인지認知할지라도, 3개월 이내이면 양육비의 배를 보상할 것이요 3개월이 넘으면 원래대로 돌려줌을 허락하지 않는다는 것이 법전에 규정되어 있으니, 법전에 의거하여 입안을 한다. 영구히 증거를 삼아서 분분하게 다투지 말 것이다.

○ 길러서 노비로 삼고자 하는 경우에는 해당 부분을 별도의 글로 만들어야 할 것이다【후에 태어난 아이까지 노비로 삼는다거나 혹은 그 본인에 한정하여 부

53 보인保人: 조선왕조의 군제상 양민으로 16~60세의 남자는 군역의 의무가 있었는데, 직접 군사가 되는 자를 정병(正兵, 호수戶首), 정병의 군 복무 중 그 가족의 생계를 후원하는 자를 보인이라 한다. 보인은 매년 군포(軍布, 보포保布) 2필을 부담하였는데, 균역법의 실시 이후 매년 1필로 감소되었다. 호적상 보인으로 기재된 자는 곧 상민이다.

린다거나 하는 것을 명백히 밝혀야 한다】. ○ 그 아이의 부모가 있을 경우에는 모름지기 양쪽 집에서 주고받은 문서를 구비한다.

기근이 든 해가 아닌데도 버려진 아이가 있을 경우에는 사람을 구하여 거두어 기르게 하되, 관에서 양식을 보조해야 한다.

진휼을 베푸는 해에는 마땅히 진휼하는 기관에서 양식을 보조할 터이지만, 평년에는 거두어 기를 사람을 구해야 하는데, 가난한 집 여자가 응모하여 자신의 힘으로 기를 수가 없을 경우에는 수령이 마땅히 양곡을 내어 보조하되 매월 쌀 2두로 하고, 여름에는 매월 보리 4두로 하여 2년 동안 계속할 것이다.

흉년을 만나 버리는 경우가 아닌데 서울 도성 안의 개천에는 버려진 아이가 더러 있다. 대체로 사생아에 속한다. 그렇지만 하늘과 땅이 만물을 낳는 이치로 보면 그 부모의 죄가 그 아이에게 미칠 것은 아니다. 역시 마땅히 거두어 길러서 백성들이 자식으로 삼거나 노비로 삼는 것을 허용해야 할 것이다.

제3조 빈궁한 자를 구제함

振窮

홀아비, 과부, 고아, 늙어 자식 없는 사람을 사궁四窮이라 하는데, 이들은 스스로 움직일 수 없고, 남의 도움을 받아야 일어날 수 있다. '진振'이란 일으킨다는 의미이다.

문왕文王은 정치를 펴 인仁을 시행함에 있어서 반드시 이 사궁을 먼저 생각하였다. 대사도의 보식육정에는 빈궁한 자의 구제를 세 번째로 삼았는데, 곧 이를 가리킨다. 그런데 『시경詩經』에서 "넉넉한 사람들이야 괜찮지만 쇠약하고 외로운 사람들 불쌍도 하다"라고 한 것처럼 오직 가난하여 의탁할 곳 없는 사람이 사궁에 해당한다. 자기 재산이 있는 사람은 비록 육친六親이 없다 하더라도 사궁으로 논할 수 없다. 수령이 사궁을 선정할 때 살펴야 하는 세 가지 기준이 있으니, 첫째는 나이요, 둘째는 친척이요, 셋째는 재산이다. 나이가 60세 미만이어서 능히 자기 힘으로 먹고살 수 있는 사람과, 이미 10세가 넘어 능히 스스로 먹을 것을 구할 수 있는 사람은 돌봐주지 않아도 된다. 비록 육친【부·모·형·제·처·자식이 육친이다】은 없더라도 시공緦功[1]의 친척이 있고 형편이 다소 넉넉한 사람은 관에서 돌볼 필요가 없다. 마땅히 좋은 말로 타이르고 엄한 말로 경계하여 그들로 하여금 거두게 하고 때때로 살피고 단속하는 데 그칠 것이요, 이들을 돌볼 여유는 없다. 자기 재산이 있는 자까지 돌볼 여유는 없다.

○ 이 세 가지 기준을 보는바 극도에 다다라서 참으로 의지할 데 없는 궁인窮人이라야 이에 관이 이들을 돌보게 된다. ○ 늙은 홀아비로 자식이 없는 사람에게는 매달 곡식 5두씩을 지급하되, 늙은 과부로 자식이 없는 사람에게는 매달 곡식 3두씩을 지급하고 요역을 모두 면제해주며, 동리에서 덕이 있는 사람을 골라서 이들을 잠시 머물게 한다. ○ 궁함이 여기까지 이르게 된 사람은 아마도 세상에 거의 없을 것이다. 한 고을에서 찾는다 해도 필시 몇 사람에 불과할 것이므로 명목은 크지만 실제 경비는 적게 든다. 이를 실행하는 것이 어렵지 않은데 어찌 꺼려서 하지 않겠는가. 1년 동안 소비하는 것이 곡식 몇 섬에 지나지 않는데도 도道는 옛 성인에 접하고 이름은 후세에 남을 것이다. 무엇이 아까울 것인가.

주자朱子는 말하였다. "무릇 천하에 노약자와 불구자 및 의지할 데 없는 자나 홀아비와 과부는 모두 나의 형제로서 넘어지고 쓰러져도 호소할 곳 없는 사람들이다. 군자의 정사는 이런 사람들에게 베풀기를 주로 힘써야 할 것이다."【『오자근사록五子近思錄』[2]】

양梁나라 공환孔奐[3]이 진릉태수晉陵太守로 있을 때 청렴결백하였으며

---

1 시공緦功: 오복五服, 즉 다섯 가지 전통 상례 복제에서 시緦는 가장 가벼운 다섯 번째로 3개월 동안 상복을 입는 것을 가리키며(시마친이라 함), 공功은 그 윗 단계로 5개월 동안 상복을 입는 소공(小功, 소공친)과 9개월 동안 상복을 입는 대공(大功, 대공친)을 가리킨다.

2 『오자근사록五子近思錄』: 주자朱子가 주돈이周敦頤·정호程顥·정이程頤·장재張載의 저서와 어록에서 요긴하고 핍진한 내용을 뽑아 편찬한 책이 『근사록近思錄』이다. 여기에 후일 왕우汪佑가 주자의 저서와 관련 내용을 추가하여 다시 편찬했는데, 이를 『오자근사록』이라고 한다. 성리학의 중요한 학습서이다.

3 공환孔奐, 514~583: 중국 남북조시대 양나라 인물. 자는 휴문休文, 공수孔琇의 증손曾孫이다. 이부상서를 지냈다.

자기 봉급을 가지고 고아와 과부에게 나누어 도와주어 신군神君으로 일컬어졌다.

정백자程伯子는 진성晉城의 수령으로 있을 때 무릇 의지할 데 없는 사람들과 병든 사람들을 그들의 친척과 마을 사람들에게 책임을 지워서 생계를 잃지 않도록 했으며, 여행자들이 경내를 지나가다가 병에 걸리면 모두 구제해주었다.

『대명률大明律』에 이렇게 규정되어 있다. "홀아비, 과부, 고아, 자식 없는 노인, 병이 심해 폐인이 된 자로 스스로 살아갈 수 없고 의지할 친척이 없는 사람들은 그 지역 관청에서 마땅히 거두어주어야 하며, 거두어주지 않으면 장杖 60대의 벌을 받는다. 만약 관리가 지급해야 하는 옷과 양식의 수량을 깎아버리면, 감독해야 할 자 자신을 훔친 죄로 처벌한다." ○ 법령이 이와 같으니 구휼하지 않으려 해도 안 할 수 있겠는가.

과년하도록 결혼을 못한 자는 관에서 마땅히 성혼시키도록 해야 한다.

월왕越王 구천句踐이 "여자가 17세에 시집가지 않고, 남자가 20세에 장가들지 않으면 그 부모에게 죄가 있다"라고 영을 내렸다【「월어越語」[4]에 나온다】.

한나라 혜제惠帝 6년에 "백성인 여자가 30세에도 시집을 가지 않으면 벌로 오산五算[5]을 물린다"라고 명령을 내렸다【1산算은 120전이다】. ○ 옛날에

4 「월어越語」: 『국어國語』의 한 편명. 춘추시대 월나라의 사적을 기록한 책.
5 산算: 세를 부과할 때 그 수량을 계산하는 단위.

는 30세에 장가를 가고 20세에 시집을 간다고 하였는데, 이는 대개 넘겨서는 안 되는 마지막 한계를 말한 것이다. 남자는 응당 25세로 한계를 정해야 할 것이요, 옛말에 구애될 것은 없다.

임연任延이 구진九眞[6] 태수가 되었는데 그곳 백성들은 시집가고 장가드는 풍속이 없었다. 여자들은 일정한 상대가 없어 아이를 낳아도 성姓을 알 수 없었다. 임연은 남자의 나이 20세에서 50세까지, 여자의 나이 15세에서 40세까지 모두 나이에 따라 서로 짝을 얻도록 하고, 그중에 가난하여 예를 갖추어 맞이하지 못하는 자에 대해서는 장리長吏가 자기 봉록의 일부를 덜어서 도와주도록 했다. 그래서 일시에 아내를 맞아들인 것이 2000가구를 헤아렸다. 그해에 날씨가 순하고 알맞아 농사가 크게 풍년이 들었다【『후한서後漢書』】.

유중영柳仲郢은 지방관으로 있을 때 부정한 관리에 대해서는 용서가 없었으며, 고을 안에 외롭고 가난한 양반의 딸로 시집을 못 간 이가 있으면 모두 신랑감을 골라 자기 봉급을 덜어서 혼수를 마련해 결혼을 하도록 했다.

공규孔戣가 광주자사廣州刺史로 있을 때 시집갈 나이가 된 여자들에게 돈을 주어 혼기를 놓치는 일이 없도록 하였다.

내한內翰 심문통沈文通[7]이 항주杭州를 맡아 다스릴 때, 가난하여 장례를 치를 수 없는 사람이나 고아로 시집갈 수 없는 여자에게는 공사전公使錢[8]

---

6 구진九眞: 지금의 베트남 북부 지역. 중국 한나라 때 이곳에 현을 설치한 바 있었다.

7 심문통沈文通, 1025~1067: 중국 송나라 때 인물인 심구沈遘. 자는 문통文通, 호는 서계西溪이다. 내한內翰은 송대에 한림학사翰林學士를 지칭하는 말로, 글을 잘하고 명망이 높은 인재가 맡는 것이 관행이었다.

8 공사전公使錢: 중국 송나라 때 제도로, 오고가는 관원들을 접대하거나 전별하기 위해 마

을 내어 수백 명이나 시집보내주었다. ○ 조청헌공趙淸獻公이 수령으로 있을 때 부모 없는 처녀 20여 명을 시집보내주었다.

왕질王質이 형남荊南을 임시로 맡아 다스릴 때 백성 가운데 혼사로 송사하는 자가 있었다. 그 소장에서 "가난하여 혼사 비용이 없어 기일을 뒤로 미룬 것이다"라고 하였기에, 필요한 비용이 얼마인가 묻고 자기 봉급의 일부를 주어 혼사를 치르도록 하였다.

함녕咸寧 사람 옹태雍泰[9]가 양회 순염어사兩淮巡鹽御史[10]로 있을 때 보니 소금 굽는 사람 중에 가난해서 홀아비로 지내는 자가 거의 2000명이나 되었다. 그가 2년 정도 있으면서 다들 가정을 이루도록 해주었다. 그가 떠나게 됨에 그 지방 사람들이 칭송하여 "떠나시는 사또의 짐에는 벼루 하나 없거늘 바닷가 백성들 집 다들 처자가 있다네"라고 하고, 또 "4000여 명 아녀자들 소원 춘풍에 닻을 들고 조정으로 평안히 돌아가시길"이라고 노래했다.

양계종楊繼宗이 수주秀州를 맡아 다스릴 때 어떤 부민富民이 사윗감으로 정한 사람이 가난하여 혼인을 그만두겠다고 하였다. 양계종은 그 사람을 책망하고 돈 2000금을 바치도록 한 후에 다른 사람을 사위로 택하는 것을 허용했다. 얼마 후에 그 사람을 불러 "내가 그 돈을 너의 사윗감

련해둔 비용.

9 옹태雍泰, 1436~1515: 중국 명나라 때 인물. 자는 세륭世隆이다. 명나라 정덕正德 초에 남경호부상서南京戶部尙書를 지냈다.

10 양회 순염어사兩淮巡鹽御史: 양회는 회남淮南과 회북淮北 지역 일대로 지금의 중국 안휘성安徽省과 강소성江蘇省 일부가 포함된 지역이다. 순염어사는 명대에서 청대에 걸쳐 이어진 제도로 소금의 제조와 공급을 순행 감독하는 직무를 맡았다. 무안관撫按官을 겸하기도 했다. 칭송하는 말에 "벼루 하나 없다"라고 함은 그 지역에서 흡주연翕州硯이라는 명품 벼루가 생산되었기 때문이다.

에게 주어 가업家業을 이루게 하였다. 이제 너의 딸이 좋은 자리를 얻었다" 하고 그날로 혼사를 이루도록 하였다.

동강東岡 이곤李昆[11]이 감숙甘肅 지방의 순무사巡撫使로 있을 때 그 지방이 변경이어서 혼인 시에 재물을 요구하는 경우가 많았다. 그래서 군인으로 있는 사람들이 가난하여 장가를 들지 못했다. 그가 각 부대별로 조사하니 1000여 명이 되었는데 은과 포布를 지급하여 도와주었다. 후일 그가 돌아가게 되자 전송하는 자들이 처자를 데리고 나와 길에 엎드려 울었다. 다들 예전에 짝을 지어준 사람들이었다.

이시현李時顯이 홍산鴻山[12]현감으로 있을 때 가난하여 시집을 못 가는 사람이 있으면 관에서 혼수를 갖추어주어 혼기를 놓치지 않게 해주었다.

혼인을 권장하는 정사는 우리나라 역대 임금이 남긴 법이니, 수령 된 사람은 마땅히 성심으로 준수해야 한다.

『경국대전經國大典』에 규정하였다. "사대부 집안의 딸로 나이가 30세에 가까워도 가난하여 시집을 못 가는 사람이 있으면, 예조에서 왕에게 아뢰고 자재資財를 지급하며, 그 가장은 중죄로 다스린다."

정조 15년 2월에 사족과 양민 중에 가난하여 혼기를 놓치는 남녀가 있음을 불쌍히 여겨 서울의 5부에 권고하여 결혼을 권장케 하고, 정혼을 하

11 이곤李昆, 1471~1532: 중국 명나라 때 사람. 자는 승유承裕, 동강東岡은 그의 호이다. 강직한 인물로, 정덕正德 때 병부좌시랑兵部左侍郎에 이르렀다.

12 홍산鴻山: 지금의 충청남도 부여군에 속한 고을 이름.

고도 어려운 이들은 성례를 재촉하되 관에서 혼수 비용으로 돈 500푼과 베 2필을 도와주고 매월 보고하라 하였다. 그때에 서부西部의 신덕빈申德彬의 딸이 나이 21세였고, 김희집金禧集은 나이 28세여서 두 사람 다 혼기를 놓치고 있었다. 6월 초이튿날 임금께서 "5부 안에 많은 홀아비와 노처녀가 있는 것을 생각하여 혼인을 권장, 성혼한 자가 무려 백수십 명이 되는데 서부의 두 사람은 아직 예를 치르지 못하고 있다. 어찌 천지의 화기를 인도하고 만물의 본성에 순응하는 도리이겠는가? 모든 일은 처음을 바로잡는 것이 귀중하고, 정사는 끝을 잘 맺는 것에 힘을 써야 한다. 덕빈과 희집에게 권하여, 좋은 일이 잘 맺어지도록 하라"라고 하교하였다. 이윽고 혼약이 정해지자 임금은 기뻐하며 "한 남자와 한 여자가 제자리를 얻는데, 이 김金 신申 부부처럼 그 기회가 공교롭게 마주쳐서 매우 기쁘고 이처럼 기묘한 일은 없을 것이다"라고 말씀하였다【이덕무李德懋[13]의 『아정집雅亭集』에 나온다[14]】. ○ 백성의 수령이 된 자가 임금의 뜻을 체득하여 실행한다면 그 직분을 다했다고 할 수 있다. 천지간에 얽히고설켜 잘 풀리지 않는 일 가운데 남녀가 혼기를 놓치는 일보다 딱한 일은 없을 것이다. 주남周南과 소남召南[15]의 시편詩篇들을 읽어보면 가히 그 실정을 알 수 있을 것이다. 백성의 부모가 되어 바라만 보고 있을 것인가.

---

13 이덕무李德懋, 1741~1793: 영정조시대 실학파 학자이자 문학가. 자는 무관懋官, 본관은 전주, 호는 아정雅亭·형암炯庵·청장관青莊館 등이다. 저서로 『아정유고雅亭遺稿』 『청장관전서青莊館全書』 등이 있다.

14 『아정유고·김신부부전金申夫婦傳』에 실려 있다. 이옥李鈺은 이 내용을 「동상기東床記」라는 제목의 희곡으로 각색하기도 했다.

15 주남周南·소남召南: 『시경·국풍國風』의 제1, 제2의 편명. 주로 남녀 간에 사랑을 이루어 화락한 삶을 이루거나 서로 그리워하는 정서를 담은 시편이 수록되어 있다.

매년 정월에 나이가 넘도록 혼인을 하지 못한 남녀를 골라서 2월에 성혼하도록 할 것이다.

고을 안에서 남자는 25세, 여자는 20세 이상이 된 자를 골라서 부모와 친척이 있고 재산이 있는 경우 독촉하여 성혼토록 하며, 태만한 자는 벌을 준다. 친척이 전혀 없고 재산도 없는 이들에게는 마을에서 덕망 있는 사람을 뽑아 중매를 서게 하여 짝을 구해 성혼하도록 하되, 관에서 돈 또는 포목 약간을 지급해 도와준다. 도포·사모·띠·갓신·초롱·원삼 등속은 관에서 빌려주도록 한다. 가난한 자와 부자가 결합하거나 양편 다 궁한 집이 결합하거나 하는 경우에는 수령이 한번 권장하는 것이 일반 사람들이 백번 말하는 것보다도 효과가 있을 것이다. 어찌 말 한마디를 아껴서 이런 좋은 음덕陰德을 심으려 하지 않겠는가.

합독合獨을 주선하는 일 또한 실행할 만하다.

『관자』에서 말하였다. "무릇 도읍에는 중매를 맡은 이가 있어서 홀아비와 과부를 골라 화합하도록 하니, 이를 '합독'이라 한다." ○ 합독 또한 선정善政이다. 늘 보면 향촌의 과부 가운데 신분이 천하지 않은 자가 비록 개가할 뜻이 있어도 부끄럽고 꺼리는 것이 많아 주저하게 된다. 필시 늙고 교활한 방물장수가 은밀히 계략을 꾸며 이웃 마을의 악당들을 모아 밤을 틈타 몰래 업고 가서 분란을 일으키고 다투어서 풍속을 해친다. 혹은 행로지정行露之情[16]을 맺고 나서 강제로 욕을 당한 양 속이기도 한다. 이미 순결을 더럽힌 데다가 일을 그르쳐서 개가도 못하게 된다. 수령이 예로써 권하여 한 남자와 한 여자에게 합당한 제자리를 얻게 함이 좋을 것이다. 이런 일은 비록 법령으로 내릴 필요는 없겠지만 마땅히 백성들에게 은근히 타일러서 옛사람들의 뜻을 알게 할 것이다.

16 행로지정行露之情: 여자가 부모의 허락 없이 사사로이 남자를 만나 정을 나누는 것. 『시경·국풍·소남·행로行露』에 나옴.

제4조 상을 당한 자를 도움

哀喪

상喪을 당한 사람에게 요역을 감해주는 것이 옛날의 도리이다. 수령이 전결할 수 있는 것은 모두 감해주는 것이 옳다.

『예기·예운禮運』에 "공公에 벼슬살이하면 신臣이라 하고 가家에 봉직하면 복僕이라 하는데, 자기 부모의 삼년상 동안에는 이들을 부리지 않는다"라고 하였다.

「월어」에서 "구천句踐이 백성에게 서약하기를, 가문의 상속자가 죽으면 3년 동안 담당 임무를 해제해주고, 맏이가 아닌 아들이 죽으면 석 달 동안 담당 임무를 해제해준다"라고 하였다. ○ 유향劉向[1]의 『설원說苑』[2]에 "옛날에 친상을 당한 자는 그 문에서 부르는 일이 없고, 자최齊衰[3]·대공大功의 상을 당한 자는 다섯 달 동안 역역力役에 복무하지 않고, 소공小功의 상을 당한 자는 장사 전까지는 역역에 복무하지 않는다"라고 하였다.

---

1 유향劉向, B.C. 77~B.C. 6 : 중국 전한시대의 학자. 자는 자정子政이다. 본명은 갱생更生이었으나 후에 향으로 고쳤다. 『열녀전列女傳』『열선전列仙傳』 등 저서가 있다.

2 『설원說苑』: 중국 춘추시대부터 한나라 초까지 여러 인물들의 사적과 일사逸事를 모은 책.

3 자최齊衰 : 오복의 상복제도에 두 번째로 1년(조부모상) 내지 3년(부모상)의 복상服喪.

鏞案 『예기』의 「잡기雜記」나 「왕제王制」에도 정사에 종사〔從政〕하지 않는다는 문구가 여럿 있다. 정현의 주에서는 요역을 감한다고 했는데 이는 그렇지 않은 것 같다.

지금 병조兵曹 및 삼군문三軍門의 보전保錢[4]·보포保布는 상을 당해도 감해주지 않고, 오직 균역청均役廳의 선무군관選武軍官[5]은 상탈喪頉[6]을 허락하고, 평안도와 황해도의 제번군관除番軍官[7]도 그 상탈을 허락한다. ○ 지금 응당 법을 정하여 무릇 부모의 상을 당한 자에게 100일 이내에는 일체의 연호잡역煙戶雜役[8]을 관대히 면제해주는 것이 아마도 옛 뜻을 따르는 것이 될 것이다. 그러나 거짓과 속임수가 워낙 많아 허虛와 실實을 가리기 어려우니 반드시 조심해야 한다.

지극히 곤궁하여 죽어서도 염殮을 하지 못하고 구렁텅이에 버려질 형편인 백성들에 대해서는 마땅히 관에서 돈을 주어 장사 지내도록 해야 한다.

---

4 보전保錢: 보인保人이 정병正兵에게 지급하는 물품을 마련하기 위해 보포保布 대신 내는 돈이다.

5 선무군관選武軍官: 균역법의 시행으로 내야 하는 포가 2필에서 1필로 줄어듦에 따라 재정 부족과 한유자閑遊者에 대한 대책으로 다소 경제력이 우세한 지방의 중인 부류나 양민으로 역을 피한 자들을 대상으로 포를 부과하였다. 이들을 일반적인 군보軍保와 달리 선무군관이라고 불렀으며, 그들이 내는 포를 선무군관포라고 일컬었다.

6 상탈喪頉: 상을 당해 역에서 면제되는 것. 원주에 "본음은 '頤(이)'이며 속음은 '脫(탈)'인데, 유고有故를 뜻하는 말이다"라고 나와 있다.

7 제번군관除番軍官: 군관의 역을 지고 있는 자로서 번상番上을 면제해준 사람을 일컫는 말.

8 연호잡역煙戶雜役: 요역 동원의 기준(전田 8결당 1부) 원칙에 의해 토목이나 건축 등에 동원된 연호군烟戶軍의 민역民役을 말한다. 정병이나 수군도 본래의 군사 임무가 아닌 토목이나 영선 등 공사장에 동원되는 역졸화役卒化 경향이 있었다. 연역煙役이라고도 함.

『시경』에 "길 가다가 죽은 사람을 보면 묻어준다"[9]라고 하였으니, 길 가는 이도 그러한데 하물며 백성의 부모가 된 수령이야 더 말할 필요가 있겠는가. ○ 평소에 백성들에게 "만약 이런 사실이 있거든 즉시 보고할 것이며, 그 이웃이나 친척 가운데 서로 도울 수 있는 자가 있으면 관에 보고할 것 없이 상의하여 거두어 묻어주어라. 서로 돕지도 않고 보고하지도 않으면 처벌할 것이다"라고 명령을 내려야 한다. ○ 보고가 들어오면 관에서 수백 전을 내어 죽은 이를 염하게 하고, 또 이웃이나 친척들로 하여금 각자 힘을 보태 관에 넣어 묻도록 할 것이다.

황패黃霸가 영천태수潁川太守로 있을 때 홀아비, 과부, 고아, 늙어 자식 없는 자로 죽어서 장사를 지내줄 사람이 없는 이는 모두 조처하여 어느 곳의 큰 나무는 관을 만들 만하고 어느 마을의 돼지는 가히 제수祭需로 쓸 만하다고 말하였다. 아전이 현지에 나가 보면 말 그대로였으므로 모두들 그의 신명함을 칭송하였다.

범충선范忠宣이 태원부太原府를 맡게 되었을 때 하동河東[10] 지역은 토지가 좁고 인구는 많기 때문에 땅을 아껴 그 부모와 조상을 매장하지 않았다. 그는 요속僚屬들을 보내 주인이 없는 불에 탄 유골을 거두어 남녀를 구별하여 각각 다른 구덩이에 장사 지내주었다. 또 여러 군에 격문을 띄워 모두 이를 본받게 하니 그 숫자가 만을 헤아렸다. 돌을 새겨 그 연월을 기록하게 하였다.

윤형래尹亨來[11]가 회인懷仁[12]현감으로 있을 때 일찍 정당에 앉아 있는데

9 『시경·소아小雅·소변小弁』에 나오는 구절.

10 하동河東: 지금의 중국 산서성에 속한 지명. 황하가 산서성 지역에서 남으로 꺾여지는데 그 동쪽을 하동이라 일컬었다. 태원太原은 산서성의 성도이다.

통곡하며 현청 앞을 지나가는 소리를 듣고 "어떤 사람이 슬피 우느냐"라고 물었다. "어떤 백성이 어제 죽어 지금 장사 지내러 가고 있습니다"라고 아뢰자, 다시 "염을 했다더냐"라고 물었다. "가난하여 못했답니다"라는 대답을 듣고 즉시 돈을 주어 관을 사서 장사 지내도록 하였다.

기근과 전염병으로 사망자가 속출할 때에는 거두어 매장하는 일을 굶주린 백성을 돕는 일과 함께 시행해야 한다.

『주례·추관사구秋官司寇[13]』에 "사씨蜡氏는 죽은 사람의 유골을 처리하는 일을 맡는데 길에서 죽은 자가 있으면 묻어주고 거기에 패를 꽂아 그 날짜를 써 붙이되, 그가 쓰던 의복과 행장을 유지지관有地之官[14]【지금의 향정鄕亭이 그것이다】에 걸어두고 유족을 기다린다"라고 하였다.

『속대전』에서는 이렇게 규정하였다. "서울과 지방에서 전염병으로 온 가족이 몰사하여 매장을 못하는 자가 있으면 이들을 구제하는 휼전恤典[15]을 시행한다." ○ 가경嘉慶 무오년(1798) 겨울에 독감이 갑자기 기승을 부렸다. 당시 나는 황해도 곡산谷山에 있었는데 먼저 거두어 매장하는 일을

---

11 윤현래尹亨來: 숙종대 관료로 1691년 회인현감에 제수되었다. 선정을 베풀어 치적이 있었다.
12 회인懷仁: 지금의 충청북도 보은군에 속한 고을.
13 추관사구秋官司寇: 『주례』의 편명. 형정刑政을 관장하는 부처.
14 유지지관有地之官: 원주에 나온 '향정'이란 도로변의 요소마다 설치된 기구로 왕래하는 사람들을 살피고 단속하는 것이 주된 임무였다. 유지지관은 지방행정의 장을 가리킨다는 설도 있다.
15 휼전恤典: 나라에서 이재민을 구제하는 은전恩典.

행했다. 아전이 "조정의 명이 없으니 실행해도 공적이 없을 것입니다"라고 말했으나, 나는 "장차 명이 내려올 것이다"라고 했다. 이듬해 5월 5일에 사망자의 장부를 만들고 친척이 없는 자는 관에서 돈을 내어 매장하게 하였다. 이렇게 한 달이 지나 비로소 조정에서 명령이 내려왔는데, 감사의 독촉이 성화같았다. 다른 고을에서는 모두 갑자기 장부를 꾸미다 보니 여러 차례 문책을 받았지만, 나는 이미 정리해놓은 것을 바쳐서 차분히 아무 일도 없었다. 이에 아전들 또한 크게 기뻐하였다.

혹시 비참한 일이 눈에 띄어 측은한 마음을 견딜 수 없거든 주저하지 말고 즉시 구휼을 베푸는 게 마땅하다.

범문정공范文正公이 빈주태수邠州太守로 있을 때 한가한 날 요속들을 거느리고 누각에 올라 술자리를 베풀었다. 아직 술잔을 들지 않았는데 상복을 입은 몇 사람이 상구를 마련하는 것을 보았다. 그가 급히 불러 사연을 물어보니, 그곳에 우거하고 있던 어떤 선비가 죽어 근교에 임시로 매장하려 하는데 봉賵[16]·염殮·관棺·곽槨 등 초상 치를 준비를 전혀 갖추지 못한 상태였다. 그가 곧바로 술자리를 거두고 부의를 후하게 주어 장례를 무사히 치르게 하니, 모두 감복하여 눈물을 흘리는 사람도 있었다.

정선鄭瑄은 다음과 같이 말하였다. "선행을 저해하는 부류가 있으니 상사喪事를 도와주는 것을 보면 산 사람이 먹고사는 것이 중요하다 하고,

---

16 봉賵: 거마車馬 등 상가에 부조하는 물건을 뜻하는 말로 되어 있는데, 다산은 『상례사전』에서 거마로 한정하였다. 곧 상여를 가리키는 것임.

남을 구제하는 것을 보면 궁한 친척을 구휼해주는 것이 중요하다 한다. 과연 그렇다면 친척을 친척으로 대하고 사람을 사랑하는 일은 반드시 한 가지 일이 끝나야 다른 한 가지 일을 할 수 있다는 말인가? 액운을 당하는 것을 보는 대로 곧 도와주고 일은 쉬운 대로 거행하되, 마음은 우연히 감촉되는 대로 따르고 가능한 대로 쫓는 것이다. 이러니저러니 남을 힐난하는 자는 반드시 성심으로 남의 위급을 돌보아줄 마음이 아님을 알 수 있다."

혹시 먼 객지에서 벼슬을 살던 이의 상여가 자기 고을을 지나면, 운반하는 일을 돕고 비용도 도와주되 성심껏 후하게 하도록 힘써야 한다.

범문정공이 월주越州를 맡고 있을 때 일이다. 속관屬官 손거중孫居中이 임지에서 죽었는데, 아들은 아직 어리고 집이 가난하였다. 범공은 자기의 봉록에서 돈 100민緡을 도와주고, 또 배[舟]도 마련하고 아교牙校[17]까지 파견하여 호송하게 했다. 그리고 다음과 같이 시를 지었다. "열 식구 서로 의지하여 큰 물을 건너니 올 적엔 따뜻했거늘 돌아가는 길 처량하구나. 관문과 나루터에서 누구냐 묻지를 마오 고아와 과부가 외롭게 돌아가는 배라네."

조청헌공이 건주虔州를 맡게 되었는데, 건주는 광동廣東과 광서廣西 지역의 요충지로 행인들이 항상 건주에서 배를 바꿔 타고 북으로 갔다. 그

17 아교牙校: 본영本營을 지키는 무관.

는 배 100척을 만들고 광동과 광서 지역의 여러 고을에 "벼슬하는 집안에서 부형이 죽어 돌아가지 못하는 이가 있을 경우에 공문을 보내주면 마땅히 배를 준비하여 실어 보내겠다"라는 공문을 발송하였다. 공문을 가지고 오는 사람들에게 모두 배를 제공하고 동시에 부의까지 주어 도왔다. 그로부터 돌아가는 행차가 길에 잇닿았다.

백강白江 이경여李敬輿는 정축년(1637) 4월 경상감사로 있었는데 청나라 군대가 물러간 직후였다. 그는 주방의 음식을 줄이고 풍악과 기생을 물리쳤으며, 가마도 타지 않고 일산도 받치지 않았다. 오로지 죽은 이를 조문하고 고아를 거두고 백성들을 위로하고 어루만져 그들이 다시 돌아와 편안히 사는 일을 급무로 삼았다. 이때에 병화를 입은 많은 사람들이 굶주려 넘어지고 쓰러졌다. 이경여는 여러 고을을 정비하면서 임시 거처 마련에 우선 힘썼으며, 곧이어 감영監營의 곡식 수천 곡을 계속 방출하여 그들을 먹여 살렸다. 또한 죽어서 고향으로 돌아가 묻히지 못하는 이들에게는 군현에 명하여 인부나 우차牛車를 주어 교대로 호송케 했다. 더욱 가난하여 염조차 할 수 없는 이들에게는 관棺과 수의壽衣를 지급했다. 그리고 대로에 접한 군현에 대해서는 다른 공납을 크게 감하여 문률綄繂의 역役[18]을 보상해주었다. 이런 조처로 산 사람은 힘입어 살아나고 죽은 사람은 힘입어 고향에 돌아가 묻히게 되니, 그 숫자가 이루 헤아릴 수 없을 정도로 많았다.

조영경趙榮慶[19]이 황주목사黃州牧使로 있을 때 나는 영조사迎詔使[20]가 되

18 문률綄繂의 역役: 상여를 운반하는 일.

19 조영경趙榮慶: 판서 조관빈趙觀彬의 아들로 본관은 양주이다. 정조 때 청풍부사淸風府使와 금산군수錦山郡守 등을 역임했다.

어 동헌에 함께 앉아 있었는데, 마침 상여 지나가는 소리가 들렸다. 알아보니 변경의 수령이 임지에서 죽어 고향으로 돌아가는 길이었다. 조공은 곧 아전을 불러 상행을 모시고 가는 사람에게 위로의 말을 전하고 음식을 대접하고 부의로 돈 30냥을 보내주었다. 그리고 본인이 직접 나가서 조문하지는 않았다. 내가 왜 그런지 연유를 물으니, 조공은 "객지의 상여가 고을을 지날 때는 음식도 대접하고 부의를 보내는 것이 옛날의 법도이지요. 그러나 나는 본시 그 죽은 이를 알지 못하고 상주 또한 알지 못하는데 직접 조문을 하는 것은 명분에 없는 일입니다"라고 대답했다.

향승鄕丞 및 아전, 군교가 상을 당했거나 본인이 죽었을 때는 마땅히 부의와 조문을 하여 은애恩愛의 뜻을 보이도록 할 것이다.

옛날에 조정의 신하가 상을 당하면 임금이 반드시 몸소 조문하여 소렴小斂[21]과 대렴大斂[22]을 하는 것을 지켜보았다. 그리고 염할 때 수의를 내려주며, 장사를 지낼 때는 예물을 내려주었다. 이로 미루어 수령 역시 관속들을 위해서 마땅히 그와 같은 은애의 마음을 보여야 한다. 위령魏令[23]에 "관장이 죽으면 이속들은 자최齊衰의 복服을 입는다"라고 하였고, 촉蜀

20 영조사迎詔使: 중국 황제의 조서詔書를 가지고 오는 사신을 영접하기 위해 선발된 관원.
21 소렴小斂: 사람이 죽으면 조처하는 첫 단계로 사자의 입을 막고 몸을 바로 눕힌 다음 이불로 덮는 것.
22 대렴大斂: 소렴을 한 이튿날 사자의 몸을 씻겨 수의를 입히고 잘 묶어서 입관하는 의식.
23 위령魏令: 중국 위나라의 옛 법령을 말하는 듯하다.

나라의 초주譙周[24]는 "임시로 참최斬衰[25]의 복을 입었다가 새로 수령이 오면 벗는다"【『통전通典』에 나옴】라고 하였는데, 후세에 이르기까지 자최의 복을 입었다. 장차 아랫사람들에게 복을 입기를 요구하려면 위에서 은정을 베풂이 없어서 되겠는가. 무릇 아전이나 군교 자신이 죽거나 그 부모의 상을 당했을 때는 마땅히 종이와 초〔燭〕를 부의하고, 미음과 죽을 권하여 마시게 할 것이다. 가까이 있던 좌수와 별감 등 향관鄕官이 죽거나 상을 당해도 이같이 해야 한다. 장례를 치를 때에는 예리禮吏를 보내 술 한 잔과 안주 두 접시로 치전致奠[26]하는 일도 그만두어서는 안 될 것이다. ○ 향교의 임원으로 내가 부임한 이래 일을 본 자에 대해서도 마땅히 이같이 하며, 외촌의 풍헌風憲이라도 여러 달 동안 일하여 안면이 있는 자는 같은 예로 행해야 한다. ○ 또한 경내의 벼슬길에 올랐던 자, 효행과 재주가 있어 이미 천거를 받았던 자, 태학생太學生 혹은 문예가 뛰어난 자로 본인이 죽었거나 상을 당한 자가 있으면 똑같이 해야 할 것이다. ○ 시노나 문졸에 이르기까지 모든 관속들에게도 마땅히 미음과 죽을 권하는 위문이 있어야 한다.

---

24 초주譙周, 201~270 : 중국 삼국시대 촉한蜀漢 인물. 자는 윤남允南이다. 제갈량諸葛亮에 의해 발탁이 되었다. 학문에 독실했으며 특히 천문에 정통했다.

25 참최斬衰 : 오복의 상복제도에서 가장 무거운 3년의 복상. 아버지나 남편의 상사에 입음.

26 치전致奠 : 망령亡靈에게 제물祭物을 차려놓고 글을 지어 애도를 표하는 의식.

제5조 병자를 돌봄

寬疾

불구자와 중환자에 대해서는 몸으로 치르는 모든 노역을 면제해주어야 하는데, 이것을 관질寬疾이라 한다.

『주례』의 보식保息의 정사에서 다섯 번째가 관질이다. 후한의 정현은 "지금 곱사등이는 일할 수 없어서 군졸로 계산하지 않는 것과 같다"【이는 한대의 법이다】라고 하였는데, 관寬이란 몸으로 치르는 모든 노역을 너그럽게 면제해준다는 의미이다. 귀머거리나 고자는 자신의 노력으로 생계를 이어갈 수 있으며, 장님은 점을 치고, 절름발이는 그물을 엮어서 살아갈 수 있지만, 중환자와 불구자는 돌봐주어야 한다.

요즈음 수령들은 혹독하고 인자하지 못하다. 어떤 시골 아낙이 젖먹이를 안고 관가에 와서 "이 애가 부엌에서 불에 데어 지금 손발을 못 쓰게 되었으니 새로 배정된 선무군관에서 관대히 면해주시길 비옵니다"라고 호소하면, 수령은 "밭 가운데 허수아비보다야 낫지 않느냐" 하며 들어주지 않는다. 슬프다, 이러고도 백성을 다스리는 사람이라 할 수 있겠는가? 무릇 장님·벙어리·절름발이·고자 같은 사람들도 군적에 올려서는 안 되고 잡역雜役을 시켜서도 안 된다.

곱사등이나 불치병자들이 혼자 힘으로 살아갈 수 없는 경우에는 의탁할 곳을 마련해주고 도와줘야 한다.

장님·절름발이·곰배팔이·나환자 등은 사람들이 천하게 여기고 싫어한다. 관은 육친六親이 없고 안주할 곳이 없어서 떠도는 이들을 보호하고, 그 친척들을 타일러 이들이 편히 머물 곳을 마련해주도록 해야 한다. ○ 친척이 하나도 없어서 어디 의지할 곳이 전혀 없는 자들은 고향 마을에 덕망 있는 이를 골라 보호하도록 하되 잡역을 덜어 그 비용을 대신하게 해준다. ○ 여숭귀余崇龜[1]가 강주태수江州太守로 있을 때 바람과 눈이 크게 일어나자 그는 눈보라를 무릅쓰고 강정江亭으로 가서 몸소 살펴보아 사람마다 돈과 쌀을 나누어주고, 거지들에게는 닥종이로 만든 이불을 지급하였으며, 병자들은 안양원安養院[2]을 더 지어 수용하였다.

군졸들 중에 추위와 굶주림으로 쓰러진 자에게는 의복과 음식을 배급하여 죽음을 면하도록 해주어야 한다.

진晉나라 유홍劉弘[3]이 형주荊州를 다스릴 때의 일이었다. 밤중에 일어

1 여숭귀余崇龜: 중국 송나라 사람. 자는 경망景望이다. 순희淳熙 연간(1174~1189)에 진사를 하였으며 벼슬은 병부시랑兵部侍郎에 이르렀다.
2 안양원安養院: 어렵고 병든 사람들은 보호하기 위한 시설.

나서 들으니 성 위에서 파수를 보는 자가 몹시 괴로워하는 소리가 들렸다. 그가 불러 보니 여위고 병든 데다 저고리조차 입지 못한 늙은 병졸이었다. 유홍은 그에게 가죽으로 만든 옷과 두꺼운 모자를 지급해주었다.

장윤張綸[4]이 강회 발운부사江淮發運副使[5]로 있을 때였다. 조졸漕卒 가운데 추위에 얼고 굶주려 길에서 죽은 자가 많이 있는 것을 보고 탄식하기를, "이는 담당관의 허물이다. 임금님의 어진 마음을 받들지 못하다니" 하고 자기 봉급으로 저자에서 솜저고리 1000여 벌을 구해다가 견디기 어려운 자들을 입혔다.

전염병이 유행할 때 민간 풍속으로는 꺼리어 피하는 경우가 많은데, 보살피고 치료해주어서 두려워하지 않도록 해야 할 것이다.

신공의辛公義[6]는 민주岷州[7]자사로 있을 때 그곳 풍속이 전염병을 두려워하여 환자가 하나라도 생겼다 하면 온 가족이 피해서 그대로 죽는 자

---

3 유홍劉弘, 236~306: 중국의 서진西晉 때 인물. 자는 화계和季이다. 형주도독荊州都督으로 치적을 남겼고, 거기장군車騎將軍에 올랐다.

4 장윤張綸, ?~1085: 중국 송나라 사람. 자는 공신公信이다. 지략이 있었으며 어진 정사를 베풀었다.

5 강회 발운부사江淮發運副使: 강회는 지금의 중국 강소성과 안휘성 일대이다. 발운부사는 송나라 때 강회 지방에 설치해서 수륙水陸의 운수를 담당했던 기관의 관직으로 발운사發運使의 아래 직위이다.

6 신공의辛公義, 553~614: 원주에 "수나라 문제文帝 때 사람"이라고 나와 있다. 민주자사岷州刺史로 있을 때 백성들로부터 어머니와 같다는 칭송을 들었으며, 모주자사牟州刺史로 있을 때도 훌륭한 치적이 있었다.

7 민주岷州: 중국의 서쪽 변경인 감숙성甘肅省에 있었던 지명.

가 많았다. 신공의가 명을 내려 환자들을 관청으로 운반해오도록 하니, 여름날 낭하廊下가 환자로 가득 찼다. 그는 의자를 놓고 앉아서 자기 녹봉으로 의약을 공급하고 몸소 환자들을 보살폈다. 환자들이 다 나은 후에 그들의 친척들을 불러서 "죽고 사는 문제는 명에 달린 것이다. 만약에 서로 전염을 한다면 나는 벌써 죽었을 것이다"라고 깨우쳐 말했다. 모두 부끄럽게 여기고 감사해하면서 돌아갔다. ○ 무릇 전염병이 옮는 것은 대개 콧구멍을 통해 병 기운이 들어온 때문이다. 전염병을 피하기 위해서는 무엇보다도 병 기운을 들이마시지 않도록 환자와 일정한 거리를 유지해야 한다. 환자를 문병할 때는 마땅히 바람을 등지고 서야 한다【연기를 보면 바람의 방향을 알 수 있다】. 신공의는 특별히 기운이 충실했기 때문에 전염되지 않았을 뿐이다.

진요수陳堯叟[8]가 광남서로 전운사廣南西路轉運使로 있을 때 일이다. 영남嶺南[9] 지역은 환자가 생기면 귀신에게 빌기만 하는 풍속이 있어서 약을 쓸 줄 몰랐다. 그가 지닌 집험방集驗方[10] 100종류를 돌에 새겨 귀주貴州 역사驛舍에 세웠더니, 그 지역 사람들이 도움을 입었다. 또한 그 지방은 기후가 워낙 무더운 곳이기에, 버드나무를 심고 우물을 파고, 20~30리마다 정자를 짓고 집기를 비치하여 사람들이 목말라 죽는 것을 면하게 되었다.

소식이 항주杭州를 다스릴 때 마침 기근이 들고 전염병이 유행하자 그는 매일 아전들을 파견하고 의원醫員들을 독려해서 사방으로 나가 병을

8 진요수陳堯叟, 961~1017 : 중국 송나라 사람. 자는 당부唐夫이다. 벼슬은 동평장사同平章事와 우복야右僕射에 이르렀다.

9 영남嶺南 : 중국의 서남 지역을 지칭하는 말로, 주로 광동성廣東省 지역을 일컫는다. 여기서는 더 넓게 광서廣西와 귀주貴州까지 포함되어 있다.

10 집험방集驗方 : 한의학에서 경험상 효과가 있는 처방들을 모아놓은 것.

치료하도록 하여 살아난 사람이 1만여 명을 헤아렸다.

상국相國 허적許積이 진휼청 제조賑恤廳提調[11]로 있을 때 몸소 온창瘟廠[12]에 가서 환자들을 살펴보고 사망자를 매장하는 일을 감독하였다. 장군 유혁연柳赫然[13] 역시 전염병을 겁내지 않았다. 서지西池[14] 부근에 온 가족이 전염병으로 몰사한 집이 있었는데 거두어 묻어줄 사람이 없으므로 그가 몸소 가서 염을 해주었다.

전염병 및 천연두나 민간에 퍼진 여러 가지 병으로 죽고 요사夭死하는 천재天災가 유행할 때는 마땅히 관에서 구조해야 할 것이다.

『경국대전』에 "환자가 곤궁하여 약을 구입할 수 없는 경우 관에서 지급하고, 지방은 본 고을에서 의약을 지급해야 한다"라고 나와 있다.

송나라 가우嘉祐 연간(1056~1063)에 황주黃州 지방에서 민간에 전염병이 크게 유행하였는데, 성산자聖散子를 써서 치유된 사람이 수를 헤아릴 수 없을 정도로 많았다. 소동파蘇東坡는 글을 지어 돌에 새겨서 그 처방을 널리 알려 성산자의 효험이 더욱 뚜렷하게 되었다. 휘주徽州의 정상서鄭尙書는 금릉金陵[15]에 있을 때, 이 처방으로 상한傷寒[16]을 치료하여 많은 사

11 진휼청 제조賑恤廳提調: 크게 흉년이 들면 설치하는 진휼청의 총책임자. 대체로 겸직한다.

12 온창瘟廠: 전염병에 걸린 환자를 수용하는 곳.

13 유혁연柳赫然, 1616~1680: 자는 회이晦爾, 호는 야당野堂이다. 인조 때 무과에 급제하여 훈련대장에까지 올랐다. 숙종 때 남인의 실각과 함께 귀양을 가서 사약을 받고 죽었다.

14 서지西池: 지금의 서울 독립문 북쪽에 있던 연못. 일명 반송지盤松池.

15 금릉金陵: 중국 남경南京의 별칭.

람을 살려냈다. 성산자의 처방은 다음과 같다.

창출蒼朮【제조한 것】·방풍防風·후박厚朴【생강에 볶은 것】·저령豬苓·택사澤瀉【불에 구운 것】 각 2냥

백지白芷·천궁川芎·적작약赤芍藥·곽향藿香·시호柴胡 각 반 냥

마황麻黃·승마升麻·강활羌活·독활獨活·지각枳殼·오수유吳茱萸【거품을 냄】·세신細辛·고본藁本·복령茯苓 각 7돈

석창포石菖蒲·초두구草豆蔻·양강良薑 각 8돈

감초甘草 2냥 반, 대부자大附子 1개

이를 거친 가루로 만들어 매번 3돈씩 복용하되, 물 두 종지에 대추 한 개를 넣어서 8부쯤 끓여 조금 뜨겁게 먹는다. ○ 장개빈張介賓[17] 또한 말했다. "일체의 풍토병이나 전염병·상한·풍습風濕[18] 등 질병을 치료하는 데 비상한 효험이 있다." 이대조李待詔가 말한바 소위 "몸이 안으로 차고 밖으로 더우며, 위쪽이 실하고 아래쪽이 허한 자"에게는 이 약이 신통한 효험이 있으니, 한습寒濕을 발산시켜 장학瘴瘧을 구제하는 데 놀라운 효험을 보게 된다. ○ 복암茯菴 이기양李基讓이 문의현감文義縣監으로 있을 때 전염병이 크게 유행하였다. 성산자를 많이 지어서 백성들에게 나누어 먹였고, 이웃 고을인 청주淸州와 옥천沃川까지 보급해서 살아난 사람이 그 수를 셀 수 없을 정도였다. ○ 내가 강진康津에 있을 때인 가경 기사년(1809)과 갑술년(1814)에 큰 기근을 만났고 그 이듬해 봄에 전염병이 크게

16 상한傷寒: 한의학의 용어로 열병熱病 증세.

17 장개빈張介賓, 1563~1640: 중국 명나라 사람. 자는 경악景岳·회경會卿, 호는 통일자通一子이다. 의술이 뛰어났는데 특히 숙지황熟地黃을 잘 써서 장숙지張熟地라는 별호를 얻었다 한다.

18 풍습風濕: 한의학의 용어로 습한 곳에 살아서 뼈마디가 아프고 저린 병.

유행하였다. 내가 이 처방을 보급해서 살려낸 사람들이 또한 그 수를 셀 수 없었다. 포부자泡附子를 쓰면 효험이 없고 반드시 생부자生附子를 써야 곧 신기한 효험이 있다【본방本方에는 포泡 자가 없다】. 수령으로 있는 사람은 만약 전염병이 유행하는 때를 만나면 수만 전의 비용을 써서라도 이 약을 넉넉하게 제조하여 의술에 밝은 아전으로 하여금 헐한 값에 팔게 하면 인명을 널리 구제할 수 있을 것이다. 그 값이 본래 헐하니【한 첩이 돈 7푼에 지나지 않음】 비록 가난한 백성이라도 복용하기 어렵지 않을 것이다. ○ 어떤 사람이 "북방 지역은 남방 지역과 효험이 같지 않다"라고 하는데 이치가 그럴는지도 모른다. 대체로 기근 뒤에는 백성들의 기력이 허손虛損하니 경한 자는 온산溫散[19]을 쓰고, 심한 자는 온보溫補[20]【숙지황熟地黃·당귀·계피·부자附子 등】를 써야 살려낼 수 있다. 한량寒凉한 약재를 쓰면 많이 실패를 보게 될 것이다.

천연두가 유행하면 어린아이들의 사망이 늘어나는데 여기에 쓰는 처방이 여러 가지이다. 옛날 맹개석孟介石[21]이 특별한 처방 하나를 만들어 사람을 모집하여 널리 보급하였다. 경한 자는 3~5회 복용하고, 중한 자는 6~7회 복용해서 치유된 자가 많았다. ○ 그 처방은 다음과 같다.

홍화紅花 3냥

석고石膏【불에 달군 것】 2냥

건갈乾葛·당귀미當歸尾·상백피桑白皮 각 1냥

형개荊芥·지골피地骨皮·길경桔梗 각 8돈

---

19 온산溫散: 한의학에서 속을 덥게 하는 데 가루약을 쓰는 것.

20 온보溫補: 한의학에서 속을 덥게 하는 데 탕보湯補로 쓰는 것.

21 맹개석孟介石: 중국 청대의 의가醫家로 『유과직언幼科直言』이라는 의서를 남겼다.

지각枳殼 6돈

적작약赤芍藥·우방자牛旁子·진피陳皮 각 5돈

패모貝母·감초 각 4돈

박하 3돈.

이들을 곱게 가루로 만들어 한 번에 3~5돈을 끓인 물에 복용한다. ○ 혹시 회충이 삼초三焦[22]를 막아서 천연두에 변증變症이 발생한 경우에는 이헌길李獻吉[23]이 제조한 이피삼육탕二皮三肉湯이 또한 신효를 보였다. 그 처방은 이러하다.

고련근 백피苦楝根白皮 3돈

진피陳皮·산사육山査肉 각 2돈

모과 5편片

오매烏梅 5개

천초川椒 20알【눈을 제거하고 볶은 것】

사군자육使君子肉 1돈

이들을 물에 달여서 웅황雄黃과 빈랑檳榔 가루 각 1돈을 타서 복용한다. ○ 앞의 두 가지 처방은 마땅히 시험해볼 것이다.

유행병이 돌면 사망자가 속출하게 된다. 구호와

22 삼초三焦: 한의학 용어. 육부六腑의 하나로 상초上焦·중초中焦·하초下焦를 총칭함. 상초는 위胃의 상구上口에 있어 위에 음식물을 들여보내는 역할을 맡고, 중초는 위 속에 있어 소화를 맡고, 하초는 방광 위에 있어 배설을 조절한다.

23 이헌길李獻吉: 조선 영정조 시기의 의학자. 자는 몽수夢叟 혹은 몽수蒙叟, 본관은 전주이다. 천연두의 치료로 명성이 있었는데 1775년 서울에서 유행한 천연두를 물리친 공을 세웠다. 다산은 『여유당전서與猶堂全書·시문집詩文集·몽수전蒙叟傳』에서 인명을 구제한 그의 공헌을 소개한 바 있다.

치료를 돕고 매장해주는 사람에게는 마땅히 포상하도록 조정에 청해야 한다.

가경 무오년 겨울에 독감이 갑자기 기승을 부려 죽은 자가 셀 수 없이 많았다. 조정에서 부민들이 구호와 치료 및 매장하는 일을 행하면, 그들에게 3품과 2품의 품계를 내리겠다고 하였다. 내가 곡산부에서 임금이 내리신 말씀을 널리 알리자 이에 응한 자가 5명이었다. 일을 마친 다음 자세히 보고하니, 상사는 "다른 고을에서는 받들어 행한 자가 없는데 유독 한 고을의 일만 임금께 아뢸 수 없다" 하며, 조정에 보고하지 않았다. 나는 즉시 승정원에 비보飛報를 띄워, "다음부터는 윤음綸音의 성스러운 뜻을 백성들이 믿지 않을 것이다. 이는 작은 일이 아니니 곧바로 경연經筵 자리에서 임금께 아뢰는 것이 마땅하다. 만일 그렇지 않으면 내가 상경하여 상소하겠다"라고 아뢰었다. 승정원에서 임금께 올리자 임금이 크게 놀라 감사에게 2등 감봉 조치를 하고, 5명의 백성에게는 모두 품계를 내려주었다.

근래 유행한 마각온麻脚瘟에는 북경北京에서 들어온 새로운 처방이 있다.

도광道光 원년 신사년(1821) 가을【백로白露·추분秋分 무렵부터】에 마각온이 유행하였다. 10일이 지나지 않아 평양에서 죽은 자가 수만 명이고, 서울 성중의 5부五部[24]에서 죽은 자는 모두 13만 명이나 되었다【상강霜降이 지나면서 점차 숙졌다】. 이 병의 증상은 교장사攪腸痧[25] 같기도 하고 전근곽란轉筋

霍亂[26] 같기도 한데 치료법을 알 수 없었다. 그해 겨울에 섭동경葉東卿[27]이 유리창琉璃廠[28] 각본刻本 처방문을 보내왔기에 지금 기록해둔다.

근래 유행하는 전염병에 대한 처방【주사증硃砂症이니 일명 심경정心經疔 또는 마각온이라 하는 것임】

아조牙皁·북세신北細辛 각 3돈 5푼

주사硃砂·명웅황明雄黃 각 2돈 5푼

당목향唐木香·진피陳皮·곽향藿香·길경桔梗·박하·관중貫仲·백지白芷·방풍防風·반하半夏·감초 각 2돈

고반枯礬 1돈 5푼.

이들을 함께 갈아서 고운 가루로 만들어 자기 병에 넣어서 몸에 휴대하고 다니면 사람을 구제할 수 있다. 만일 이 병이 걸린 후에 약을 구하려 하면 위급한 형편에서 구하지 못할까 우려되어 이 처방을 새겨 보급한다【이 증세가 처음 일어나면 양손에 맥이 풀리고 목구멍에 종기가 나며, 심장에 통증이 생기면서 잠깐 사이에 어금니와 신장이 떨리고 팔다리가 마비되어 뻣뻣해지고 눈이 감겨 말을 못한다. 급히 이 약 3푼을 콧구멍에 불어넣는다. 다시 쓰는 약은 한 돈을 넉넉하게 달여서 강탕薑湯을 섞어 복용한다. ○복용한 후에 붉은 종이를 사용하여 명치와 등의 중앙 두 곳을 비춰보아 붉은 점이 나타나면 즉시 침으로 찔러 헤치고 그 안에 들어 있는 붉은 힘

---

24 5부五部: 조선시대에는 서울의 행정구역을 중부·동부·서부·남부·북부의 5부로 구분하였다.

25 교장사攪腸痧: 호열자·괴질

26 전근곽란轉筋霍亂: 곽란이 심하여 근육이 뒤틀리는 병.

27 섭동경葉東卿, 1779~1863: 중국 청나라 학자인 섭지선葉志詵. 동경東卿은 그의 자이다. 옹방강翁方綱의 제자로 다산茶山 정약용丁若鏞이나 추사秋史 김정희金正喜 등 동시대 조선의 지식인들과도 교유가 있었다.

28 유리창琉璃廠: 중국 북경北京의 한 지역 명칭. 서적의 매매와 출판 및 서화 골동을 취급하는 점포들이 집중되어 있던 곳으로 지금도 옛 명성을 유지하고 있다. 본명은 해왕촌海王村으로 이곳에 유리요琉璃窯가 있어 지금과 같은 이름이 붙여졌다 한다.

줄을 빼내야 한다】.

또 하나의 처방이 있다.

곽향藿香·토패모土貝母 갈아서 씀 2돈

금은화金銀花 2돈

사인砂仁 갈아서 씀 1돈

후박厚朴 1돈

강진향降眞香 갈아서 5푼

생감초生甘草 8푼

이들을 맑은 물 세 종지를 붓고 한 종지가 되도록 달여서 찌꺼기는 버리고 복용한다【이 증세가 처음 일어나면 두 발이 마비되고 차며, 이어 두 손이 그렇게 되며, 머리와 눈이 어지럽고 위와 배가 꼬이듯이 아프고 구토와 설사가 심하면서 혼미 상태에 빠져 인사불성이 된다. 급히 처방대로 복용하면 누구나 바로 효과를 본다. ○무릇 이 병이 일어나면 아주 긴급하기 때문에 약이 미처 미치지 못하는 경우 소퇴부 뒤에서 대퇴부까지 살펴보아 붉은 힘줄이 나타나면 급히 침으로 따고 피를 빼내야 한다. 피를 다 뺀 후 두 손 열손가락 끝과 두 팔목 안을 침으로 따고 붉은 피를 빼내면 병을 가히 치료할 수 있다. 그러고 나서 복약하도록 한다】.

제6조 재난을 구함

救災

수재와 화재에 대해서는 나라에 휼전이 있으니
오직 정성스럽게 행할 것이다. 수령으로서는 마땅히
항전恒典 이외에 별도로 스스로 구휼하는 것이
있어야 한다.

『비국요람備局要覽』[1]에 이렇게 규정하였다. "물에 떠내려가고 잠겼거나 무너지고 파묻혔거나, 불에 타서 잿더미가 된 집이 100호 미만인 경우에는 예규例規를 상고하여 구휼한다. 대호는 쌀 7두, 중호는 쌀 6두, 소호는 쌀 5두를 지급하며, 100호 이상일 경우에는 각기 별도로 구휼하되, 대호는 쌀 9두, 중호는 쌀 8두, 소호는 쌀 7두를 지급한다. 물에 빠져 죽었거나, 호랑이에게 물려 죽었거나〔𪗾〕, 불에 타 죽은 경우 휼전은 각각 피잡곡皮雜穀 1석으로 한다."[2] ○ 무릇 휼전은 으레 환자미還上米로 지급하는데, 환자미는 대체로 쭉정이가 많다. 무릇 휼전을 지급할 때 수령은 눈앞에서 방아질하고 키질하여 나누어주도록 해야 한다. 반드시 줄어드는 양이

1 『비국요람備局要覽』: 비변사에 관한 기록으로 추정되는데 현재 전하지 않는다.
2 원주에 "람𪗾은 속자俗字로 호랑이에게 물린 것을 가리킨다. 15두가 1석이다"라고 나와 있다.

많을 터이니 매 1석마다 수령은 쌀 3두씩을 보충해주고 1석이 12두 미만일 경우에는 창리倉吏로 하여금 충당케 한다. ○ 진휼미를 지급하는 것 외에 수령은 몸소 현장에 나가 부근에 있는 사양산私養山[3]에서 목재를 벌채하되, 그 값을 정하여 산주山主의 요역을 면제해준다. 그 면제 기한은 어기지 말 것이며, 그 값어치에 해당하면 면제를 그만둘 것이다【산주에게 죄가 없으니 거저 징발해서는 안 된다】. 만약 베어낸 목재의 양이 얼마 되지 않으면 그럴 필요는 없다. ○ 또 부근 창고에서 빈 섬을 꺼내어 넉넉하게 지급할 것이다. 재해를 입은 집이 재산이 넉넉한 경우에는 빈 섬만을 주고 재목은 지급하지 말 것이다【빈 섬을 속어로는 공석空石이라 한다】.

무릇 재해를 입은 민호民戶는 마땅히 요역을 면제하는데, 1년에 그쳐야 한다. ○ 물에 빠져 죽거나 불에 타 죽는 것은 한 사람의 액운이다. 만일 이미 그 집이 파괴되었는데 또 그 생명마저 잃은 경우에는 휼전이 이중으로 베풀어질 수 없으니 그 후한 쪽을 따를 것이다. ○ 호랑이에게 물려 죽은 자는 휼전 외에 더 보태줄 것은 없다. 다만 마땅히 그 호랑이를 잡아서 그 원수를 갚아주면 된다【'도적의 피해를 제거함'(제9부 제6조)에 상세하다】.

무릇 재해와 액운으로 불에 타고 물에 빠진 사태에서 구해내는 일을 내 것이 불타고 내 것이 빠진 듯이 하여 조금도 늦추어서는 안 된다.

유곤劉昆[4]이 강릉령江陵令으로 있을 때, 그곳에 화재가 발생했다. 그가

3 사양산私養山: 양산은 소나무를 공적으로 보호·육성하는 산을 지칭한다. 사양산이란 사유림을 가리킨다.

불을 향하여 머리를 조아리니 바람이 반대 방향으로 불어 이윽고 불이 꺼졌다 한다. 案 이는 실로 우연한 일이다. 하지만 유곤이 당시에 필시 눈물을 흘리며 초조해하여 정성이 극진하고 마음이 참다웠던 까닭에 족히 하늘을 감동시켰을 것이다. 그렇기에 강릉 백성들이 그 공을 현령에게 돌리지 않았겠는가. 만약 그가 냉담하게 머리를 조아리는 데 그쳤다면 필시 그런 말이 나오지 않았을 것이다.

허분許份[5]은 향주鄕州를 맡아 다스릴 때 오직 정성과 신의에 근본을 두었다. 한번은 황하가 넘쳐서 성이 거의 침몰할 지경이었다. 그가 향을 피우고 수신水神에게 글을 지어 바쳤더니 물길이 옛날로 돌아가서 마침내 해를 입지 않았다. 사람들이 모두 기이하게 여겼다.

왕존王尊[6]이 동군東郡[7]의 태수로 있을 때, 황하가 범람하여 호자 금제瓠子金堤[8]가 곧 물에 잠기게 되었다. 사람들이 모두 도망쳤는데 왕존은 몸소 규벽圭璧[9]을 잡고 수신에게 제를 드리고 자기 몸으로 금제를 막겠다고 청했다. 그리고 제방 위에 그대로 머물러 있어 아전과 백성 수만 명이 머리를 조아리며 만류하였으나 왕존은 끝내 떠나지 않았다. 물이 불어

---

4 유곤劉昆, ?~57: 중국 후한시대 사람으로 자는 환공桓公이다. 광록훈光祿勳을 지냈고, 기도위騎都尉에 이르렀다.

5 허분許份, 1079~1133: 중국 송나라 사람으로, 자는 자대子大이다. 벼슬은 지등주知鄧州에 이르렀고, 은혜로운 치적이 있었다.

6 왕존王尊: 중국 서한시대 인물. 자는 자공子贛이다. 서주자사徐州刺史와 동군태수東郡太守를 역임하였다.

7 동군東郡: 중국 진한秦漢 때 설치한 군명. 지금의 하북성河北省과 산동성山東省 동쪽 지역 일대.

8 호자 금제瓠子金堤: 중국 하남성河南城 복양현濮陽縣 남쪽에 있는 지명으로 이곳에 한나라 무제 때 황하가 범람하여 쌓은 제방이 있다. 금제는 견고한 제방을 뜻하는 말.

9 규벽圭璧: 옥으로 만든 패佩로 높은 벼슬아치가 천자天子를 알현하거나 제사를 지낼 때 혹은 기타 공식적인 행사에 휴대했다.

둑이 무너질 지경에 이르자 아전과 백성들은 다 도망가고 오직 주부主簿 한 사람만 울며 그의 곁에서 움직이지 않았다. 이윽고 물이 차츰 물러갔다. ○ 송나라 사비士陴[10]가 수녕遂寧을 맡았을 때, 그곳의 제방이 물에 쓸려 무너질 위험이 있었다. 그가 제방 위에 의자를 갖다놓고 앉자, 좌우에서 얼른 피하도록 간청하였다. 그가 끝내 응하지 않고 있었는데 시간이 지나면서 수위가 차츰 낮아졌다. 당시 사람들이 그를 왕존에 견주어 칭송하였다. ○ 진희량陳希亮[11]이 활滑[12] 지역을 맡았을 때, 마침 황하가 어지魚池[13]로 넘쳐들고 둑이 곧 터질 지경이었다. 그는 금병禁兵[14]을 동원하여 이를 막게 하고, 둑이 터질 곳에 막을 치고 직접 나가 있었다. 아전과 백성들이 울면서 다투어 간하였으나 그는 완강히 버티고 일어서지 않았다. 물이 또한 점점 물러가니, 사람들이 그를 왕존에 견주었다.

소식이 밀주密州에서 서주徐州로 자리를 옮겼는데, 이때에 황하가 터져 물이 성 밑으로 밀려들었다. 부민들이 물을 피해 다투어 빠져나가는데, 소식은 "내가 여기에 있는 한 성이 무너지게 하지 않겠노라" 하고, 그들을 다시 성안으로 들어오게 하였다. 그는 몸소 지팡이를 짚고 무위영武衛營[15]으로 가서 병졸의 대장을 불러 "비록 금병이라도 나를 도와 힘을 다

---

10 사비士陴: 중국 송대의 관인 조사비趙仕陴이다.

11 진희량陳希亮, 1014~1077: 중국 송나라 사람. 자는 공필公弼이다. 벼슬은 태상소경太常少卿에 이르렀다.

12 활滑: 지금의 중국 하남성에 속한 지명. 북송의 수도인 개봉開封에서 멀리 떨어지지 않은 곳이었다.

13 어지魚池: 어지소魚池埽. 지금의 중국 산동성 태안현泰安縣 서쪽에 있었던, 송나라 때 어지진魚池鎮의 제방이다.

14 금병禁兵: 궁성을 호위하는 병사. 금군禁軍.

15 무위영武衛營: 중국 삼국시대 조조曹操가 설치하여 이후 송대에 이르기까지 존속된 군사제도. 시위대에 해당함.

하도록 하라"라고 타일렀다. 대장은 "태수께서 홍수가 밀려드는 것을 피하지 않으시는데, 저희들이 어찌 감히 목숨을 바치지 않겠습니까" 하고, 곧 병졸을 통솔하여 모두 짧은 옷에 맨발로 삼태기와 삽 등속을 들고 나가서 동남으로 긴 제방을 쌓았다. 희마대戲馬臺[16]에서 시작하여 끝이 성에 닿게 하니 이에 백성들이 안심하였다.

지제고知制誥[17] 한종韓綜[18]이 천웅군天雄軍[19]의 통판通判으로 있을 때, 마침 황하의 제방에 물이 넘쳐 언덕 위에 올라가 간신히 목숨을 부지하고 있는 사람이 무려 수백 호나 되었다. 물이 크게 불어나자 한종은 명령을 내려 "사람 한 명을 구하는 자에게 1000전을 주겠다"라고 했다. 백성들이 다투어 배와 뗏목을 몰고 가서 사람들을 다 살려냈다. 그러자 곧 언덕이 무너졌다.

진릉晉陵 장공張公이 신주信州를 맡아 다스릴 때의 일이다. 6월에 큰 홍수가 났는데 그는 죄수를 높은 곳으로 옮겨놓았다. 한밤중에 물이 성을 무너뜨리고 관청을 휩쓸고 민가를 덮쳤다. 그는 급히 초문譙門[20] 아래로 가 앉아서 서리와 군사들에게 엄명하여 백성 중에 홀아비·고아·늙은이·곱사등이와 먼저 옮겨놓았던 죄수들까지 모두 거두어서 다 죽음을 면할 수 있게 했다【『왕형공집王荊公集』】.

---

16 희마대戲馬臺: 말 타기 경주를 벌이며 관람하던 장소. 서주徐州는 옛날 항우項羽가 도읍으로 정했던 팽성彭城 지역으로 희마대 유적이 남아 있었다.

17 지제고知制誥: 임금을 위해 글 짓는 일을 주로 맡았던 관직명. 글 잘하는 학사가 담당하는데 영예로운 벼슬로 생각되었다. 조선조에도 이 명칭의 벼슬이 있었다.

18 한종韓綜, 1009~1053: 중국 송나라 사람. 자는 중문仲文이다. 집현교리集賢校理와 형부원외랑刑部員外郎, 지제고知制誥를 역임하였다.

19 천웅군天雄軍: 군사의 한 단위이자 행정구역 이름. 지금의 중국 하북성 지역에 있었다.

20 초문譙門: 성루城樓 아래에 있는 문.

황진黃進[21]이 동복同福[22] 현감으로 있을 때 마침 큰물이 들었다. 백성들이 떠내려가고 빠져 죽기도 했다. 그가 나가서 직접 사람들을 건져냈는데, 한 노파가 구원을 받아 죽음을 면하자 "내 표주박도 건져주시오" 하고 소리쳤다 한다.

재난이 생길 것을 생각해서 예방하는 것이 재난을 당한 후에 은혜를 베푸는 것보다 낫다.

불을 끄다가 머리를 그슬리고 얼굴을 데는 것은 미리 굴뚝을 돌리고 땔감을 옮겨놓는 것만 못한 법이다. 민가가 낮은 지대에 있어 수재 위험이 있으면 응당 평상시에 옮기도록 권유해야 한다. 이미 큰 촌락을 이루어 이동하기 어려우면 여름에 미리 배를 준비해놓아야 한다. 또한 큰 마을에는 못을 파서 물을 저장하거나 혹은 독에 물을 담아두도록 한다. 무릇 불을 끄는 방법은 짚자리나 멍석을 물에 적셔 덮는 것이다【물에 적신 물건으로 불을 끄는 것은 『춘추좌전春秋左傳』에 보인다】. 지붕을 치켜보고 물을 끼얹는 것은 헛수고요 아무 보람도 없다. 평양이나 전주 같은 대도시는 마땅히 수총水銃 10여 개를 비치해두어야 한다.

염범廉范[23]이 촉군태수蜀郡太守로 있을 때이다. 전에는 촉군에 화재가

---

21 황진黃進, 1550~1593: 자는 명보明甫, 호는 아술당峨述堂, 본관은 장수長水이다. 무관으로서 벼슬은 충청병사忠淸兵使에 이르렀고 임진왜란 때 이치梨峙에서 전공을 세웠다. 진주성 싸움에서 전사하였다.

22 동복同福: 지금의 전라남도 화순군에 속한 고을 이름.

23 염범廉范: 중국 후한 때 인물. 자는 숙도叔度이다. 소년 시절에 효행으로 이름을 얻었고 무재茂才로 뽑혀 운중태수가 되었는데 흉노가 감히 침범하지 못했고 촉군태수로 옮겨서도 치적이 있었다.

있자 사람들에게 밤일을 금지시켜 화재를 방지하였다. 염범이 부임하여 곧 물을 저장해두도록 엄히 명령을 내렸는데, 백성들이 "우리 염 사또가 오시길 왜 그리 늦었는고? 불을 금하지 않으니 백성들 편안히 일을 하네. 전에는 저고리도 없더니 지금은 바지가 다섯 벌이라네"라고 노래하였다.

문간공文簡公 정임程琳[24]이 익주益州를 다스릴 때 일이다. 정월이면 등불을 밝히고 관리와 백성들이 많이 모여 놀았다. 그는 미리 관리들에게 화재에 대한 방비를 철저히 하도록 지시했다. 혹 실수하여 불을 내는 일이 있다 해도 그들이 급히 달려가서 불을 끄게 하고, 화재가 알려져 사람들이 동요하는 일이 없도록 한 것이다. 이윽고 다섯 성문에서 큰 놀이를 벌이다 성안에 불이 나기도 했으나 관리들이 즉시 불을 꺼서 수습했다. 놀이가 끝날 때까지 백성들은 그런 일이 있었던 줄도 몰랐다.

당나라 왕중서王仲舒[25]가 소주蘇州를 다스릴 때 , 송강松江[26]에 둑을 쌓아 길을 만들고, 기와집을 개조하여 화재를 예방하도록 했다. 부세賦稅를 할 때는 항상 백성들과 기한을 정했으니 백성들이 곤란해하지 않았다.

홍처후洪處厚[27]가 의주부윤으로 있을 때, 민가가 모두 초가집이라 화재가 잦았다. 그는 당나라 위단韋丹[28]의 고사로 백성을 지도했다. 그로부터

---

24 정임程琳, 986~1054: 중국 송나라 사람. 자는 천구天球이다. 참지정사參知政事와 대학사大學士, 동중서문하평장사同中書門下平章事를 역임하였으며, 치적이 있었다.

25 왕중서王仲舒, 762~823: 중국 당나라 사람. 자는 홍중弘中, 시호는 성成이다. 중서사인中書舍人과 강남서도관찰사江南西道觀察使를 역임하였다.

26 송강松江: 중국 강소성江蘇省 태호太湖에서 흘러나온 물로, 지금의 오송강吳淞江이다.

27 홍처후洪處厚, 1599~1673: 자는 덕재德載, 호는 성암醒菴, 본관은 남양南陽이다. 벼슬은 공조참판工曹參判에 이르렀다.

28 위단韋丹: 중국 당나라 사람. 자는 문명文明이다. 용주자사容州刺史 때 농사와 길쌈을 가르치고 학교를 부흥시켰으며, 강남서도관찰사에 발탁되어 치적이 제일이라는 일컬음을 받았다.

백성들이 기와집으로 바꾸어서 읍내에 화재의 근심이 없게 되었다【위단의 고사는 '기물 제작'(제10부 제6조)에 나온다】.

후한의 임문공任文公[29]이 큰 홍수가 있을 것을 예상하고, 직접 큰 배를 준비해놓았다. 과연 우기가 되자 큰비가 내려 10여 길이나 물이 솟구쳐서 초가집들을 휩쓸어갔다.

송나라 진양기陳良器[30]가 홍주洪州를 다스릴 때 일이다. 홍수가 나서 성이 파손되지 않은 곳은 열에 다섯뿐이었다. 성에 구멍이 뚫린 곳으로 물이 들어오니 온 성안이 당황하고 혼란하여 서로 어쩔 줄을 몰랐다. 그는 미리 섶과 짚을 준비해두어서 하루도 지나지 않은 사이에 뚫린 구멍을 다 막았다. 사람들이 그의 덕을 칭송하여 "진공이 없었더라면 우리들 모두 어떻게 되었을까"라고 하였다.

이명준李命俊이 서원西原[31] 현감으로 있을 때 일이다. 읍내에 큰 냇물이 흘러 항시 물난리가 날 우려가 있었다. 어느 날 저녁에 물새들이 관아의 뜰로 날아드는 것을 보고 그는 "이것은 물이 들 징조이다"라고 하며, 아전과 백성들을 경계하여 수재에 대비했다. 과연 얼마 지나지 않아 물이 크게 들어 초가집들을 휩쓸어갔으나 백성들은 미리 대비했던 까닭에 전부 살아날 수 있었다.

제방을 만들고 보를 쌓아 수재를 막고 수리水利를

29 임문공任文公: 중국 후한 사람. 애제哀帝 때 사공연司空掾을 지냈다.

30 진양기陳良器, 989~1056: 중국 송대 관인. 홍주洪州 남창현南昌縣 사람이다. 비서성정자秘書省正字, 남경판관南京判官, 강주통판江洲通判, 조주지주曹州知州 등을 역임했다.

31 서원西原: 충청북도 청주의 별칭.

일으키는 일은 두 가지 이로움이 있다.

이에 관한 예전 사람들의 훌륭한 행적은 '수리사업'(제10부 제2조)에 자세히 나와 있으므로 여기서는 거듭 서술하지 않는다. ○ 나의 집이 열수洌水[32] 가에 있어서 매년 여름과 가을로 큰물이 들 때마다 집들이 떠내려오는 것을 보는데, 마치 물 위에 떠 있는 얼음 같았다. 닭이 지붕 위에서 울기도 하고, 의복이 문틀에 걸려 있기도 한다. 올해도 그렇고 내년에도 그럴 것이다. 이 모두 수령들이 백성들을 안착시키지 못한 과오이다. 옛날에는 사공司空[33]이 백성을 안착시키는 법을 여러 수령들에게 나누어주었다. 이에 대해서는 『사기史記』에 나와 있으며, 『고문상서古文尙書』[34]의 「탕고湯誥」와 「함유일덕咸有一德」에서 그 단면을 엿볼 수 있다. 무릇 고을이 큰 강물 가까이 있는 경우에 수령은 의당 물가 마을들을 둘러보아 물에 잠길 우려가 있으면 높은 곳으로 옮기도록 엄히 지시하고, 큰 산자락에 있는 마을들은 뒤편에 따로 방벽을 쌓아 폭우와 급류에 대비해야 할 것이다. 이런 일들은 결코 소홀히 할 수 없다.

---

32 열수洌水: 한강을 가리킴. 지금은 열수가 대동강에 해당한다는 것이 유력한 학설이다. 그런데 옛날에 학자들은 대개 한강으로 간주했으며, 다산 역시 열수를 한강으로 생각했다.

33 사공司空: 중국 주나라의 6경卿의 하나. 동관冬官 또는 대사공大司空이라 하여 수리水利와 토목土木의 일을 맡아보았다. 후세의 공부工部에 해당한다.

34 『고문상서古文尙書』: 유가 경전의 하나인 『상서尙書』, 즉 『서경書經』은 '금문상서'와 '고문상서'의 구분이 있다. 한대에 전해진 『상서』는 당시 통행되었던 예서체隷書體로 표기된 것이었다. 그런데 공벽孔壁에서 나왔다고 하는 『상서』가 후세에 등장했던바 한대 이전의 고문자古文字로 표기된 것이었다. 이를 '고문상서'라고 부르는 데 대해서 한대로부터 전해진 것을 '금문상서'라고 일컫게 되었다. 그런데 『금문상서』에 없고 『고문상서』에만 들어 있는 것이 여러 편이다. 「탕고」와 「함유일덕」 또한 『고문상서』에만 있다. 『고문상서』는 후세에 동진東晉의 매색梅賾이란 학자에 의해 만들어진 위작으로 판명이 되었다.

재난을 겪은 다음에는 백성들을 위무하여 다시 편안히 모여 살게 해야 하니, 이 또한 수령의 어진 정사이다.

정백자가 호현주부鄠縣主簿로 있을 때 일이다. 경내에 수재가 발생하면 갑자기 부역을 일으켜서 여러 고을 백성들이 낭패를 보았다. 오직 선생이 담당한 지역은 음식과 잠자리가 모두 다 편안했다. 당시 몹시 무더워 설사병이 성행하여 죽는 자가 속출했다. 오직 호현 사람들은 죽은 자가 없었으며, 그가 나가서 역사를 독려하매 사람들이 수고롭게 여기지 않고 일도 수월하게 진행되었다. 그는 항상 사람들에게 "내가 부역을 시키는 방식은 곧 군사를 통솔하는 법이다"라고 하였다.

옛날에 교리校理 김희채金熙采[35]가 장련長連[36]현감으로 있을 때였다. 큰물이 나서 구월산九月山이 무너져 매몰된 곳이 30리나 되어, 사람이 죽고 농사를 망친 곳이 이루 헤아릴 수 없는 지경이었다. 그는 시찰을 나가서 백성들을 만나면 눈물을 흘리고 말에서 내려 백성들의 손을 붙잡고 같이 통곡했다. 백성들은 감동한 나머지 일변 기뻐하여 "죽어도 여한이 없다"라고 하였다. 울음소리가 그치자 그는 백성들의 소망이 무엇인가를 물어본 다음, 곧바로 산에서 내려와 순영巡營으로 달려갔나【읍내에 들어가지 않은 것이다】. 감사를 붙들고 백성이 원하는 바를 모두 장계로 올리기를 주장하

35 김희채金熙采, 1744~1802: 정조·순조 때의 문신. 자는 혜중惠仲, 본관은 청풍清風이다. 정언正言 등의 벼슬을 지냈다.

36 장련長連: 황해도의 옛 고을 이름으로 지금의 황해도 은율군에 속함.

여 하루 종일 고집을 꺾지 않았다. 감사는 괴롭게 여기며 "사람은 인자하나 일에 어둡다"라고 생각하여, 유능한 자와 바꾸어줄 것을 중앙에 요청했다. 이에 이조吏曹에서는 안협현감安峽縣監과 서로 바꾸도록 허락하였다. 김희채가 벼슬을 버리고 돌아가려 할 때, 백성들이 열 겹이나 둘러싸 길을 막고 말고삐를 잡고서 떠나지 못하게 했다. 그는 시골집에 10여 일을 붙잡혀 있다가 백성들이 조금 해이해진 틈을 타서 밤에 도망치듯 돌아갔다. 백성들은 고을 경계에 모여 어린아이가 어미를 잃은 듯 울었다. 이로 미루어 보면 백성을 다스리는 일은 어진 마음에 있지 행정 능력에 있는 것이 아니다.

판서 이서구李書九[37]가 평양의 부윤府尹[38]【곧 감사監司이다】으로 있을 때, 평양에 불이 나 관청과 민가가 거의 다 타버렸다. 그는 일 처리에 방도가 있고, 집을 짓는 데 법도가 있어 관청 건물 수십 채와 민가 1만여 호가 일시에 산뜻하게 세워졌다. 백성들은 패망한 사람이 없어, 오늘에 이르도록 그 은혜를 칭송하고 있다.

황충蝗蟲이 하늘 가득히 날아올 때 물러가도록
기원하고 때려잡기도 하여 백성의 재앙을 덜어주면,
역시 인자하다는 칭송을 듣게 될 것이다.

37 이서구李書九, 1754~1825: 자는 낙서洛瑞, 호는 강산薑山, 본관은 전주이다. 벼슬은 판서를 거쳐 우의정에 이르렀다. 저서로는 『강산초집薑山初集』이 있다. 『목민심서』를 편찬할 당시에 이서구가 판서로 있었기 때문에 판서라 지칭한 것이다.

38 부윤府尹: 부윤은 감영 소재지의 장을 가리키는데 대체로 그곳의 감사가 겸임하였다.

마원馬援[39]이 무릉태수武陵太守로 있을 때 그곳에 연달아 황충의 해가 있었다. 마원은 가난하고 어려운 백성들을 많이 구제하고 부세를 가볍게 징수했다. 이에 황충이 날아서 바다로 들어가 새우가 되었다 한다. (案) 『비아埤雅』[40]에 "황충은 고기 알에서 부화한 것이어서 속말로 춘어春魚라 한다. 알을 좁쌀같이 낳아 진흙 속에 파묻어두었다가 다음 해 물이 그곳으로 밀려오면 모두 부화하여 물고기가 되고, 만약 가뭄을 만나 물이 그곳에 닿지 않으면 알이 껍데기 속에 오래 있다가 햇볕을 쪼이면 황충으로 변하거나 새우가 된다"라고 하였다.

양나라 소수蕭修[41]가 진주자사秦州刺史로 있을 때 황충이 발생했다. 소수가 들에 나아가 스스로 책망하고 반성하였다. 그러자 홀연 새 수천 마리가 날아와서 황충을 쪼아 먹어 거의 박멸이 되었다. (案) 원나라 성종 때에 황충이 싹을 다 갉아먹자 성종이 제를 지냈다. 이에 새떼가 날아들어 땅에 있는 놈은 쪼아 먹고 하늘에 있는 놈은 날개로 쳐 죽여서 황충이 거의 소멸되었다. 이 역시 꾸며낸 말이다.

송나라 조변趙抃이 청주青州를 다스릴 때에 산동山東 지방이 가물어 황충이 청제青齊[42]로부터 곧 경내에 접근해왔다. 그러다가 우연히 큰바람이 일어, 이에 뒤로 날아서 물에 떨어져 죽었다. (案) 역사에 이르기를 노공魯

---

39 마원馬援, B.C. 14~49 : 중국 후한 때 사람. 자는 문연文淵, 시호는 충성忠成이다. 후한의 건무建武 연간에 복파장군伏波將軍이 되어 교지交阯를 정복하였다. 신식후新息侯로 책봉되었다.

40 『비아埤雅』: 중국 송나라 육전陸佃이 저술한 책. 석어釋魚·석수釋獸·석조釋鳥·석충釋蟲·석마釋馬·석목釋木·석초釋草·석천釋天의 8편 20권으로 되어 있다.

41 소수蕭修 : 중국 남북조시대 남조의 양나라 사람. 자는 세화世和이다. 벼슬은 태보太保에 이르렀다.

42 청제青齊 : 중국 산동성의 일부 지역을 가리키는 것으로 추정됨. 청青은 청주를 포함한 지역에 대한 범칭이며, 제齊는 태산 이북에서 황하에 이르는 지역이다.

恭[43]이 중모령中牟令으로 있을 때 황충이 경내에 들어오지 않았으며, 송균宋均[44]이 구강태수九江太守로 있을 때 산양山陽·초패楚沛 지역에 황충이 성행했는데 구강에 이르러 문득 사방으로 흩어졌다 하며, 탁무卓茂[45]가 밀령密令으로, 구양현歐陽玄[46]이 무호령蕪湖令으로 있을 때 황충이 각기 경내에 들어오지 않았으며, 왕황王況[47]의 진류태수陳留太守로 있을 때 황충이 높이 날아서 지나갔다 한다. 이 모두 애매한 말이요, 꼭 그렇다고는 할 수 없는 일이다.

송나라 미원장米元章[48]이 옹구령雍丘令으로 있을 때 황충이 크게 일어나서 백성들의 근심이 컸다. 이웃 고을의 위사尉司[49]가 황충을 잡아서 땅에 묻었으나 여전히 만연했다. 보정保正[50]에게 책임을 지워 힘을 모아 박멸하도록 했다. 어떤 사람이 "전부 옹구에서 쫓아내서 여기 날아온 것이다"라고 했다. 위사는 옹구현으로 공문을 보내 보정의 말을 전하며 황충을 잡아 각기 자기 땅에 묻어 이웃 고을로 날아들지 않도록 하자고 요청하였다. 이때 미원장은 바야흐로 손님과 술을 마시다가 이 통첩을 보고

---

43 노공魯恭, 32~113: 중국 후한 때 사람. 자는 중강仲康이다. 덕정德政이 있었으며, 후에 사도司徒가 되었다.

44 송균宋均, ?~76: 중국 후한 때 사람. 자는 숙상叔庠이다. 하내태수河內太守로서 치적이 있었다.

45 탁무卓茂, B.C. 53~28: 중국 후한 때 사람. 자는 자강子康이다. 벼슬은 급사황문給事黃門에 이르렀으며, 포덕후褒德侯로 책봉되었다.

46 구양현歐陽玄, 1274~1358: 중국 원나라 사람, 자는 원공原功, 호는 규재圭齋·평심노인平心老人이다. 벼슬은 한림학사에 이르렀다. 저서에 『규재문집圭齋文集』이 있다.

47 왕황王況, ?~21: 중국 후한 때 사람. 자는 문백文伯이다. 덕정德政이 있었다고 전한다.

48 미원장米元章, 1051~1107: 중국 송나라 사람인 미불米芾. 자는 원장元章, 호는 해악외사海岳外史이다. 예부원외랑禮部員外郎을 지냈다. 글씨를 특히 잘 써서 송나라를 대표하는 명필이었다.

49 위사尉司: 지방행정을 보좌하는 관직. 주로 도적을 잡고 옥사를 담당했다.

50 보정保正: 보保는 송나라 때 호적 편제의 단위이며, 보정은 그 장長이다.

껄껄 웃으며, 붓을 들어 통첩 뒤에 "황충은 원래 공중으로 날아다니는 것이요, 하늘이 보내서 백성의 재앙이 된다네. 우리 고을이 만약 쫓아 보낼 수 있다면 저 고을은 어찌 때려서 돌려보낼 수 없을까"라고 썼다. 이 이야기를 전하는 사람들이 다 배를 잡고 웃었다.

진유학陳幼學[51]이 중모현中牟縣을 맡았을 때 가을이 무르익을 무렵 황충이 하늘을 덮었다. 진유학이 황충을 잡아 1300석石을 얻으니, 이에 재해가 사라졌다. 案 한나라 평제平帝 때 조서詔書를 내려 사자로 하여금 황충을 잡도록 하되 잡아서 관으로 가져오는 자는 섬과 말로 셈하여 돈을 지급했다. 당나라 개원開元 연간에는 요숭姚崇[52]이 포황사捕蝗使를 파견할 것을 임금에게 아뢰어, 여러 지방에 내려가서 황충을 없앴다. 그리고 석진石晉[53]의 천복天福 연간에 백성을 모집하여 황충을 잡아서 곡식과 바꾸어주었다. 황충을 잡아 없애는 것은 황충의 재해를 구하는 요법이다.

신라의 김암金巖[54]이 패강진浿江鎭[55]의 두상頭上[56]으로 있을 때, 일찍이 황충이 날아서 서쪽으로부터 패강진 경내로 들어와 들을 덮었다. 백성들이 두려워하는데, 김암은 산꼭대기에 올라가 향을 피우고 하늘에 기도

---

51 진유학陳幼學, 1541~1624 : 중국 명나라 때 사람. 자는 지행志行이다. 벼슬은 안찰부사按察副使에 이르렀으며, 혜정惠政이 있었다.

52 요숭姚崇, 650~721 : 자는 원지元之, 본명은 요원숭姚元崇으로 훗날 요숭으로 바꾸었다. 당나라 현종玄宗 때의 명재상이다.

53 석진石晉 : 중국 오대의 하나인 후진後晉의 별칭. 석경당石敬塘이 세운 나라이기 때문에 석진이라고도 일컬었다.

54 김암金巖 : 통일신라 혜공왕 때 인물. 김유신金庾信의 후손이다. 일찍이 당나라에 유학하여 점술과 병법에 밝았다. 한주태수漢州太守를 역임한 바 있고 일본에 사신으로 다녀오기도 했다.

55 패강진浿江鎭 : 통일신라 때 대동강 하류에 두었던 행정구역의 명칭.

56 두상頭上 : 신라 때 지방행정의 한 책임자. 두상대감頭上大監·두상제감頭上弟監 등이 있었다.

를 올렸다. 홀연히 비바람이 크게 일어 황충이 다 죽었다. 案 우리나라는 본래 황충의 재해가 없다. 내가 60년 살았는데 아직 황충을 보지 못했다. 그러나 신라 때는 이런 재난이 있었다.

제5부 이전 6조

吏典六條

제1조 아전 단속

束吏

아전을 단속하는 일의 근본은 스스로를 규율規律함에 있다. 자신의 몸가짐이 바르면 명령을 하지 않아도 행해질 것이요, 자신의 몸가짐이 바르지 못하면 명령을 하더라도 행해지지 않을 것이다.

백성은 토지로 논밭을 삼는데 아전들은 백성을 논밭으로 삼고 있다. 백성의 껍질을 벗기고 골수를 긁어내는 것을 농사짓는 일로 여기며, 머릿수를 모으고 마구 거두어들이는 것을 수확으로 삼는다. 이것이 습성이 되어 당연하게 여기니, 아전을 단속하지 않고서 백성을 다스릴 수 있는 자는 없다. 그러나 자기에게 허물이 없어야 비로소 다른 사람을 책망할 수 있음은 천하의 이치이다. 수령의 소행이 다른 사람을 진실로 감복시키지 못하면서 오직 아전만 단속한다면, 명령해도 필시 행해지지 않고 금지해도 필시 그치지 않아, 위엄이 떨쳐지지 않을 것이요 기강도 서지 않을 것이다. 자신은 마구 탐욕을 부리면서 늘 "아전들 버릇이 아주 고약하다"라고 하는데 이는 통할 수 없는 말이다. ○ 시속의 수령들은 흔히 엄한 형벌과 무서운 매질로써 아전을 단속하는 수단으로 삼는다. 그러나 스스로 청렴하지도 지혜롭지도 못하면서 사납게만 굴면 그 폐단이 극심한 데 이를 것이다.

충간공忠簡公 조정趙鼎[1]이 월 지방을 다스릴 때 아전을 단속하며 백성을 보살피기에 힘썼는데, 매양 이르기를 "아전을 단속치 않으면 아무리 선정을 베풀더라도 행해지지 않을 것이다"라고 하였다. 대개 해독을 제거한 뒤에라야 백성들에게 이로운 일을 일으킬 수 있다는 뜻이다.

고양왕高陽王 원옹元雍[2]이 상주자사湘州刺史로 있을 때에 말하였다. "수령 노릇 하기는 어렵기도 하고 쉽기도 하다. 자신의 몸가짐이 바르면 명령을 하지 않아도 행해질 것이니 이에 쉽다 함이요, 자신의 몸가짐이 바르지 못하면 아무리 명령을 내려도 듣지 않을 것이니 이에 어렵다 함이다."【『당서唐書』에 나온다】

이문절李文節[3]은 『연거록燕居錄』에서 "공당公堂에 있으면서 사사로이 일 하나 행하고 법 하나 굽히는 것도 서리들을 속여 넘길 수 없을 것이요, 제 집에 있으면서 법 하나 행하고 물건 하나 받는 것도 하인의 눈을 속여 넘길 수 없을 것이다"라고 하였다.

고려 때 금유琴柔와 옥고玉沽[4]는 둘 다 대구군大邱郡을 맡아 다스렸다.

---

1 조정趙鼎, 1085~1147: 중국 송나라 사람. 자는 원진元鎭, 호는 득전거사得全居士, 충간忠簡은 그의 시호이다. 상서우복야尙書右僕射, 동중서문하평장사를 지냈다.

2 원옹元雍, ?~528: 중국 남북조시대 북위의 황족. 헌문제獻文帝의 아들이자 효문제孝文帝의 아우로, 처음에는 영천왕潁川王에 봉해졌다가 뒤에 고양문목왕高陽文穆王에 책봉되었다. 효문제가 남조 제나라를 정벌할 때 상주자사를 지냈다.

3 이문절李文節, 1542~1616: 중국 명나라 말기의 인물인 이정기李廷機. 자는 이장爾張, 호는 구아九我, 문절文節은 그의 시호이다. 지방관과 내직을 두루 역임한 뒤 내각수보內閣首輔를 지냈다. 저술로 『사서억설四書臆說』 『춘추강장春秋講章』 『통감절요通鑑節要』 『성리산性理刪』 『연거록燕居錄』 『이문절문집李文節文集』 등이 있다. 허균의 문집인 『성소부부고惺所覆瓿藁』의 서문을 쓴 바 있다.

4 금유琴柔·옥고玉沽: 원주에 "두 사람의 이름이다"라고 나와 있다. 고려에서 조선에 거친 인물로, 금유는 출생지가 영동永同이며, 옥고는 자가 대가待價이다.

그 고을의 아전 배설裵泄이 교활하고 영리하여 문서에 농간을 부렸는데 대부분의 수령들이 이에 따라 정사를 처리하였다. 배설이 만년에 사람들에게 "전후의 수령들을 내가 다 거느렸으되, 오직 금유와 옥고 두 분은 내가 모시고 지냈다"라고 하였다.

참판 유의柳誼가 홍주목사로 있을 때 홍주 아전들의 간사하고 교활함이 충청우도忠淸右道에서 제일이었다. 유의는 청렴하고 검소하게 자신을 지키면서 지성으로 백성들을 사랑하였다. 아전들이 모두 마음으로 감복하여 매 하나 쓰지 않았으나 터럭만큼도 범하는 자가 없었다. 나는 이를 보고 스스로를 규율함이 아전을 단속하는 근본임을 알게 되었다.

예禮로 바로잡고 은혜로 대한 뒤에라야 법으로 단속할 수 있다. 만약 능멸하여 짓밟고 함부로 대하며 이랬다저랬다 속임수로 몰아가면 단속을 받으려 하지 않을 것이다.

조빈曹彬[5]은 아전들의 이름을 부르지 않았으며, 아전들이 무슨 일을 아뢸 때마다 반드시 의관을 갖추고서야 접견하였다. ○ 오암娛菴 박지경朴知警[6]이 "나의 부친은 수령으로 있을 때에 호장이나 이방이 죄가 있으면 먼저 그 직임을 바꾼 뒤에야 벌을 주었다"라고 하였으니 이것이 염치를 장

---

5 조빈曹彬, 931~999: 중국 송나라 초기의 인물. 자는 국화國華이다. 송나라가 중국을 통일할 때 큰 공을 세워 당시 제일의 양장良將이라는 칭호를 들었다.

6 박지경朴知警: 광해군 때 인물. 호는 오암娛菴, 본관은 함양咸陽이다. 성균관 생원으로서 5현賢의 문묘종사文廟從祀를 극력 주장한 바 있다. 그의 부친은 박응립朴應立이다.

려하는 방도였다【야곡의 『삼관기三官記』[7]에 나와 있다】.

초하루와 보름의 점고點考 이외에 불시로 점고하는 것은 예가 아니다. 세속에 이르기를, 아전들이 향촌에 나가 백성들을 침학하기 때문에 불시에 점고하여 그들이 향촌에 마음대로 드나들지 못하게 해야 한다고 말한다. 그러나 아전들이 행패를 자행할 때 자신이 직접 나가지 않고 그의 자제들을 보내서도 얼마든지 백성들을 침학할 수 있거늘 어떻게 막을 수 있겠는가? 밤중에 불을 밝히고 장가를 부르라 이가를 부르라 하면 정령政令이 갈팡질팡하여 도리어 위엄에 손상이 생기기 마련이다. 무릇 현재에 직임을 띤 자는 으레 먼 곳에는 나가지 않는 법이요, 오직 직임이 없이 한가한 자가 이러한 악폐를 자행하는 법이다. 관아에 혹 대단치 않은 잡무가 있어 불렀는데 즉시 들어오지 않으면 그가 향촌으로 나갔음을 알 수 있으니 곧 벌을 줘야 한다. 야단스럽게 행적을 드러내지 말고 스스로 단속하도록 하고, 불시에 점고해서는 안 된다. 관노 등속은 때때로 점고하는 것도 괜찮지만, 그러나 이때에도 아무 이름이나 뽑아서 불러보는 것으로 족히 경계가 되니 꼭 명부에 따라 모조리 불러낼 것은 없다.

아전들이 곡요曲腰[8]를 하는 법은 그 기원이 어디에 있는지 알 수가 없다. 지금 중앙 관서의 모든 아전들은 머리만 숙일 뿐, 곡요는 하지 않는데 어찌 유독 향리에서만 곡요를 하고 있는가? 나는 일찍이 이 일에 의심을 품어왔는데, 남녘땅에 내려와 보고서야 곡요의 법이 원래 옛사람

---

7 『삼관기三官記』: 『삼관기』는 견문을 기록한 내용으로 인조 연간의 학자인 조극선의 저술이다. 그의 문집인 『야곡집』에 수록되어 있다.

8 곡요曲腰: 아전들이 관장 앞에서 몸을 바로 펴지 못하고 허리를 굽힌 자세를 취했던 것을 가리키는 말.

의 깊은 뜻에서 나온 것으로, 바꾸지 못할 것임을 알게 되었다. 아전 무리의 됨됨이가 교만하고 방자하여 눈앞에 관장이 없고 턱짓으로 사민士民을 부리는 실정이다. 만약 곡요의 법마저 없어지면 저들의 태도가 더더욱 거만해져서 제어할 길이 없을 것이다. 그러나 목에 돌을 매달아서 땅에 닿게 숙이도록 만드는 것은 모두 해괴한 짓이니 군자의 할 바가 아니다. 혹 교만방자한 자가 있거든 천천히 그 죄【곡요를 하지 않은 죄】를 따져서 뜰 위에 엎드리게 하였다가 시간이 지나거든 물러가도록 명하는 것도 무방하다.

부모의 질병이나 의외의 재액을 당한 아전이 있으면 수령이 위로하고 구원해주되, 상사에는 부의를 보내고 경사에는 축의를 표한다. 그런 뒤에 국고를 훔치고 백성에게서 갈취하는 죄를 막고 징계하면, 법을 어기는 아전이 없어질 것이다. ○ 아전들은 자벌레처럼 움츠리고 개미처럼 기어 다니지만, 응대에는 물 흐르듯 기민하다. 수령은 아전을 벌레처럼 내려다보고 작은 재주와 얕은꾀로 이리저리 마음대로 조종할 수 있다고 생각한다. 하지만 아전 무리는 마치 여관집 주인처럼 손님을 겪는 데 이력이 나서 진실과 거짓, 허와 실을 환히 꿰뚫고 있다. 관아의 뜰에 엎드려서는 서로 속으로 비웃다가 관문을 나서기만 하면 만 가지로 비아냥거리는 줄을 수령은 전혀 알지 못하고 있다. 다만 오로지 지성으로 아전들을 상대하여, 아는 것은 안다 모르는 것은 모른다고 하며, 죄가 있으면 벌을 주고 죄가 없으면 용서해줄 것이다. 한결같이 정상적인 사리를 좇고 술수를 부리지 말아야 한다. 이래야만 저들의 마음을 굴복시킬 수 있다.

윗자리에 있으면서 너그럽지 못함은 성인이 경계한 바이다. 너그러우면서 늘어지지 않고 어질면서 나약하지 않으면 일을 그르치지 않을 것이다.

양귀산楊龜山이 일렀다. "공자는 '아랫사람을 부리되 너그럽게 하라'라고 하였지만, 모든 일을 단속하지 않고 오직 너그럽기에만 힘쓰면 아전들이 문서를 꾸미고 법을 농간하여 관부의 질서가 서지 않을 것이다. 모름지기 권한은 언제고 내 손에 있도록 하여, 조종하고 통제하는 모든 일이 딴 사람에게서 나오지 않도록 하면 크게 관대하더라도 무방하다."

주자는 이렇게 말했다. "벼슬살이할 때에는 모름지기 스스로는 항상 한가하고 아전들은 항상 바쁘도록 해야 한다. 만약 스스로 문서 속에 파묻혀 정신을 차릴 수 없으면 아전들이 곧 폐해를 끼칠 것이다."【『오자근사록』에 나온다】 ○ 또 말했다. "수령 노릇을 하되, 만약 아전이 공무를 지체시키면서 백성으로부터 토색하는 것이 있으면 그 폐단이 말할 수 없이 될 것이다. 모름지기 기한을 엄히 세워서 기한 내에 처리하도록 하면 아전이 그 기일을 맞추느라 토색할 겨를이 없게 될 것이다."

도남림陶枏林[9]은 말했다. "집에 있으면서 부녀자들의 사랑을 받으면 으레 친구들로부터 빈축을 받는 일이 많을 것이요, 벼슬살이하면서 아전들의 기쁨을 사면 백성들로부터 필시 원망하는 말이 많아질 것이다."

『사재척언思齋摭言』[10]에서는 이렇게 말했다. "이세정李世靖[11]이 경학에

9 도남림陶枏林: 미상.

10 『사재척언思齋摭言』: 사재思齋 김정국金正國의 저술. 여러 가지 견문을 기록한 것으로 필기적인 성격의 저술이다. 그의 문집인 『사재집』에 수록되어 있으며, 『대동야승』에도 실려

정통하고 가르치기를 게을리하지 아니하여 한 시대의 재상들이 그의 문하에서 나왔는데 우리 형제 또한 그의 문인이다. 그런데 그는 행정 능력이 없었다. 이세정이 청양현青陽縣을 다스릴 때의 일이다. 최숙생崔淑生[12]이 새로 관찰사로 부임하게 되자, 한 무리의 문인들이 청양현감을 부탁하며 '우리 선생님은 학문이 높고 지조가 맑은 분이니, 삼가 평가를 낮게 하지 말라'라고 했다. 최숙생은 선선히 응낙하고 가서는 맨 처음 고과考課로 이세정을 청양현감에서 물러나게 하였다. 최숙생이 서울로 올라오자 여러 재상들이 그를 찾아가 '호서湖西 일도에 어찌 교활한 수령이 없어서 우리 선생님의 고과를 최과정졸催科政拙[13]로 하등급을 주었단 말이냐' 하고 따졌다. 최숙생은 '다른 고을의 수령이 교활하다고 하나 도적은 단 한 명뿐이라 백성들이 견딜 수 있지만, 청양현감은 그 자신은 청렴하되 여섯 도적이 아래에 있으니 백성들이 견딜 수 없었다오'【여섯 도적이란 육방의 아전을 가리킴】라고 대답했다." 이로 미루어 보건대 아무리 학문이 깊고 넓다 하더라도 아전을 단속할 줄 모르면 백성의 수령이 될 수 없는 법이다.

진정으로 타이르고 감싸고 가르치고 깨우치면
아전들 역시 사람의 성품을 타고난지라 바로잡히지

있다. 김정국은 김안국金安國의 동생으로 둘 다 기묘명현己卯名賢에 속한다.

11 이세정李世靖: 성종 때의 문신.

12 최숙생崔淑生, 1457~1520: 자는 자진子眞, 호는 충재盅齋이다. 우찬성右贊成과 판중추부사判中樞府事를 지냈다.

13 최과정졸催科政拙: 부세를 독촉하는 정사가 무능하다는 뜻. 상급자가 지방관을 평가할 때 흔히 쓰는 용어.

앓을 자가 없을 것이다. 먼저 위엄부터 세우려
들지 말아야 한다.

한연수韓延壽[14]가 영천태수로 있으면서 아전들을 대함에 은혜를 두터이 하고 약속을 분명히 하였다. 혹 속이고 배신하는 아전이 있으면 그는 혼자서 '어찌 배신을 하여 이에 이르렀단 말인가' 하고 깊이 자책하였다. 아전들이 이 말을 듣고 스스로 뉘우치게 되었다. 동군東郡에 3년을 있었는데 명령이 시행되고 금령이 지켜졌으며 옥사가 크게 줄어 치적이 천하에서 으뜸이었다.

위패魏霸[15]가 지방을 다스릴 때 아전이 허물이 있으면 먼저 훈계하고 그래도 고치지 않으면 파직을 시켰다. 혹은 다른 아전의 훌륭한 점을 들어 격려하니, 아전들이 모두 부끄러워할 줄 알게 되고, 송사도 그쳤다.

종리의鍾離意[16]가 하구령瑕丘令으로 있을 때에 어떤 아전이 도적질을 하였는데 차마 형벌을 내리지 못하고 파직을 시켜 추방했다. 그 아전의 아비가 "이는 의義로써 형벌을 주신 것이다"라고 말하고, 그 아들을 약을 먹고 죽게 하였다.

당나라 때 낙양령洛陽令 양덕간楊德幹[17]은 아전들을 곤장을 쳐 죽여서

---

14 한연수韓延壽, ?~B.C. 57 : 중국 전한 때 사람. 자는 장공長公이다. 회양태수淮陽太守, 영천태수 등을 역임하였다.

15 위패魏霸 : 중국 후한 때 사람. 자는 교경喬卿이다. 효렴과로 천거되어 거록태수鉅鹿太守를 지내고 광록대부光祿大夫에 올랐다.

16 종리의鍾離意 : 중국 후한 때 사람. 자는 자아子阿이다. 효렴과로 뽑혀 상서를 지냈다. 청렴하기로 유명하였다.

17 양덕간楊德幹 : 중국 당나라 때 인물. 여러 곳의 자사를 역임했다. 후일 아들의 반란에 연루되어 죽임을 당하였다.

위엄을 세웠다. 가돈실賈敦實[18]이 그에게 "정사는 사람을 기르는 데 있고 의리는 모름지기 보살펴야 할 것이요. 생명을 지나치게 해치면 아무리 능력을 드러내더라도 귀하다 할 것이 못 되오"라고 충고했다. 이후로 양덕간은 조금 누그러졌다.

당나라 허어사許圉師[19]가 양주襄州를 다스릴 때에 고을 안에 뇌물을 받아먹은 자가 있었다. 허어사가 그에게 청백잠淸白箴[20]을 지어주니, 스스로 부끄러워하여 청렴한 사람이 되었다 한다.

진희량이 우도雩都를 맡아 다스릴 때에 증전曾腆이란 늙은 아전이 법을 무시하고 옥사를 파는가 하면 진공이 나이가 어리다고 만만히 여겼다. 진공이 임무를 개시하는 날에 가장 먼저 증전의 큰 죄를 적발해내자, 그 자는 머리를 부딪쳐 피를 흘리며 새로운 사람이 되겠다고 빌었다. 진공은 그를 꾸짖고 쫓아냈다.

고려 정운경鄭云敬이 안동판관安東判官으로 있을 때의 일이다. 아전 권원權援이 일찍이 정운경과 함께 향학鄕學에서 공부한 사이여서 술과 안주를 들고 와 뵙기를 청했다. 정운경은 그를 불러들여 술을 마시고 "지금 너와 함께 술을 마시는 것은 옛정을 잊지 않아서이지만, 내일부터 법을 범하면 아마도 판관이 너를 용서하지 않을 것이다"라고 말했다.

---

18 가돈실賈敦實, ?~688 : 중국 당나라 사람. 성품이 너그럽고 은혜로워 칭송을 들었으며, 회주자사懷州刺史를 지냈다.

19 허어사許圉師, ?~679 : 중국 당나라 사람. 성품이 너그럽고 청백하였으며 지방의 자사를 거쳐 호부상서에 이르렀다.

20 청백잠淸白箴 : 잠箴은 한문 문체의 일종으로 청백잠이란 관료로서 청렴결백한 자세를 지켜야 함을 깨우치는 내용을 담은 글이다.

타일러도 뉘우치지 않고 가르쳐도 고치지 않고 권세에 기대 속이려 드는 아주 간악한 자는 형벌로 다스려야 한다.

『사기史記·혹리열전酷吏列傳』[21]에 "영성甯成[22]이 윗사람이 되자 아랫사람 단속하기를 마치 젖은 섶을 묶듯 한다"라고 하였다【위소韋昭[23]는 급히 서둔다는 뜻이라 풀이하였다】.

유공작柳公綽이 산동 지방의 절도사節度使가 되어 등현鄧縣을 순찰하는데, 법을 범해 재물을 취한 아전과 문서를 농간한 아전이 적발되었다. 사람들은 '유공작은 필시 법을 범해 재물을 취한 자를 죽일 것이다'라고 생각했지만, 유공작은 "법을 범하면 그래도 법이 남지만 법을 어지럽히면 법이 없어지고 만다"라고 판결하여, 마침내 문서를 농간한 아전을 죽였다.

당나라 진원현眞源縣에 권세를 가지고 방자하게 노는 화남금華南金이라는 아전이 있었다. 그 고을에 "화남금은 입이고 사또는 손이라네"[24]라는 말이 돌았다. 장순張巡[25]이 현령으로 부임하자 즉시 화남금을 잡아 죽

---

21 『사기·혹리열전酷吏列傳』: 지방관으로서 행적이 가혹한 자들의 전기를 담고 있다.

22 영성甯成: 중국 한나라 때 사람. 벼슬은 내사內史에 이르렀고, 고향에 돌아가서 재산을 운용하여 큰 부자가 되었다 한다.

23 위소韋昭, 204~273: 중국 삼국시대 오나라 사람. 자는 홍사弘嗣이다. 벼슬은 시중侍中에 이르렀고, 『효경孝經』『논어論語』『국어國語』 등을 주석하였다.

24 원문은 "남금구南金口 명부수明府手"이다. 명부明府는 현령을 가리킨다. 현령이 손으로 거두어들이면 아전인 화남금이 먹는다는 의미.

25 장순張巡, 708~757: 중국 당나라 때 사람. 청하령淸河令, 진원령眞源令 등을 역임하면서 치적을 쌓았고, 안록산의 난 때 수양성睢陽城에서 고립무원의 상태로 몇 개월 동안 고수하다가 비장하게 죽었다. 벼슬은 어사중승御史中丞에 이르렀다. 사후 양주대도독揚州大都

였다.

송나라 정전鄭戩[26]이 개봉부開封府를 맡아 다스릴 때 부府의 아전인 풍사원馮士元이 권세 있는 귀족들과 결탁하여 농간과 부정을 자행해왔다. 그래서 권세가 풍사원에게서 많이 나오게 되어, 개봉부 사람들이 그를 '입지경조立地京兆'[27]라고 불렀다. 정전이 풍사원을 잡아들여 죄안罪案이 성립하자 곧 멀리 섬으로 귀양을 보냈다. 이에 수도가 숙연하게 되었다.

황종況鐘[28]이 선덕宣德 연간(1426~1435)에 소주蘇州를 맡아 다스렸다. 그곳은 극히 난잡하여 다스리기 어려운 곳으로 유명했다. 조정에서 특별히 그를 발탁하고 새서璽書[29]를 내려 편의종사便宜從事[30]토록 하고 역마驛馬를 달려 임지에 내려가도록 했다. 처음에 황종은 일을 볼 때에 목석처럼 어리석은 듯 아전이 문서를 가져오면 전혀 이렇다 저렇다 묻지도 않고 바로 결재를 했다. 그러면서도 폐해가 무엇인가를 파악해두었다. 통판通判 조침趙忱이 방자하고 오만하여 황종을 얕잡아 보았지만 역시 그냥 따르는 척하고 따지지 않았다. 한 달이 지난 어느 아침 황종이 측근에게 명하여 향과 촛불과 책상을 갖추어놓도록 한 다음, 예생禮生[31]들을 아울러 부르고 요속僚屬 이하 모두를 집합시켰다. 황종은 드디어 입을 열

督에 추증되었고, 통진삼태자通真三太子에 봉해졌다.

26 정전鄭戩, 992~1053 : 중국 북송 때 인물. 소주蘇州 오현吳縣 사람으로 자는 천휴天休이다. 이부시랑吏部侍郞, 봉국군절도사奉國軍節度使 등을 지냈다.

27 입지경조立地京兆 : '입지'는 바로 그 자리란 뜻이고, '경조'는 수도, 즉 당시 수도인 개봉부가 경조이다. 여기서는 권력의 본산인 수도가 일개 아전의 몸에 있다는 뜻이다.

28 황종況鍾, 1383~1442 : 중국 명나라 사람. 자는 백률伯律이다. 예부낭중禮府郞中을 거쳐 소주지부蘇州知府로 있으면서 선정을 베풀었다.

29 새서璽書 : 어보御寶를 찍은 특명서特命書.

30 편의종사便宜從事 : 중간 절차를 생략하고 필요에 따라 일을 과감히 처리하는 것.

31 예생禮生 : 제사祭祀·연향宴享 때 의례 절차를 진행하는 사람.

었다. "내가 조정의 칙명을 가지고 있는데 아직 선포를 하지 않았으니 지금 선포하겠노라." 선포하는 내용에 요속의 불법이 있거든 편의대로 잡아 문죄하라는 내용이 있었다. 이에 여러 아전들이 경악을 하였다. 선포식이 끝나자 그는 당상에 앉아 향리鄕里의 노인들을 불러 물었다. "내가 들으니 고을 사람들 중에 교활한 자가 많아 번번이 선한 사람을 모함한다고 하는데, 내가 선한 이를 드러내고 악한 자를 다스리는 방법이 있다. 내 비록 염라노자閻羅老子[32] 같은 재능은 없으되 스스로 분별해보려 한다. 이제 그대들에게 부탁하건대 속히 선호善戶와 악호惡戶로 나누어 보고하라. 선한 자는 내가 대우를 하되 손님으로 모셔서 향음례鄕飮禮를 행할 것이요, 악한 자는 또한 백성을 위해 죽일 것이다. 선과 악의 두 가지 장부를 갖추어두고 여러분을 기다리겠노라." 그리고 고을의 아전들을 모두 불러 오게 하여 큰소리로 "어느 날 무슨 일은 너 아무개가 이와 같이 했는데 응당 뇌물 얼마를 먹은 것으로 보인다. 그렇지 않은가? 그리고 아무 날은 아무개가 이렇게 했겠다"라고 따졌다. 뭇 아전들이 놀라 굴복하고 감히 변명하지 못하였다. 황종은 다 끌어내도록 명하여 "나는 더 이상 못 참겠다" 하고, 그자들의 옷을 벗긴 뒤 힘센 관노 네 사람으로 하여금 아전 하나를 들어서 공중으로 번쩍 던졌다가 땅에 떨어뜨려 죽이게 하였다. 관노들이 처음에는 높이 던지려 하지 않자 황종은 성을 내 꾸짖었다. "나는 지금 백성을 위해 도적을 죽이는 것이다. 너희 개나 쥐 같은 무리들이 나로 하여금 잔혹한 위엄을 세우도록 하려느냐? 높이 던져 그 자리서 죽도록 하라. 죽지 않으면 너희 놈들을 죽이겠다." 관노들은 두려워서

---

32 염라노자閻羅老子: 강직하고 엄정한 사람을 지칭하는 말로, 곧 송나라 포증包拯을 가리킨다. 염라포로閻羅包老라고도 한다.

그 명령대로 6명을 당장 죽게 만들었다. 이에 백정들을 명령하여 죽은 자의 머리털을 잡아끌고 가서 저자에 벌여놓게 했다. 또 요속 가운데 탐욕하고 포학한 자와 무능한 자 10여 명을 쫓아냈다. 이로 인해 아전과 백성들이 두려워 떨며 마음을 고쳐서 조심조심 명령을 받들었다. 소주 사람들은 황종을 '황청천況青天'[33]이라고 불렀다【『황명통기皇明通紀』[34]에 나와 있다】.

案 악한 자를 징계하고 간활한 자를 죽이는 것에는 정상적인 형벌이 있거늘 어찌 꼭 참혹하게 죽이는 방식을 유쾌하다고 할 것이랴. '혹리'를 참혹한 방식으로 다스리는 것으로는 민심을 감복시키기에 충분치 못하다.

고려高麗의 권단權呾이 경주유수慶州留守로 있을 적에 재정을 맡은 아전이 백성의 조세를 훔친 일이 있자, 그의 머리를 관정官庭에서 깨쳐버리니 보는 자들이 오금이 떨리었다. 권단은 충렬왕忠烈王 초에 불리어 전리총랑典理摠郎[35]에 임명되었다.

고려의 전원균田元均[36]이 합천군陜川郡을 맡아 다스릴 때 청렴하여 뇌물을 받지 않았다. 그가 가난한 백성을 보살핌에 있어서 가련하고 측은한 정상을 굽어살피지 않는 것이 없었으되, 간활한 아전을 치죄함에 있어서는 캐내고 다스림이 매우 엄하여 간교하고 숨은 것을 귀신같이 찾아내니 온 고을이 공경하고 두려워하였다. 옥사를 판결함에는 더욱 자세히 살피

---

33 황청천況青天: 성품이 강직하고 분명하여 속일 수 없는 황종況鍾이라는 의미. 청천은 푸른 하늘을 가리키는데, 원래 포청천에 대해 일컬어진 말이었다.

34 『황명통기皇明通紀』: 중국 명나라 진건陳建이 지은 역사서. 책 제목과 달리 중국 역대의 흥망성패를 다룬 내용이다.

35 전리총랑典理摠郎: 전리사典理司는 고려가 원나라의 간섭하에 있을 때 이부吏部와 예부禮部가 합쳐진 기관이다. 총랑摠郎은 정4품직.

36 전원균田元均, 1149~1218: 고려시대 문신. 자는 진정眞精, 본관은 태산泰山이다. 수사공守司空과 상서좌복야尙書左僕射를 지냈다.

니, 비록 몽둥이나 회초리를 맞은 자라도 모두 "전田 사또가 판결한 것이라"라고 하였다.

이정영李正英[37]이 가산현감嘉山縣監으로 있을 때의 일이다. 고을에 간활한 아전이 있어 감영에 의지하여 수령을 능멸하고 백성의 재물을 빼앗되 볼기를 치고 매질까지 하며 사사로이 어려운 백성들을 협박하였다. 이정영이 그 죄를 다스리고 빼앗은 것을 돌려주게 하자 아전이 또 꾀를 내어서 원망과 해독을 부렸다. 그가 일의 사정을 알아내고 감사에게 말하여 그 죄를 추궁하기를 청하여 허락을 얻었으나 도중에서 그 허락이 고쳐졌다. 그럼에도 이정영이 그 아전을 곤장으로 쳐 죽이자 가난한 백성들이 기뻐서 노래 부르고 춤추게 되었다.

이영휘李永輝가 임천군수林川郡守로 부임했을 때에 아전들이 간사하고 교활하여 백성을 많이 침탈하였다. 이영휘는 그중에서도 심한 자를 적발하여 다스리고 법조문을 엄히 하여 서로 살피게 하며 아전들이 촌리村里나 절간, 주막으로 나다니지 못하도록 엄격하게 금하였다. 이 덕에 민간이 편안하게 되었다. 아랫사람을 잘 단속하여 아전들이 모두 두려워하게 되자, 그는 새로운 기풍을 진작시키기 위해 염치와 긍지를 지니고 효도와 우애로 이웃 간에 이름이 난 아전 둘을 불렀다. 그들에게 술과 음식을 대접하며 "너희가 평소 품행이 이러한 것을 보면 응당 충효에서 우러난 것이다. 필히 마음을 다하여 맡은 바 일을 충실히 하고 관장을 속이지 말며, 혹시라도 죄를 지어 너희 부모에게 걱정을 끼치는 일이 없도록 할 것이다"라고 당부했다. 그 두 사람은 감격하여 속으로 다짐하였다. 수령이

---

37 이정영李正英, 1616~1686 : 조선 후기의 문신. 자는 자수子修, 호는 서곡西谷, 본관은 전주이다. 이경직李景稷의 아들. 이조판서를 거쳐 판돈녕부사判敦寧府事를 역임했다.

맡은 일을 반드시 정성스럽게 시행하니 아전들 역시 분발하고 힘쓰게 되었다. 아전들은 백성들이 관행적으로 대접을 해도 받지 않고, 몰래 그 집에다 갖다놓으면 되돌려보냈다. 뇌물을 주는 풍습이 거의 사라진 것이다.

민진량閔晉亮[38]이 파주목사坡州牧使로 부임하자 고을의 간활한 아전들이 그의 강직하고 현명함을 꺼려 자기네들끼리 약속하고 일시에 흩어져 그가 교체되어 떠나게 만들려고 했다. 그는 태연히 동요하지 않고 촌백성들을 불러서 일을 시키면서, "달아난 자들의 농지는 장차 관官에서 수확하여 너희를 부리는 비용으로 쓰리라"라고 선언했다. 열흘이 못 가서 흩어졌던 자들이 차츰 모여들었다. 그 또한 따져 묻지 않고 민심을 안정시키도록 하였다.

판서 이노익李魯益[39]이 전라감사로 있을 때의 일이다. 감영의 아전 최치봉崔致鳳이란 자가 있는데 간활하고 악독한 아전 무리의 괴수였다. 전라도에 있는 53개 고을마다 으레 간사하고 교활한 아전이 두셋은 있었다. 이들이 모두 최치봉과 결탁하여 그를 맹주로 삼았다. 최치봉은 해마다 돈 수십만 냥을 각 고을의 교활한 아전들에게 나눠주고 창고의 곡식을 교묘하게 빼돌려 돈으로 바꾸어 고리대高利貸의 밑천을 삼았다. 그래서 만민에게 해독을 끼쳤던 것이다. 가령 감사가 아전과 군교들을 각 고을로 보내 수령의 잘잘못을 탐문하게 하면 반드시 먼저 최치봉의 의중을

38 민진량閔晉亮, 1602~1671 : 조선 효종·현종 때의 인물. 호는 구졸九拙, 본관은 여흥驪興이다. 태안군수, 양주군수 등을 역임했다.

39 이노익李魯益, 1767~1821 : 자는 군수君受, 호는 탄초灘樵이다. 대사헌을 거쳐 예조판서에 올랐다.

알아보고 나가고, 돌아와서도 반드시 탐문해온 보고서를 먼저 최치봉에게 보였다. 청렴 근실하여 법을 지키는 수령은 오히려 중상을 하고, 탐학 비루하며 불법을 자행하는 수령, 그리고 간악한 향임鄕任이나 교활한 아전으로 보고서에 기록된 자들은 최치봉이 모두 빼내주되 그 기록을 오려내어 당사자에게 보내서 자기의 위세와 공덕을 과시했다. 온 도가 그에게 눈을 흘겨온 지 벌써 오래였다. 이노익이 감사로 부임하여 10여 일 지나 갑자기 그를 잡아들여 "너의 죄는 죽어 마땅하다" 하며 죽도록 곤장을 쳤으나 그래도 죽지 않았다. 이에 서너 고을로 옮겨 가두다가 고창高敞에 이르러서는 재촉해서 물고장物故狀[40]을 올리도록 했다. 최치봉은 다음 날 오시午時까지만 목숨을 붙여달라고 간청했으나 고창현감이 끝내 듣지 않아, 드디어 고창에서 죽었다【대개 최치봉이 재상들과 결탁해 있었던 터라 이에 이르러 자기 아들 두셋을 나누어 보내 살길을 도모했다. 그래서 다음 날 오시가 되면 거의 살아날 길이 있었던 까닭이다】. 당시에 내가 강진에 있었는데, 간활한 아전 여럿이 자기에게도 화가 미칠까 두려워 숨을 죽이고 마음을 태워 그 때문에 뼈가 앙상하게 드러날 지경이더니 여러 달 뒤에야 적이 안심하는 모양이었다. 악의 수괴를 죽이는 것이 미치는 영향이 대개 이와 같았다.

아주 간악한 자들은 모름지기 포정사布政司[41] 밖에다 비석을 세우고 그 자들 이름을 새겨 영구히 복직하지

40 물고장物故狀: 물고는 죄인이 죽임을 당하는 것을 가리키는 용어이다. 물고장은 그 사실을 보고하는 문서.

41 포정사布政司: 정사를 펴는 기관이란 뜻으로 감사가 정무를 보는 곳. 선화당宣化堂의 별칭이다.

못하게 해야 한다.

노환盧奐[42]이 여러 차례 큰 고을을 맡아서 특별한 치적을 세우니, 사람들이 두려워하기를 신처럼 여겼다. 무릇 간악한 자들을 다스림에는 먼저 그 죄를 다스리고 그의 범한 사실을 돌에 새겨 문 앞에 세우며, 다시 범하는 경우에는 반드시 사형수의 명부에 올려두고 그 비를 일컬어 기악비紀惡碑라 하였다. 案 기악비라는 것은 옛 제왕의 법이었다. 진운씨縉雲氏[43]가 못난 자식이 있어 음식을 탐하고 재물을 욕심내니 천하의 백성이 그를 일컬어 도철饕餮이라 하였다. 은나라와 주나라의 청동기에 도철의 형상을 새긴 것이 있는데, 머리는 있으되 몸통이 없으니 죽임을 당하는 형벌을 상징하고 경계한다는 뜻을 붙인 것이다. 이는 본디 악을 명심케 한다는 뜻이었다. 그런데 『산해경山海經』[44]에는 또 도철과 도올檮杌[45]을 모두 악한 짐승의 이름으로 삼았기 때문에 그 뜻이 드디어 어두워지게 되었다. 요즈음 보면 어사나 관찰사가 때로 악독한 향리를 잡아서 엄하게 형벌을 주고 유배를 보내기도 하지만, 평소에 향리들의 권력이 큰 까닭에 물러나도 잠깐 동안 제 집에서 편히 지내다가, 어느 사이에 제 직임을 도로 맡아 전처럼 악행을 자행해도 달리 따지는 이가 없다. 생각건대 어

42 노환盧奐, 691~758: 중국 당나라 사람으로 청백리로 이름이 있었으며, 광주태수를 지내고 상서우승尙書右丞에 이르렀다.

43 진운씨縉雲氏: 중국 상고의 황제黃帝 때 있었다는 관직명.

44 『산해경山海經』: 산천과 초목, 새와 동물의 기이하고 초현실적인 이야기를 기록한 책. 중국의 신화와 전설에 해당하는 내용이다.

45 도올檮杌: 중국 고대 전설상의 악수惡獸의 이름. 이 짐승의 악행을 귀감으로 삼아 현실의 처신에 참고가 되게 한다는 뜻에서 춘추시대 초나라 『사기史記』의 이름을 도올로 지칭했다고 한다.

사나 관찰사가 향리의 죄를 적발하고 나서 곧이어 포정문布政門 밖에 그의 악행을 새긴 비석을 세워놓는 것이다. 이 돌이 없어지기 전에는 다시 그에게 직임을 맡길 수가 없을 것이니, 이러면 그의 악행이 징계될 수 있다.

사대부가 부정하게 재물을 얻는 죄를 지으면 종신토록 서용敍用되지 못하지만, 악독한 향리는 허술히 다루어 금방 벗어난다. 국법을 얕잡아 보는 것이 이와 같으니 너무도 소홀하지 않은가.

수령이 좋아하는 것을 아전이 영합하지 않는 것이 없다. 내가 재물을 좋아하면 반드시 유혹할 것이요, 한번 유혹에 넘어가면 그들과 한통속으로 빠지고 만다.

늘 보면 수령이 처음에 와서는 호령을 하고 정사를 베푸는 것이 볼 만한 것이 있으나, 몇 달만 지나면 아전의 꾐에 빠져 혀를 구부려 아무 소리도 내지 못하니 썩은 쥐를 물고서 남을 경계하는 꼴이다.[46]

여씨呂氏의 『동몽훈童蒙訓』[47]에서 말하였다. "젊은이들이 벼슬자리에 앉게 되면 대부분 교활한 아전의 먹이가 되어 스스로를 살피지 못하게 되는데, 자기가 얻는 바는 지극히 적은데도 한 임기를 지나는 사이에 다시

46 원문은 "부서기혁腐鼠其嚇"이다. 『장자·추수秋水』에 근거한 말. 혜자惠子가 양나라에 승상으로 있는데 장자가 그곳에 들르려고 하자 혜자가 자기 자리를 빼앗길까 두려워했다. 장자가 혜자를 보고 그대가 나를 경계하는 것은, 원추鵷鶵라는 새는 오동나무에만 앉고 연실練實과 깨끗한 물만 먹는데 솔개가 썩은 쥐를 물고서 빼앗길까 겁내는 격이라고 말했다 한다. 즉 물욕을 품고 더러운 자리에 집착한다는 의미이다.

47 여씨呂氏의 『동몽훈童蒙訓』: 여씨는 중국 송나라 때 인물인 여본중呂本中을 가리킨다. 자세한 내용은 1권 130면 주 26, 1권 135면 주 40 참조.

는 아무 일도 할 수 없게 된다. 대저 벼슬자리에서 이득을 탐낸다면 자기가 얻는 바는 얼마 안 되어도 아전이 도적질하는 것이 적지 않다. 이 때문에 관장이 중한 벌을 받게 되니 참으로 애석한 일이다." ○ 관장이 재災를 도적질하는 것이 10결結이면【고의가 아닌 재앙을 만났을 때 세를 감면해주는 것을 일러 '재'라 한다】 아전이 1000결을 도적질하는 것을 금할 수 없으며, 수령이 1결을 방납防納하면【여결餘結에서 징미徵米하는 것】 아전의 100결을 막을 수 없고, 수령이 100석石을 번곡翻穀하면 아전의 1만 석을 금할 수가 없다. 모든 일이 다 이러하니 어찌 애석하지 않은가.

성질이 편벽하면 아전이 이를 엿보아서 그 편벽된 성질을 충동질하고 농간을 부린다. 이에 저들의 술수에 빠지게 된다.

포증包拯은 경조윤京兆尹으로 있을 때 사정이나 사태를 밝게 살피기로 이름이 났다. 어떤 백성이 법을 어겨 등에 곤장을 맞게 되자, 아전이 뇌물을 받고 "사또께서 필시 내게 맡겨 너를 곤장 치도록 할 터이니, 너는 우선 부르짖으며 변명을 하여라"라고 서로 약속하였다. 이윽고 끌어내어 심문을 하는데 그 죄수가 아전의 말대로 했다. 아전은 "곤장이나 맞을 것이지 웬 말이 많으냐?"라고 꾸짖었다. 포증은 아전이 권세를 부린다고 생각하여 아전을 매질하고 그 죄수를 관대하게 처분했다. 결국 이 일이 아전에게 속은 것임을 알지 못하였다. 소인의 농간은 실로 막기 어려운 것이다. 案 이러한 짓이 이른바 병법兵法의 반간反間이라는 것이다. 빼앗고 싶을 때에는 주기를 청하고 가두고자 할 적에는 풀어놓기를 청하며, 서쪽을 원할 적에는 동쪽을 건드리고 왼쪽을 차지하고 싶으면 오른쪽을 끌어서 편벽된 성질을 충동질하니, 명석한 판단력을 가진 포염라包閻羅[48]라도 그 술수에 빠질 수밖에 없었다. 어찌 한탄스럽지 아니한가? 군자가 마음 가지기를 공평히 하여 모든 일에 먼저 자신의 견해를 세워 바깥 사물에 흔들리지 아니하고 노여움을 다른 데로 옮겨 풀지 않아야 아전이 농간을 피울 수 없게 된다.

> 알지 못하면서도 아는 척하고 정사를 물 흐르듯 막힘없이 처리하는 것은 수령이 아전의 술수에 떨어지는 원인이 된다.

우리나라의 문신은 젊어서 시부詩賦를 익히고 무신은 젊어서 활쏘기를 익힐 뿐, 이 밖에 배우는 것이라고는 노름이나 기생 끼고 술 마시는 일밖에는 없다. 그중에서도 좀 낫다는 자는 구궁팔문九宮八門[49]의 이치와 하도낙서河圖洛書[50]의 명수命數를 공부하지만, 이 몇 가지로는 인간의 만 가지 일에 전혀 소용됨이 없다. 활쏘기는 실제적인 일이지만 이 또한 행정 실

---

48 포염라包閻羅: 포증의 별칭. 포증은 중국 북송시대 인물로 당시 수도인 개봉부開封府의 장으로 있을 때 명판관으로 이름을 얻어 염라대왕처럼 명백하고도 엄하게 판결한다 하여 '포염라'라 일컬었으며, '포청천'이라는 별호도 나왔다.

49 구궁팔문九宮八門: 구궁은 역산曆算의 아홉 가지 분야, 즉 태일太一·섭제攝提·헌원軒轅·초요招搖·천부天符·청룡青龍·함지咸池·태음太陰·천일天一. 팔문은 술수가術數家의 말이니 휴休·생生·상傷·두杜·사死·경景·경驚·개開이다. 휴·생·개의 3문은 길吉하고 여타는 흉凶하다고 한다.

50 하도낙서河圖洛書: 하도는 중국 상고의 복희伏羲 때 황하에서 용마龍馬가 등에 지고 나왔다는 도형圖形. 주역 팔괘의 시원이 되었다고 한다. 낙서는 하나라 우왕禹王이 홍수를 다스릴 때에 낙수洛水에서 나온 거북의 등에 쓰여 있었다는 글.

무와는 상관이 없다. 하루아침에 천 리나 집을 떠나 홀로 뭇 아전과 만백성 위에 앉아 평생 꿈에도 못 해본 일을 맡게 되니, 일마다 모르는 것이 당연한 이치이다. 그러나 수령이 밝지 못함을 부끄럽게 여겨 모르는 것을 안다고 하며 일단 호령질하고, 정사를 베풀 때 곡절을 묻지 않고 손가는 대로 결재하여 처리하기를 물 흐르듯 쉽게 하면서 스스로 널리 통달하여 막힘이 없는 듯 자처하니, 이는 수령이 스스로 아전의 술수에 빠지는 원인이다. 무릇 한 가지 명령과 한 가지 지시서指示書를 내릴 때라도 마땅히 수리首吏와 해당 아전에게 그 일의 근본을 캐어보고 지엽을 밝혀내어 밑바닥까지 궁구하여 자세히 알아보고 난 뒤에 결재를 한다면, 수십 일이 지나지 않아 사무에 밝아져 모르는 일이 없게 된다. 내가 오랫동안 읍내에 살면서 매번 들으면, 새로 온 수령이 까다롭고 일의 근본을 캐어묻는 경우에는 노회한 아전들이 서로 말하기를 "고달플 징조인 것 같다"라고 하지만, 일 처리를 물 흐르듯 쉽게 하는 경우에는 서로 웃으면서 "징조를 알 만하다"라고 하니, 아전을 단속하는 요체가 진실로 여기에 있는 것이다.

아전이 요구하는 것을 백성들은 괴롭게 여기니, 금하고 단속하여 간악한 짓을 못하도록 해야 한다.

탁무가 밀령으로 있을 때 백성 대하기를 자식처럼 하고 입으로는 거친 말을 하지 않으니, 아전과 백성이 그를 속이지 못했다. 어떤 백성이 정장亭長[51]

51 정장亭長: 향정鄕亭, 즉 초소哨所의 장.

이 자기의 쌀과 고기를 받았다고 고발했다. 탁무는 "정장이 너에게 요구했느냐? 네가 무슨 일을 부탁하여 받은 것이냐? 아니면 평소에 지내던 정으로 준 것이냐?"라고 물었다. 백성이 "가서 바쳤습니다"라고 대답했다. "네가 바치니까 받은 것인데 무엇 때문에 와서 말하느냐?" 하자 그 백성이 이렇게 대답했다. "제가 듣건대 현명한 사또는 백성이 아전을 두려워하지 않게 하고 아전도 백성에게서 취하지 않게 한답니다. 지금 제가 아전을 두려워하여 바친 것이요, 아전이 받았기 때문에 와서 말하는 것입니다." 탁무가 그 백성에게 "너는 몹쓸 백성이구나. 아전은 위세를 타서 억지로 요구해서는 안 될 일이다. 정장은 평소에 착한 아전이니 명절에 따라 선물을 주는 것은 예이다"라고 했다. 백성은 또 "참으로 이 같다면 무엇 때문에 법률로 금하고 있습니까?"라고 물었다. 탁무는 웃으면서 "법률은 큰 규범을 설정한 것이요, 예는 인정에 따르는 것이다. 지금 내가 법률로 너를 다스린다면 네가 어느 곳에 수족을 놀릴 수 있겠느냐? 돌아가서 생각해보라"라고 말했다. ○ 탁무란 자는 향원鄕愿[52]으로 비루한 사람이다【그의 처신이 본래 그러하였다】. 백성이 아전을 고발함에 있어서 으레 말을 다하기 어렵다. 백성이 한 귀퉁이를 들어서 말하면 수령이 나머지 세 귀퉁이를 알아차려야 그 실정을 파악할 수 있을 것이다. 지금 아전이 부리는 횡포는 의심치 않고 오직 백성의 사악함을 트집 잡으려 드니 또한 어둡지 않은가. 백성이 만약 즐거이 바쳤다면 필시 이처럼 고발을 하지 않았을 터요, 즐겨하지 않으면서 바쳤다면 필시 감춰진 사정이 있을 터이다. 어찌 곧바로 몹쓸 백성이라고 단정했단 말인가. 약한 백성은 어린

52 향원鄕愿: 향촌에 사는 사이비似而非 선비 부류.

아이와 같아 아프고 가려운 것을 스스로 말하지 못하고 한마디 말을 한다 하더라도 그 말이 명백하지 못하기 마련이다. 아, 참으로 안타까운 일이다.

후한의 오우吳祐[53]가 교동膠東을 다스릴 때에 정사가 어질고 간소함을 숭상함에 백성들이 차마 속이지 못하였다. 색부嗇夫[54]로 있는 손성孫性이 사사로이 백성들에게 돈을 걷어 옷을 사서 자기 부친에게 바쳤다. 부친이 노하여 "이런 사또를 모시고서 어찌 속인단 말이냐"라고 하면서 얼른 가서 죄를 청하도록 했다. 손성은 부끄럽고 두려워 자수하면서 부친이 했던 말까지 그대로 아뢰었다. 오우가 "너는 아버지로 인하여 더러운 이름을 얻게 되었다. 그러나 '허물을 보면 그의 어짊을 알 수 있다'는 바로 그 뜻이 있구나"[55] 하며, 다시 돌아가서 부친에게 감사드리도록 하고 그 옷을 돌려보냈다.

『북사北史』[56]를 보면, 송흠도宋欽道는 북제北齊 때 벼슬하여 지위가 중산태수中山太守에 이르렀는데 세세한 일 살피기를 좋아하였다. 그는 휘하 여러 고을의 보좌하는 관리로 민간에 심부름 나간 자들에게 먼저 값을 치른 뒤에라야 밥을 먹도록 했다. 부임하는 곳마다 엄정하다는 평판이 있

---

53 오우吳祐: 중국 후한 때 인물. 자는 계영季英이다. 효렴孝廉으로 천거되어 제상齊相과 하간상河間相을 지냈다.

54 색부嗇夫: 색부는 여러 의미가 있는데, 여기서는 이속 내지 백성을 단속하는 직책 혹은 소송이나 부세를 담당하는 직책을 지칭한다

55 원문은 "관과지인觀過知仁"인데 『논어·이인里仁』에 나오는 말. 비록 잘못을 저질렀더라도 그 내용을 살펴보면 어진 데서 나온 경우가 있다는 뜻. 즉 이 경우 부친의 옷을 사기 위해 백성에게 사적으로 돈을 걷은 행위는 부정에 속하나, 그 행위의 동기는 효를 위한 것이기에 그의 어진 품성을 알 수 있다는 의미이다.

56 『북사北史』: 중국 남북조시대 북조의 역사서. 당나라 때 이연수李延壽가 지은 것으로 모두 100권이다. 북조北朝, 즉 위·북제·주·수 4대 242년간의 역사를 서술했다.

었다.

여몽정呂蒙正[57]이 다음과 같이 말했다. "물이 너무 맑으면 고기가 없고 사람을 너무 살피려 들면 사람이 따르지 않는다. 조참曹參[58]이 감옥과 저자를 흔들지 말라고 한 것[59]은 그가 선인과 악인을 두루 사랑했기 때문이다. 만약 끝까지 추궁하면 간특한 자가 용납될 수 없기 때문에 삼가 요란스럽게 하지 말도록 타이른 것이다." ○ 이 또한 폐단이 있는 말이다. 근래 재상들이 이 같은 말을 익히 들어서 일체의 시비와 선악을 모두 뒤섞어 구분하지 않으니, 피해를 입는 백성이 많아졌다. 모든 면을 저울질해 보아야 할 것이요 한 곳에 고착되어서는 안 될 것이다.

『다산록茶山錄』에 일렀다. "간활한 아전이 교만하고 사치스러우며 방탕하다가 쫓겨나게 될 때는 촌리로 돌아다니면서 돈과 곡식을 요구하거나 본 동네의 환곡還穀을 제류除留[60]로 만들어놓고 실제로는 자기의 포흠逋欠을 때우는 것이다. 수령은 필히 그러한 기미를 알아서 먼저 경계하되 '네가 이러한 죄를 범하면 반드시 벌주어 용서치 않으리라'라고 할 것이

57 여몽정呂蒙正, 944~1011: 중국 송나라 사람. 자는 성공聖功이다. 어진 성품으로 명망이 높았고 학문에도 조예가 깊었다. 벼슬은 태자태사太子太師에 이르렀다.

58 조참曹參, ?~B.C. 190: 중국 한나라 사람. 소하蕭何와 더불어 한 고조를 도와 중국을 평정하는 데 공을 세웠으며 평양후平陽侯에 봉해졌다.

59 원문은 "조참불요옥시曹參不擾獄市"이다. 조참이 지방의 제후국인 제나라의 승상으로 있다가 소하蕭何의 뒤를 이어 중앙의 승상으로 가게 되었다. 조참은 후임자에게 "제의 감옥과 저자를 맡기니, 삼가 흔들지 말라"라고 당부했다. 후임자가 "다스리는 일로 이보다 중대한 것이 없느냐"라고 물었다. 그는 "그렇지 않다. 감옥과 저자를 부탁한 것은 아울러 포용하라는 뜻이다. 이제 그대가 동요시킨다면 간인奸人들이 어디에 용납될 수 있겠는가. 이 때문에 내가 이를 먼저 말한 것이다"라고 대답했다. 간인들이 용납되지 못하면 결국 난리를 일으킬까 걱정해서였다.

60 제류除留: 환곡은 매년 말 원곡元穀과 모곡耗穀을 납부하는 것이 원칙인데, 아전이 이 원곡과 모곡을 문서상으로는 미납이라 해놓고 실제로는 받아내어 자기가 착복하는 경우를 말한다.

요, 그러고도 살펴서 죄상을 알아냈거든 법에 비추어 중벌을 주어 용서치 않아야 할 것이다."

아전의 인원수가 적으면 한가로이 지내는 자도 적어서 백성을 침탈하는 일이 심하지 않을 것이다.

『주례』를 보면 부府·사史·서胥·도徒[61]가 다 정원이 있다. 향鄕·당黨·주州·족族[62]의 경우는 곧 서울의 5부와 유사하며, 수遂·현縣·찬酇·비鄙[63]는 곧 경기 지역의 여러 고을에 해당하는 것이다. 그런데 부·사·서·도가 다 정원이 있으니, 중앙과 지방의 아전도 그 제도를 달리하지 않는 것이다. 부府·사史의 수는 정원이 극히 적어서 태재太宰·대사도大司徒의 아문衙門에는 부 6명, 사 12명, 서 12명에 지나지 않으며, 오직 도는 120명이다. 수인遂人에는 부가 4명에 불과하고, 현사縣師에는 부가 2명에 불과하다. 우虞·하夏·은殷·주周의 제도에 아전의 정원이 극히 적음이 이와 같았으니, 옛 성인이 만백성을 위해 염려함이 이처럼 심원하였다. 우리나라의 제도는 전혀 옛 법을 본받지 아니하여 중앙과 지방의 아전의 수가 넘치고 어지럽지 않은 것이 없다. 중앙의 각 기관은 그래도 정원이 있으나, 외방의 여러 고을은 전혀 제한이 없어서 많은 곳은 수백 명에 이르며【안동·나주 등】, 적어도 60명에서 내려가지 않아서 무리를 지어 패거리로

---

61 부府·사史·서胥·도徒: 모두 돈과 양곡, 문서를 담당한 이속의 칭호.

62 향鄕·당黨·주州·족族: 중국 고대의 행정단위. 25가家가 1여閭, 4여가 1족族, 5족이 1당黨, 5당이 1주州, 5주가 1향鄕이었다.

63 수遂·현縣·찬酇·비鄙: 중국 고대의 향리鄕里 제도. 5가家가 1린隣, 5린이 1리里, 4리가 1찬酇, 5찬이 1비鄙, 5비가 1현縣, 5현이 1수遂였다.

서로 다투고 풍속을 해치니 그 소행이 이를 데 없이 흉악하다. 그런데도 방임房任 중에 요직이라고 일컬어지는 것이【방임이란 현재 맡고 있는 자리】 큰 고을은 10자리에 불과하며, 작은 고을은 5~6자리에 불과하다. 그 때문에 아전들이 머리를 싸매고 다투어 겨우 한 자리라도 얻게 되면 손뼉을 치고 팔을 걷어붙이고 나서서 한 재산 얻은 것으로 생각한다. 그러니 도적질과 농간을 부려서 백성의 살을 베고 피를 빨아대는 것이 언제 다할 때가 있겠는가. 향리의 인원을 제한하자는 논의가 나온 것이 벌써 오래다. 무신 이한풍李漢豐[64]이 여러 차례 경연에서 아뢴 바 있고 암행어사 이면승李勉昇[65]도 서계書啓[66]를 올린 바 있다. 그럼에도 대신이며 감사들이 아무렇지도 않은 일로 여겨서 파탄지경에 이르도록 내버려두었으니 실로 탄식할 일이다. ○ 이제 마땅히 각 고을 전결田結의 많고 적음에 따라 아전의 정원을 정할 것이니, 토지 1000결마다 아전 5명을 두어서 1만 결 되는 고을에 아전 50명을 두면 부족하지 않을 것이다. ○ 아전의 수를 줄이는 것은 아전들 또한 원하는 바이다. 다만 감사가 순력巡歷할 때에 행차를 탐문하고 접대하는 등으로 파견되는 일이 아주 많아 수십 명으로 감당하기 어려울 수 있다. 이 외에는 도무지 안 될 이유가 없다. 대저 지금의 감사라는 것은 만 가지 병통의 근본이며 뭇 폐단의 근원이다. 무릇 여러 지방에서 일어난 문제들은 그 폐단의 근원을 캐어보면 모두가 감사에게로 귀착되는 터이니, 이것도 그 한 가지 증거이다. ○ 종합해서 말하면,

---

64 이한풍李漢豐, 1733~1803 : 자는 계흥季興이다. 이순신의 후손으로 승지를 거쳐 여러 곳의 병사를 지내고 포도대장, 훈련대장을 역임하였다.

65 이면승李勉昇, 1766~1835 : 자는 계래季來, 본관은 전주이다. 1808년에 전라도 암행어사가 되었고 곡산민란 때에는 안핵사를 지냈으며, 형조판서와 공조판서를 역임하였다.

66 서계書啓 : 임금의 명을 받들고 나간 관원의 복명서復命書.

아전의 숫자를 줄여 정하는 것은 수령 혼자 결정할 수 있는 일이 아니다. 그러나 늙은 자를 물러나게 하고 나이 어린 자를 제거하여 토지 1000결마다 아전 5명씩을 두되 기록하고 계산하는 능력을 시험해보아서 직임을 맡겨야만 대략 규모를 갖출 수 있게 될 것이다. 혼잡한 상태로 그냥 맡겨두어서는 안 된다【동래·의주와 같이 인구는 많고 토지는 좁은 곳에서는 마땅히 민호民戶의 수를 따져서 아전의 수를 정해야 할 것이다】.

한위공韓魏公이 익주안무사益州安撫使로 있을 때에 욕심을 부리고 잔혹하여 직무를 다하지 못하는 아전과 남아도는 인원을 파출시킨 것이 760명이나 되었다.

조예趙豫가 송강부松江府를 다스릴 때에 선량한 집안의 아들로서 조심성 있고 무던한 자를 골라 아전으로 삼아 예와 법도로 가르치며 요역을 고르게 하고 비용을 절감하여 아전의 수를 절반으로 줄였다.

약천藥泉 남구만南九萬이 일찍이 병조兵曹에 있으면서 아전의 수를 줄인 숫자가 거의 100명이나 되었다. 우암尤庵이 "부·사·서·도는 실로 나라를 해치는 큰 좀벌레이니 줄이지 않을 수 없습니다. 지금 병조에서 줄인 것이 근 100명이 되어 비방이 떼를 지어 일어납니다만, 그 유익한 면이 이미 드러나고 있으니, 바라옵건대 임금님께서는 속히 각 조曹에 명을 내려 같은 방식으로 줄이도록 하소서"라고 상소하였다. ○ 중앙과 지방을 막론하고 아전의 수를 줄이는 것은 지금 당면한 급선무이기는 하지만, 정원이 있고 유용한 점도 없지 않으니 감히 가볍게 법을 범해서는 안 된다.

호태초胡太初가 말하였다. "대군臺郡의 아전은 정원이 있고 봉급도 있으므로 사람마다 제 몸을 아끼는 뜻이 있으나【대군은 순영巡營과 같다】 현縣

의 아전은 그렇지 않아서 정원도 없고 봉급도 없는데 현관의 일용품으로 등·초·땔감 등속을 다 사다가 바치고 현관의 생일이면 향과香果·신선도神仙圖·채색 옷 및 수연壽筵에 소요되는 물품을 모두 다 갖추어 바친다. 또 사대부들이 들르는 일이라도 있으면 아전들이 번갈아 지공支供을 드리게 된다. 또한 대군에서 공문을 발송할 때는 돈을 걷어서 사람을 보낸다. 재물이 어디서 저절로 나올 것인가? 모두 백성을 속여서 재물을 뜯어내는 데 지나지 않는 것이다." 案 중국 역시 현의 아전은 정원이 없고 봉급이 없으며, 관장을 위해 부담해야 하는 노고는 우리나라의 향리보다 더욱 심하다. ○ 아전에게 봉급을 지급하는 문제는 갑자기 의논할 일은 아니다. 토지제도를 크게 개혁하여야만 비로소 마련할 수 있을 것이다. 나의 「전제고田制考」[67]에 자세히 나와 있으니 지금은 생략한다【은결隱結[68]의 절반만 찾아내도 아전의 봉급을 주고도 남을 것이다】.

『통고通考』[69]에 아전들에게 봉급을 지급하는 법이 실려 있다. "송나라 영종 4년에 모역법募役法[70]을 천하에 반포했다. 내외의 서리들이 평소에 봉급을 받지 않고 오로지 부정한 방법을 취해 살아오다가, 면역전免役錢[71]

---

67 「전제고田制考」: 현재 전하는 다산의 저술 중에 '전제고'라는 제목의 글은 보이지 않는다. 다산이 토지제도 문제를 다룬 글이 여럿 있는데 그중에서 『경세유표經世遺表』 전제田制를 다룬 부분을 가리킨다.

68 은결隱結: 농토가 세수의 대상으로 파악되지 않은 상태로 있는 것을 지칭하는 용어. 대개 은결은 그 고을 아전들의 차지가 되기 때문에 은결을 찾아내면 아전들 봉급의 재원으로 충분할 것이라고 말한 것이다.

69 『통고通考』: 『문헌통고文獻通考』의 약칭. 중국 남송 때의 마단림馬端臨이 편찬한 348권의 책. 당나라 두우杜佑의 『통전通典』을 바탕으로 송대까지의 제도 문물을 기록하였다.

70 모역법募役法: 중국 송대에 왕안석王安石이 주장, 실시한 신법의 하나. 종래에 민호에서 요역을 징발해오던 방법 대신 민호의 빈부를 기준으로 면역전을 징수하고 이로써 역정役丁을 고용하도록 한 제도.

71 면역전免役錢: 왕안석의 신법에 따라 요역 대신 민호民戶가 바치게 된 돈.

으로 봉급을 받게 되었다. 이에 봉급을 받으면서도 부정을 저지른 자는 창법倉法[72]을 적용하여 처벌을 무겁게 하였다. 처음에 경사京師의 아전들에게 봉급으로 준 것이 겨우 4000민緡이었는데, 8년이 지나자 38만여 민에 이르렀다. 경사 아전들의 예전 봉급 및 외방 아전들의 봉급은 이 수치 밖에 있다." ○"신종 희령熙寧 4년에는 삼사三司[73]에 조서를 내려, 무릇 백성들이 누룩을 파는 점포에는 1000전錢마다 50전의 세를 받아서 비축해 두었다가 아전들의 봉급을 주도록 하였다." ○ 이것은 모두 구차한 미봉책이다. 지금 본받을 만한 것이 못 된다.

『경국대전』에는 이렇게 규정되어 있다.

○"향리로 특별히 군공軍功을 세운 자는 그의 아들 한 명의 역役을 면제해주고, 잡과雜科[74]에 합격한 자는 자손의 역을 아울러 면제한다."

○"2대를 계속 입역立役하였으면 원래 향리의 자손이 아니라고 제소하더라도 들어주지 않는다."

○"본역本役[75]이 싫어서 도망한 자를 그 동류가 붙잡아 보고하는 경우 10명 이상은 역을 면제해주고, 20명 이상은 그 아들의 역까지 면제해주고, 9명 이하는 매 1명마다 3년씩 역을 면제해준다."

案 국초에는 기강이 엄격하여 아전들도 청렴해야 했기 때문에 군현의

---

72 창법倉法: 여러 국고國庫에 관한 법을 가리킴. 곧 국가재산관리법을 의미한다.

73 삼사三司: 중국 제도상의 염전사鹽錢使·탁지사度支使·호부사戶部使의 세 기구. 그 연혁은 당에서 비롯하였는데, 송대에 와서는 더욱 중추적 지위를 갖게 되어 전곡錢穀·식화食貨의 정령이 모두 이 기구의 기능으로 귀속되었다.

74 잡과雜科: 문관과 무관이 아닌 여타 기술관을 선발하던 과거시험. 역譯·의醫·음양陰陽·율律이 여기에 해당함. 대체로 중인 신분이 잡과에 응했는데 문과에 비해 그 격이 낮았다.

75 본역本役: 원래의 신분에 따른 직역職役이란 뜻이니, 여기서는 향리의 이역吏役을 가리킨다.

아전은 여덟 식구를 먹여 살리기에 넉넉지 못했다. 그래서 고역苦役으로 여겨져 도망자가 속출했던 것이다. 도망자를 붙잡는 것을 공으로 여기게 되어 법을 세운 것이 이와 같았다. 당시에는 민생이 안락하였음을 짐작할 수 있다. 지금은 향리로 들어가려는 자가 서로 다투어 머리가 깨질 지경이니, 마치 과거를 보아 벼슬길로 나가는 것 같다. 작은 고을이라도 아전이 100명에 가까워 다 수용할 수가 없이 되었다. 이에 자기들끼리 법을 만들어 혹은 아비와 자식이 함께 근무하지 못하도록 하며, 혹은 형제 셋이 나란히 나오지 못하게도 한다. 저곳의 이익이 두텁고 맛이 좋음이 이에 드러나는 한편, 민생이 초췌하고 고달픔을 또한 잘 알 수 있다. 국정을 도모하는 분들은 우려하지 않을 수 있겠는가.

요즈음 향리들은 재상과 결탁하고 감사와 연통하여 위로는 수령을 업신여기고 아래로는 백성을 수탈하니, 능히 여기에 굴하지 않는 자가 훌륭한 수령이다.

만력萬曆 이전[76]에는 아전의 횡포가 그다지 심하지 않았는데 임진왜란 이후부터 사대부의 녹봉이 박하여 집이 가난해졌으며, 나라의 재화가 온통 오군문五軍門[77]의 군사를 양성하는 데 들어가게 되었다. 이에 탐학하는

76 만력萬曆 이전: 만력은 중국 명나라 신종神宗의 연호로, 1573년에서 1619년이다. 여기서 만력 이전이란 임진왜란 이전인 조선 전기를 가리킨다.

77 오군문五軍門: 임진왜란 이후로 설치된 다섯 개의 군영. 즉 훈련도감訓鍊都監·어영청御營廳·금위영禁衛營·총융청摠戎廳·수어청守禦廳으로 오영문五營門이라고도 한다. 5위衛 제도가 유명무실해져 대신 선조부터 숙종에 걸쳐 주로 중앙을 방어하기 위한 오군영을 차

풍조가 점차 커지고 아전들 또한 수십 년 동안 날로 타락하여 오늘날에는 정도가 극심한 지경에 이르렀다. 내가 민간에 있으면서 그 폐단의 근원을 규명해보니, 하나는 조정의 귀족들이 뇌물을 받는 데 있고, 둘은 감사가 축재하는 데 있으며, 셋은 수령이 이익을 나누어먹는 데 있다. ○ 아전이 재상과 결탁하는 데에는 세 가지 길이 있으니 첫째는 적교謫交, 둘째는 궁교宮交, 셋째는 유교由交이다. 적교란 어떤 것인가. 높은 벼슬아치가 유배를 오면 간활하여 시세를 빨리 짐작하는 아전들이 손을 뻗쳐 떠받들며 아주 비분강개한 태도를 보여 마치 의리를 숭상하는 듯하면, 그 벼슬아치는 처음에는 멀리 외롭게 와 있어서 수심에 잠겨 한껏 위축되어 있다가 뜻밖에 사람을 만나 고마움이 골수에 새겨진다. 금령이 엄한데도 이 아전이 그의 서신을 전해주고, 먹고 마시는 데 어려움을 겪을 때 이 아전이 술과 고기를 계속 대주니, 그는 저승에 가서라도 은혜를 보답하기로 약속하게 될 것이다. 하루아침에 정국이 뒤바뀌어 그 벼슬아치가 권세라도 잡게 되면 이 아전의 기세 또한 치솟아서 그와 함께 높아질 것이다. 이뿐만이 아니다. 그 높은 벼슬아치가 유배를 와 있어도 그와 같은 당파가 아직 조정에서 권력을 잡고 있으면 유배 중에 청탁하는 일이라도 필시 시행을 신속히 하여, 금계金鷄[78]가 미처 울기도 전에 벌써 그 이익을 누릴 수 있게 된다. 이것이 곧 아전이 의기義氣를 드러냈던 까닭이다. 한번 결탁이 맺어진 뒤에는 명주와 가는 베며, 진귀한 어포, 전복 등속을 그 벼슬아치 댁에 실어다 바친다. 이에 새로 부임하는 수령이 하직인사

례로 설치하였다.

78 금계金鷄: 옛 제도에 죄벌罪罰을 사면하는 조서를 반포할 때 장대 위에 매달았던 황금으로 만든 닭. 중국 한나라 때부터 시작되었다고 한다.

를 할 때 먼저 이 아전을 부탁하며, 새로 부임하는 감사가 전별연 자리에서 아전의 이름을 듣게 되는 것이다. 그래서 수령은 도임하는 날 아침에 벌써 그 아전을 대면하여 호의를 나타내고, 감사는 지방을 순행할 적에 특별히 불러서 음식을 내린다. 그리하여 이 아전은 끝도 없이 악행을 저지르니 이것이 이른바 '적교'이다. 궁방宮房의 전장田庄은 대부분 먼 지방에 있는데 궁방의 자손들 역시 다 권세를 부리는 가문이다. 궁방의 전장을 관리하면서 결탁이 이루어져서 힘을 얻어 악폐를 저지르는 것도 대개 앞과 같은 식이니 이것이 곧 '궁교'이다. 소위 유리由吏【이방으로 전임 수령의 해유(解由, 업무 인계 서류)를 작성하는 자를 유리라 한다】는 구관의 형세가 열악하면 끊고 좋으면 결탁을 하려 한다. 결탁을 받는 자는 자신의 형세가 좋아서 이러는 줄 모르고 오직 그 아전이 충직한 줄로만 여긴다. 뇌물을 선물로 생각하고 청탁을 애걸하는 것으로 알아 힘껏 천거하여 결탁을 굳힌다. 이 아전이 권세를 부려 악폐를 저지르는 것 또한 앞과 같은 식이니, 이것이 곧 '유교'이다.

도임하는 날 여러 아전들을 불러 "내가 떠나오는 날 아무개 재상이 어느 아전을 부탁했는데, 이는 내가 명령을 내리기 전이므로 처음부터 심히 다스리지 않겠다. 오늘 이 명령을 내린 뒤로 만약 부탁하는 편지가 한 장이라도 관문으로 들어오면, 그 아전에게 일차로 엄중한 벌을 내리고 영구히 내쫓아 다시 쓰지 않을 것이다. 나는 식언하지 않는다. 너희들이 지켜보아라"라고 영을 내린다. 그리고 이 영을 크게 판에 새겨 아전들의 집무소에 걸어두게 한다. 만약에 범하는 자가 있으면 약조한 대로 이행하고 용서하지 말아야 한다.

내가 오랫동안 읍내에 있으면서 보았는데 수령이 승진하거나 파직당하는 일이 오로지 아전의 손에 달려 있었다. 영저리營邸吏[79]와 향리가 서로 짜고 수령을 거짓으로 찬양하거나 억울하게 무고하여 저들이 하고자 하는 바를 자행한다. 이는 감사가 수하의 아전을 심복으로 믿고 수령을 염탐하도록 하기 때문이다. 잘못이 감사에게 있으며, 수령으로서는 어찌할 도리가 없는 일이다. 그렇지만 시비를 가리는 마음은 하늘로부터 받은 바이니, 수령의 소행이 맑고 밝아 잘못이 없다면 향리나 저리가 함부로 이런 짓을 하지 못할 것이다. 만약 수령의 소행이 불법을 자행하면서 간교한 아전에게 빌붙어 자신의 불법을 덮고자 하면 그 구멍 하나를 간신히 막더라도 다른 구멍이 터져서 마침내 무익하게 될 것이다. 오직 스스로 닦는다는 '자수自修' 두 자가 오히려 해악을 멀리할 수 있는 좋은 계책이다. ○『경국대전』에 원악향리元惡鄕吏에 관한 조문이 있는데 그 법이 지극히 엄하다. 이러한 자는 죽여 없앤 뒤에라야 백성의 해독이 제거될 터이지만, 수령은 사람을 죽일 권한이 없으니, 응당 감사에게 비밀히 의논하여 법을 시행하도록 할 것이다.

『경국대전』에서 이렇게 규정하였다. "원악향리는 수령을 조종하고 농락하며 권세를 부려 폐단을 일으킨 자, 몰래 뇌물을 받고 역의 부담을 고르지 않게 한 자, 조세를 마구 거두어 남용한 자, 양민을 강제로 끌어다 감춰두고 사역을 시킨 자, 전장田庄을 널리 차지하고 양민을 부려서 경작하게 한 자, 촌리에 횡행하여 백성의 재물을 빼앗아 제 이익을 도모한 자, 권세가에 붙어서 자신의 역을 피하려 한 자, 역을 피해 도망가서 촌락에 숨어 사는 자, 수령의 위세를 가탁해서 백성을 침학한 자, 양가집

79 영저리營邸吏: 각 감영에 딸려 감영과 각 고을의 연락을 취하던 이속. 영주인營主人.

여자나 관비를 첩으로 삼은 자 등이다. 타인이 이를 고발하는 것을 허용하며, 본 읍의 경재소京在所【본 고을 사람으로 서울에서 벼슬하여 재상이 된 자를 경재소라 이른다[80]】가 사헌부司憲府[81]에 고발, 조사, 심문하여 죄를 판정하되 도徒에 해당되는 자는 본 도道의 잔역리殘驛吏[82]로 영구히 귀속시키고 유流[83]에 해당되는 자는 다른 도의 잔역리로 귀속시킨다. 수령으로서 범죄 사실을 알고도 조사 처리하지 않은 자는 제서유위율制書有違律[84]로 논죄한다." 案 법이 갖추어져 있지 않은 것이 아니고 행하지 않는 것이 걱정이다. 당초 나라에서 제정한 법이 이와 같았는데 까닭 없이 폐기하고 쓰지 않은 것은 대체 무슨 이유인가? 경재소가 고발·처리할 수 있도록 한 법은 위와 아래, 중앙과 지방 사이에 혈맥이 흘러 통하고 교화가 두루 미치도록 하여 잔약한 백성들의 숨겨진 원통함을 펴 알릴 수 있게 한 것이었다. 이 법이 폐기되자 군현의 하찮은 아전들이 거리낌 없이 방자하여 하

80 원주의 설명은 일반적인 경재소와는 의미가 다르다. 경재소란 서울과 지방과의 연락 주선을 위해 서울에 설치한 기구를 가리킨다. 그 담당자를 지칭하기도 한다. 각 지방 출신 혹은 그 지방과 관계 있는 당상관으로 구성되며, 각 지방의 유향소(留鄕所, 뒤에 향청鄕廳으로 일컬어짐)에 상응하는 것이다. 경저리京邸吏→영저리營邸吏→향리鄕吏로 연결되는 아전들의 연락기구와 대조적이었다. 다산의 원주는 경재소가 본디 그 지방 출신으로 재상이 된 자로 구성되었기 때문에 나온 말인 것 같다.

81 사헌부司憲府: 고려왕조와 조선왕조 때 백관百官의 규찰糾察, 시정時政의 논란論難, 풍기風紀의 단속을 맡은 감찰기관. 홍문관弘文館, 사간원司諫院과 함께 삼사三司를 이루어 선비들의 여론을 대변하였고, 형조刑曹, 한성부漢城府와 함께 삼법사三法司를 이루어 강력한 검찰기구로 행세하였다.

82 잔역리殘驛吏: 쇠잔한 역驛의 역리.

83 유流: 오형五刑의 하나. 중죄를 범한 자에게 사형까지는 하지 않고 먼 지방으로 귀양 보내는 형벌.

84 제서유위율制書有違律: 제서制書는 제왕이 내리는 문서의 일종. 제서유위율은 제왕의 명령을 어긴 데 적용되는 형률. 『대명률』에 제서유위율을 범한 자에게는 장杖 100대를 가한다는 규정이 있다.

늘도 땅도 두려운 줄 모르게 되었다. 아, 장차 어찌할 것인가!

수리首吏는 권한이 크기 때문에 일을 과중하게 맡겨서는 안 되며, 자주 불러서도 안 된다. 그리고 죄가 있으면 필히 벌을 주어 백성들의 의혹을 사지 않도록 해야 한다.

호태초는 말했다. "일을 맡긴 아전을 수령이 지나치게 의존해서 부리게 되면 그자가 제멋대로 과장을 하여 '일이 크고 작고를 막론하고 시비곡직이 전부 나에게서 나온다. 네가 나에게 돈 얼마를 빌려준다면【빌려준다는 것은 곧 준다는 뜻이다】 내가 너의 일을 꼭 잘되게 하겠다'라고 말한다. 뒤에 결국 그렇게 결말이 난다. 아전의 무한한 탐욕이 다 차기 전에 수령의 나쁜 소문이 널리 퍼지게 되는 것이다." ○ 매양 보면 어리석은 수령은 으레 수리를 심복으로 여겨 밤중에 몰래 불러서 여러 일들을 의논한다. 아전이 수령에게 아첨하여 기쁘게 해주는 것이란 대체로 전세田稅를 농간질하고 창곡을 이용하여 남는 것을 착복하고 송사와 옥사를 팔아 뇌물을 뜯어내는 데에 지나지 않는다. 수령이 그중에 하나를 취하면 아전은 백을 훔쳐 먹는다. 그럼에도 죽일 죄가 드러나면 오직 수령만 걸려들게 되니, 또한 애달프지 않은가.

이속의 참알參謁을 받을 때 의당 흰 옷과 흰 띠를 금할 것이다.

무릇 참알의 의식을 행할 때에 수령은 조관朝冠[85]【오사모烏紗帽】을 착용하는데 이속이 어찌 흰색 옷을 입고 하얀 띠를 두르고 관정에 들어올 수 있겠는가. 지금 중앙의 관부에서 참알하는 서리書吏는 모두 홍단령紅團領을 착용하는바 법이 본래 그런 것이다. 오직 상중喪中에 기복起復[86]한 자는 검정 모자와 검은 띠를 착용하는 것을 허용한다【기복한 자는 관정에 들어와서 참알하는 것을 허락하지 말 것이요, 다만 관아에 출입하며 일을 아뢰도록 할 것이다】.

이속이 벌이는 연회는 백성들의 마음을 아프게 하니, 엄금하고 자주 경계하여 감히 흥청거리는 짓이 없도록 할 것이다.

관리가 기생을 끼고 모여 노는 것은 본래 형률에 적용된다. 근래에 수령들이 아전들의 놀이와 잔치를 방임하여 산에 오르고 물에 배를 띄워 춤추고 노래하기를 일삼는다. 백성들이 이를 보고 원수처럼 미워한다. 아전들이 행락을 벌이면 원망은 수령이 듣게 되니 이 어찌 한심하지 않은가. 마땅히 엄금할 것이다. ○ 혹 시절이 태평하고 풍년이 들었을 때 따뜻한 봄이나 청명한 가을, 관아에 일이 적은 때에 백반에 나물반찬으로 경치 좋은 산이나 물가에 나가 담박하게 모임을 갖도록 하는 것도 좋을 것이다.

85 조관朝冠: 관복과 함께 착용하는 모자. 원주에 오사모는 사모紗帽라고도 한다.
86 기복起復: 상중에 있는 자가 무슨 특별한 사정이 있어 나와서 공무를 보는 것.

이청吏廳에서 매질하는 행위는 의당 엄금할 것이다.

하찮은 아전이나 관노들이 사사로이 경계하고 타이르는 것을 모두 다 금할 것은 없다. 그러나 태笞 10도度 이상을 벌주는 것은 의당 아뢴 후에 행하도록 할 것이다. ○ 무릇 관에 직접 예속되지 않은 백성에 대해서는 읍내 사람이나 촌민을 막론하고 매 한 대라도 사적으로 가하는 행위는 허용치 말아야 할 것이다. 역시 모름지기 관속들과 미리 약속하여 그들이 범하지 못하도록 해야 한다.

도임한 지 몇 달이 지나거든 아전들의 이력표履歷表를 작성해서 책상 위에 비치해둘 것이다.

	갑자	을축	병인	정묘	무진	기사	경오	신미	임신	계유
이수담 李壽聃	도창색 都倉色[87]	이방 吏房	이방	호장 戶長	이방	이방	도서원 都書員	호장	호장	호장
유종영 留宗永	공방 工房		호방 戶房			지소색 紙所色		공사색 公事色		병방 兵房
노경식 盧景植	형방 刑房	균역색 均役色	형방	대동색 大同色	북창색 北倉色	호적색 戶籍色	형방	도서원	이방	이방
이응복 李膺福	입사 入仕		예방 禮房			군기색 軍器色		호방	병방	
최두일 崔斗一		입사	형방	남창색 南倉色	관청색 官廳色	병방	도서원	세초색 歲抄色	호적색	도창색
윤계만 尹啓萬			입사		공방 工房			객사색 客舍色		

87 색色: 관아의 각종 담당자.

김종인 金宗仁				입사	형방	어영색 御營色	서창색 西倉色	예방		도서원
정유년 鄭有年					입사	공방	공사색		예방	
박재신 朴在臣						입사	형방	금위색 禁衛色		동창색 東倉色
안득춘 安得春							입사	공방		예방

이 표는 10명의 것을 10년 동안 작성한 것이다. 만약에 정식 이력표를 작성하려 한다면 응당 20년 동안의 표를 이와 같은 방법으로 만들어야 할 것이다. ○ 이 표를 보면 아무개는 여러 번 긴요한 자리에 있었고, 아무개는 언제나 한산한 자리로 돌았으며, 아무개는 다재다능한 것으로 나타났으니 반드시 간활한 자일 것이요, 아무개는 재능이 없으니 일을 맡겨서 부릴 수 없다는 사실 등이 다 훤히 드러난다. 고을에 부임한 지 오래됨에 따라 혹 일을 맡겨도 될 만큼 재주가 있는데도 겸손하여 나서기를 좋아하지 않아 일을 맡지 못한 자가 있거든, 신년 초에 아전들의 직임을 새로 배정할 때 요긴한 직책을 주는 것도 좋을 것이다.

아전의 농간에는 사史[88]가 모주謀主가 되니, 아전의 농간을 막고자 한다면 사를 겁내게 만들어야 할 것이요, 아전의 농간을 들춰내려면 사를 낚아채야 할 것이다.

88 사史: 여기서 '사'는 문서를 담당하는 아전을 가리킨다.

사史란 서기이다. 아전이 창고에 저장된 곡식에 농간을 부려 구름과 안개처럼 변화시킬 때 이 일을 아는 자가 사요, 전세를 훔쳐서 몰래 감출 때 그 수치까지 알고 있는 자가 사이다. 아전들은 원래가 거칠고 성글어서 대략만을 알고 있을 뿐인데 사는 정밀하여 그 자세한 조목까지 파악하고 있다. 수령 된 자는 먼저 강하고 엄하게 위엄을 세워 저들을 벌벌 떨게 만든 다음, 다른 경로를 좇아서 저들이 농간을 부리는 실상을 낚아채서 죄를 용서해주겠노라고 달래면 때에 따라 예측하지 못했던 부정의 구멍이 발견될 수도 있을 것이다.

제2조 관속들을 통솔함

馭衆

관속들을 통솔하는 법은 위엄과 믿음뿐이다. 위엄은 청렴함에서 생겨나고 믿음은 성실함에서 나오는 것이니, 성실하면서 청렴해야 뭇사람을 복종시킬 수 있다.

사상채謝上蔡[1]가 응성應城의 수령으로 있을 때 호문정胡文定[2]이 지나다가 그를 만나려고 관문으로 들어섰는데 이졸吏卒들이 뜰아래서 마치 흙이나 나무로 만든 사람처럼 단정하게 서 있었다. 대개 사상채의 위엄과 신의가 평소에 이들의 마음을 감복시켰기 때문에 그런 것이었다.

설경헌薛敬軒은 이렇게 말하였다. "마음에 털끝만큼이라도 치우침이 있어서는 안 된다. 치우침이 있게 되면 필시 사람들이 눈치를 채게 된다. 내가 일찍이 한 관노가 민첩해서 부렸더니, 다른 하인들이 그를 달리 여겼다. 나는 마침내 그를 멀리했다. 이는 비록 작은 일이나, 이 일로 해서

---

1 사상채謝上蔡, 1050~1103 : 중국 송나라 때의 학자인 사량좌謝良佐. 상채上蔡는 그의 출신지로, 학문이 높아 상채선생의 칭호를 받았다. 정자의 문인이며, 저술로는 『논어설』『상채어록上蔡語錄』 등이 있다.

2 호문정胡文定, 1074~1138 : 중국 송나라 때의 학자 호안국胡安國. 문정文定은 그의 시호이다. 자는 강후康侯, 호는 무이선생武夷先生·초암거사草菴居士이다.

나는 수령 자리에 앉은 사람은 공명정대해야지 털끝만큼이라도 치우침이 있어서는 안 됨을 알았다."

『운곡정요雲谷政要』에서 이렇게 말하였다. "이졸은 수령과 백성 사이에 처해 있는 것이 마치 목구멍에 걸린 담痰과 같다. 이런 병폐는 철저히 제거하여 수령과 백성 사이에 가로막힘이 없게 해야 할 것이다. 그런데 이졸 중에는 가난하고 잔약하여 고통을 겪는 이들도 많다. 춥고 배고픔이 절박하여 심히 측은한 자들에 대해서는 수령이 각별히 마음을 써서 이들 역시 사람의 아들이라는 생각을 항시 간직해야 옳다."

군교軍校는 무인으로 거칠고 사나운 자들이다. 그들의 횡포는 마땅히 엄격하게 막아야 한다.

무릇 읍내 사람으로 배우지 못해 무식하고, 거칠고 사나워 교화에 따르지 않는 무리들이 으레 군교에 투신한다. 이들은 대개 기생을 끼고 술 마시는 것을 직분처럼 생각하며, 사람을 구타하고 재물을 빼앗는 것이 생리처럼 되어 있다. 그들의 직종은 통틀어 세 가지가 있으니, 첫째는 장관將官으로 천총千總·파총把總 등속이고, 둘째는 군관이니 병방장무兵房掌務[3] 등속이고 셋째는 포교로 토포도장討捕都將 등속이다. ○ 장관은 부민을 침학하되 조금이라도 뜻대로 안 되면 문득 초관哨官·기패관旗牌官으로 뽑아서 괴롭히고 억누른다. 그것을 피하려는 사람을 붙잡아 뇌물을 요구하기도 하고 혹은 독촉하여 번番을 서게 하여 농사철을 빼앗는다. 모두 수

3 병방장무兵房掌務: 병방은 각 고을의 병사를 담당하는 곳이니 장무는 병방 소속의 군관.

령으로서 마땅히 살펴야 할 일이다. 군관이 차사差使로 나가게 되면 마치 좋은 벼슬이나 얻은 것처럼 민가를 협박하여 뇌물을 요구하고 예전例錢[4]을 뜯어낸다. 무릇 차사가 이르는 곳에는 술 따르고 국수 누르고 닭 잡고 돼지 잡고 하니, 수령은 응당 이런 폐단을 알아서 역적을 체포하는 것을 제외하고는 가벼이 차사를 내보내서는 안 된다. 매양 보면 수령으로서 일에 밝지 못한 자는 세를 징수하고 환곡을 거둠에 영을 내린 처음부터 먼저 차사를 내보낸다. 이름하여 검독檢督이라 하는 것이다. 이들이 나왔다 하면 송아지를 끌어가고 가마솥을 빼가고 늙은이까지 묶고 따귀를 치니 한번 검독이 지나가면 문짝이 부서지고 마을이 쑥밭이 되고 만다. 아무리 '최과정졸'로 고과에서 아래 등급을 받을지언정 결단코 호랑이를 풀어 사람들을 죽임으로써 스스로 악을 쌓아서는 안 된다. ○ 무릇 포도군관은 경향京鄕을 막론하고 큰 도적이다. 도적과 내통하여 장물을 나누어 먹고, 도둑을 풀어 도둑질할 수 있도록 방법을 제공하며, 수령이 도적을 잡으려고 하면 미리 기밀을 누설해서 도적이 멀리 달아나게 하고, 수령이 도적을 처형하려 하면 비밀히 옥졸을 사주해서 옥졸로 하여금 고의로 도적을 놓치게 한다. 그들의 천만 가지 죄악은 이루 다 들 수가 없다. 그중에서도 가장 큰 문제가 시장 감찰監察이다. 이 일은 으레 포도군관에게 맡겨지는데 이는 곧 도둑놈을 풀어 장터에 들여보내 재물을 훔치도록 하는 셈이다. 상인들은 이들을 보고 두려워하기를 호랑이처럼 하여 쌀과 솜을 빼앗겨도 아무도 따지지 못한다. 이 때문에 물화가 장시에 나오지 못하고 거래가 끊어지니 엄하게 단속하는 일을 조금도 소홀히 해서는 안

4 예전例錢: 상례적으로 거둬들이는 돈.

된다. 수령 된 자는 마땅히 이 모든 폐단을 파악해서 별도의 방법으로 염탐하고 살펴 범인을 잡아 단단히 곤장을 치고 엄하게 징계하여 혼을 내주면 그 폐해가 거의 사라지게 될 것이다.

문졸門卒이란 옛날의 이른바 조례皁隷이다. 관속 중에서 가장 교화에 따르지 않는 자이다.

문졸은 혹은 일수日守, 혹은 사령, 혹은 나장이라고 일컫는다. 이들은 본래 근본이 없는 떠돌이인데, 창우倡優[5]로 투입했거나 굴뢰窟儡[6]로 변신한 자들이니, 가장 천하고 교화하기 어려운 부류이다. 그럼에도 손아귀에 틀어쥔 권리는 통틀어 다섯 가지나 된다. 첫째는 혼권閽權, 둘째는 장권杖權, 셋째는 옥권獄權, 넷째는 저권邸權, 다섯째는 포권捕權이다. 이 다섯 가지 권리를 가졌기 때문에 하층민들이 문졸을 승냥이처럼 두려워하는데, 수령 된 자는 이들이 제멋대로 행패를 부리게 내버려두고 있으니 백성이 괴로움을 당하게 된다.

○ 혼권이란 이런 것이다. 백성이 소장을 가지고 관문 앞에 왔을 때 호소하는 내용이 이속에게 관계될 것 같으면 문졸이 이 백성을 막아서 들어서지도 못하게 한다. 백성은 여러 날 배회하다가 품만 버리고 마침내 울면서 돌아간다. 수령은 모름지기 민지 문졸들을 단속하고 거듭거듭 신칙하여 백성이 관정에 오기를 어머니 집에 오는 것처럼 생각하도록 해야 참으로 백성의 수령이 될 것이다. 그래도 범하는 자가 있으면 마땅히 최

5 창우倡優: 광대의 별칭. 전문 예능인은 대개 신분상 천인이 담당했다.

6 굴뢰窟儡: 꼭두각시놀음의 연희자를 가리키는 말.

고형을 내려야 한다.

○ 장권이란 이런 것이다. 수령의 노여움이 큰데도 곤장질이 가벼운 것은 뇌물이 들어갔기 때문이고, 수령이 본래 말이 없었는데도 곤장질이 문득 사나워진 것은 앙심을 품었기 때문이다. 뇌물을 먹어 곤장질이 가벼운 경우에는 속으로 웃고 용서해주어도 괜찮다고 할 수 있다【백성이 재물을 축내어가며 뇌물을 바친 것으로 그 죗값을 치른 셈이니 몹시 때려 중상을 입히려고 할 것은 없다】. 앙심을 품어 곤장질이 사나운 것을 멍하니 바라보기만 하는 것은 매우 옳지 않다. 마땅히 급히 영을 내려 곤장질을 가볍게 하도록 하고 은폐된 사정을 가만히 조사하여 문졸의 죄를 엄하게 다스려야 한다.

○ 옥권이란 칼을 씌우고 벗기는 것이다. 자세한 논의는 뒤의 '형전 6조'(제9부)에 나온다.

○ 저권은 가장 민폐가 되고 있다. 『경국대전』에 관둔전官屯田[7]은 큰 고을은 20결, 중간 고을은 16결, 작은 고을은 12결이라고 나와 있는바 이는 본래 문졸의 차지이다. 세상 법도가 날로 떨어져 수령이 이것을 가로채고는 문졸을 외촌의 저인邸人[8]【면주인面主人이다】으로 삼는다. 식사 한 상 값이 혹 50푼에 이르는데 수령의 지령 하나를 전달하는데 수백 푼을 토색한다. 보리 추수, 쌀 추수, 면화 추수 때에는 노인과 노파를 함부로 내보내 두루 다니며 뜯어내게 한다. 이를 이른바 동령動鈴, 혹은 조곤釣鯤, 혹은 나가세羅家稅라고 일컫는바 훔치고 빼앗아 욕심을 채우는 것이다. 남방의 여러 고을에서는 또 이른바 근수조勤受租[9]【곧 면주인의 역가役價이다】

---

7 관둔전官屯田: 조선 세종 6년(1424)에 생긴 제도로 인리人吏나 관노비官奴婢로 하여금 경작하여 수확물의 전부를 차지하도록 한 토지. 자경무세自耕無稅.

8 저인邸人: 고을의 관부와 면 사이에 연락의 임무를 담당한 사람.

라는 것이 있어 환곡과 뒤섞어 정상적인 부세로 삼고 있다. 또 군리軍吏 그리고 풍헌·약정【곧 면임面任이다】과 더불어 안팎으로 패거리를 지어 군정軍丁[10]을 농간한다. 갓난아이를 낳기만 하면 벌써 그 이름을 군적에 올리고 흉년에 떠도는 사람이 새로 들어와도 그 민호를 군적에 기재하는데 수령은 깊숙이 들어앉아 있으니 어떻게 이런 일들을 들어서 알겠는가?

요전徭錢[11]·세전稅錢·창전倉錢[12]·군전軍錢을 성화같이 재촉하여 당장에다 거둬들여서 마조馬弔·강패江牌[13] 같은 도박으로 날리거나 고리대를 놓으면서도 백성이 납부를 거부한다며 주첩朱牒【형장刑杖에 이름을 쓴 것】을 속여 발부하고는 포흠을 그대로 짊어진 채 도망가면 남은 백성들로부터 다시 징수한다. 이 모두 저졸邸卒의 농간이다. 무릇 조세를 독촉하는 법에 있어서 능력을 헤아려 너그럽게 하며 의리로 타이르고 깨우친다면 납부를 거부하는 백성이 없을 것이다. 수령은 마땅히 이런 일들을 알아서 저졸을 내보내지 말고 다만 풍헌·약정으로 하여금 납부를 재촉하도록 해도 기한을 넘기지 않을 것이다.

○ 포권이란 이런 것이다. 수령이 백성을 부르면 어느 누가 감히 거부하겠는가. 송사하는 백성이 무고誣告를 하거나 군리가 허위로 고발하면

---

9 근수조勤受租: 면주인이 수고의 대가로 받는 곡식.

10 군정軍丁: 군적에 오른 장정을 이르는 말. 일반 백성은 군역의 의무를 지게 되어 있으므로 군정은 사실상 일반 백성에 해당한다.

11 요전徭錢: 원주에 "요전이란 민고전民庫錢의 종류이다"라고 나와 있다. 민고전은 관아에서 임시비용으로 쓰기 위해 백성들에게 거둬들인 돈을 가리키는데 요전은 요역의 명목으로 징수한 것으로 생각된다.

12 창전倉錢: 원주에 "창전이란 환곡의 모곡耗穀을 작전作錢한 것이다"라고 나와 있다. 모곡은 백성에게 빌려주었다 돌려받을 때 축나거나 손실된 분량을 보충한다는 명목으로 더 받아들이는 것을 가리키는 말. 작전은 곡식을 돈으로 바꾸는 것.

13 마조馬弔·강패江牌: 투전 등의 노름.

수령은 그것을 믿고 바로 차사를 내보낸다. 홍첩紅帖【곧 도장을 찍은 명령서】이 마을에 내려오면 본래 예전禮錢이란 것이 있어 부자는 500푼, 가난한 자는 200푼을 바친다. 포승줄로 겁을 주면 술을 거르고 돼지고기를 삶느라 온 마을이 떠들썩하여 마치 난리를 만난 것 같다. 수령은 마땅히 이를 알아 화적이 출몰한 경우 외에는 포졸을 보내지 말아야 한다.

○ 평안도와 황해도에는 보솔군保率軍[14]【봉족奉足이라 이르는 것이다】이 있어 이들에게 해마다 200푼을 징수하니 군첨軍簽[15]과 다름이 없고, 남쪽 지방에는 계방촌契防村[16]이 있어 해마다 1만 전을 징수하고 공적인 부세를 면제한다. 백성이 초췌해지고 역이 편중되어 고통받는 것은 대부분 이런 것들 때문이다. 수령이 이런 일들을 혁파하려고 하면 아전들이 나서서 "새 수령이 부임할 때의 복장이 여기서 지출되고 감사의 순찰에 소요되는 비용이 여기서 지출됩니다. 만일 이 관행을 폐지하고 보면 공작의 꼬리를 머리 장식으로 꽂을 수 없게 되고 건작乾鵲[17]의 옷을 등에 걸칠 수 없으며, 상영上營[18]의 군뢰軍牢에게 닭을 대접할 수가 없고 영접하는 취타수吹打手를 말에 태울 수가 없습니다"라고 호소하면 수령은 그 말을 믿어서 드러눕고 만다. 이런 잘못된 관행이 모두 30년 이래 새로 생긴 것임을 알지 못하고 있다. 그렇다면 30년 이전에는 신임 수령이 부임할

14 보솔군保率軍: 역사役事에 동원된 이〔正丁〕를 돕는 사람 또는 그 몫. 조선시대에 평민이나 천민이 역사에 동원될 경우, 역사에 나가지 않은 인정人丁 한둘을 정해 그 집안의 일을 돕도록 했는데, 이들은 그 집에 직접 가서 도와주거나 입역을 위한 비용을 마련하였다.

15 군첨軍簽: 첨정簽丁과 같은 말. 즉 군정으로 장부에 등록되는 것을 뜻한다.

16 계방촌契防村: 계방촌契房村의 잘못인 듯. 계방촌은 역의 부담이 면제된 마을의 하나.

17 건작乾鵲: 까치를 가리키는 말. 까치가 맑은 날을 좋아한다고 해서 나온 말이라고 함. 작의鵲衣라는 옷이 있는데, 우리말로 더그레라고 하며, 군사들이 상의에 걸치는 소매 없는 옷이다.

18 상영上營: 군현의 상급 기관인 감영이나 병영을 지칭하는 듯함.

수 없었으며, 감사가 순찰을 할 수 없었다는 말인가? 보솔을 고르게 시행하는 것은 그래도 괜찮겠으나 계방은 폐해가 많으니 혁파하지 않으면 안 된다.

○ 바닷가 고을과 섬의 저졸은 침탈이 더욱 심하니, 여러 가지 농간이 다른 지역보다 10배나 심하다. 멀리 소외된 곳을 돌보는 정사를 남의 일처럼 여겨서 안 된다. 이런 곳을 보살피는 일에 마땅히 몇 배의 관심을 기울여야 할 것이다.

문졸에는 으레 도두都頭【사령使令[19]의 우두머리이다】가 있다. 무릇 사령청使令廳으로 들어오는 수입은 대부분 도두의 차지가 되는데, 많은 경우는 10만 푼【즉 1000냥】이 되며, 적은 경우에도 5만 푼이다. 이른바 보솔전·계방전은 전부 다 한 입으로 들어가고 문졸들의 차석 이하에게는 한 푼도 몫이 돌아가지 않는다. 내가 전에 황해도와 평안도에서 본 것이나 지금 남쪽에서 본 것도 모두 마찬가지다. 곡산부에 군수고軍需庫가 있어 이곳에 매년 들어오는 돈은 2000냥인데 그 반을 도두 혼자 차지했다. 내가 그 법을 고쳐서 문졸 30명에게 다달이 2냥씩을 주었다. 1년에 돈 720냥을 지출하여 문졸들이 고루 나누어 가지도록 하고 나머지 돈 280냥만 도두의 차지가 되게 했다. 그리고 동령·조곤의 관행을 일체 엄금하였더니 기뻐서 외치는 소리가 우레처럼 일어나고 모두들 잘된 처사라고 말하였다. 지금 강진군의 도두는 1년에 1000냥을 먹는데 문졸의 수는 20명이 안 된다. 만일 문졸 하나에게 다달이 3냥을 지급하면 총액은 곡산과 같으니, 또한 좋지 않겠는가? 이와 같은 경우에는 이 방법을 쓰는 것이 좋겠다.

---

19 사령使令: 관청에서 군관軍官이나 포교捕校의 명에 따라 하급 잡무를 수행하던 하졸下卒.

『다산필담茶山筆談』에서 다음과 같이 말했다. "문졸이 뜯어내는 명목은 대단히 많다. 정초에는 떡국값을 요구하고 추석에는 제수를 바라며, 5월 망종芒種에는 보리를 요구하고 상강霜降에는 면화를 요구한다. 멀리 출장을 나갔다가 돌아오면 여비를 추징하고 벌을 주게 되면 곤장질을 가볍게 해줄 대가를 넌지시 토색한다. 가지가지 자질구레한 사례들을 다 들 수가 없다. 혹은 간사한 노파로 하여금 대행시키기도 하고 혹은 고공雇工을 나누어 보내 문을 박차고 집을 부수며 마음대로 빼앗아가니 울부짖고 억울해하는 정경이 참혹하여 차마 보고 들을 수 없을 지경이다. 수령은 취임 당초에 마땅히 수리에게 물어서 사리에 맞지 않는 일은 아무리 유래가 오래되었다 하더라도 엄금하도록 신칙할 것이며, 만약 그래도 잘못을 뉘우치지 않을 때는 수리를 처벌하면 자연히 그만두게 될 것이다. 이와 같이 하여 뜯어낸 것들은 대부분 두령【사령의 우두머리이다】이 독차지하게 되고 여러 조무래기 문졸들은 혜택을 받는 데 끼지 못한다. 혹자는 '저 도두는 정해진 보수가 없는데 관행적으로 얻어내는 것까지 금하면 어떻게 살아가겠는가'라고 한다. 그의 수하에 있는 문졸들 또한 보수가 없다는 것을 생각하지 못한다. 유독 한 사람만 이처럼 배불리 먹어서야 되겠는가? 만일 순번에 따라 도두로 임명될 자는 내가 교체되어 돌아갈 때라도 마땅히 그대로 임명되도록 하되【임명이 되지 않으면 그의 평생소원이 나 때문에 어긋난 셈이다】 이미 여러 번 도두를 지낸 자는 고려할 필요가 없다."

관노가 농간을 부리는 곳은 오직 창고이다. 창고는 아전이 맡고 있으니, 그 폐해가 대단치 않으면 그들을 은혜로 어루만져서 때때로 지나친 일이나 단속할 것이다.

여러 관속 중 관노가 가장 고되다. 시중드는 노비【급창及唱이라고 한다】는 종일 뜰에 서서 잠시도 떠날 수가 없으며, 수노首奴는 물자 구입을 맡고 있고, 공노工奴【즉 공방의 창고지기이다】는 물품 제작을 맡고 있고, 구노廐奴[20]【즉 구종驅從이다】는 말을 키우고 일산을 들며, 방자房子는 방을 덥히고 뒷간을 치우는데, 수령이 행차할 때에는 여러 관노들이 따라가야 한다. 각기 노고가 이와 같은데 보수를 받는 관노는 포노【즉 육지기肉直이다】와 주노【즉 관청고지기〔官廳庫直〕이다】, 그리고 창고지기뿐이다. 이들이 받는 보수라는 것도 낙정미落庭米 몇 섬에 불과하니 어찌 딱하지 않은가? 그리고 창고지기는 반드시 원정園丁【원두한園頭漢이다】을 겸하는데, 원정은 1년 동안 채소를 공급하느라고 빚을 지고 힘이 빠진 뒤에야 이 창고지기 자리를 얻게 된다. 그러므로 관노를 거느리는 길은 오직 어루만지고 돌보아 은혜를 베푸는 데 있고, 농간을 방지해야 할 관노는 오직 창고지기이다. 읍례邑例는 여러 가지로 다르니, 혹 관노가 강성해서 농간을 부리는 폐단이 있는 경우에는 마땅히 엄하게 조사해 그들의 방자함을 막아야 옳다.

○ 시중드는 관노로 농간을 부리는 자는 백성이 관에 송사하러 오면 수령은 아무 말이 없는데 제가 나서서 성내어 꾸짖고, 수령은 부드럽게 말하는데 제가 나서서 고함을 지르고, 수령은 긴 말이 없는데 제가 나서서 잔소리를 늘어놓고, 수령은 아직 모르는데 제가 나서서 사실의 기밀을 들추어내고, 수령은 명령하지 않았는데 제가 나서서 큰소리로 매우 치라고

20 구노廐奴: 말을 몰고 관리하는 일을 맡은 하인.

하여 백성의 비난을 사고 수령의 체모를 손상시킨다. 이런 자는 마땅히 엄하게 단속할 것이요, 어기면 곧 벌을 내려야 한다. ○ 수노가 저자에 나가 물품을 구입함에 있어 관청의 구입을 빙자하여 헐값으로 빼앗는 사례가 있다. 이를 방지하는 법은 앞에서 말하였다【'율기律己 6조'(제2부)】. ○ 공노는 노끈·짚신·죽기竹器·고리짝·옹기·철기 등속을 관장한다. 이런 물종들을 조달해서 사용함에 절제가 없어 으레 추가로 징수를 요청한다. 절간이 피폐해지고 점촌店村[21]이 결딴나는 것은 실로 이 때문이다. 정해진 물량 이외에는 결코 추가 징수를 말 것이며, 혹 추가로 징수를 하는 경우에도 분명히 인첩印帖을 내려서 하면 공노의 농간이 끼어들 여지가 없을 것이다. 모든 분야의 점촌에서 연례적으로 공노에게 사적으로 바치는 것이 있는데 이는 금지할 수는 없다. ○ 포노·원노의 폐단은 이미 앞에 나와 있다. ○ 창고지기의 말질 농간은 엄금해야 한다. 다음 '환곡 장부'(제6부 제3조)에서 자세히 논할 것이므로 여기서는 생략한다.

제사나 잔치를 치르고 나서 남은 음식은 관노들에게 골고루 나누어줄 것이다. 혹 춥고 굶주림이 심한 관노가 있으면 수령은 옷과 음식을 주어서 집안의 종들을 보살피듯 해야 할 것이다. 이렇게 해야 좋은 수령이 된다. 관노는 일시적으로 나를 상전上典【우리나라 풍속에 노비는 주인을 '상전'이라고 부른다】이라고 부르니 은혜를 두터이 베풀어야 할 것이다.

○ 관가에는 더러 탐탁지 않은 재물이 있다. 수령이 쓰자니 청렴하지 못하고 버리자니 아까운 것이다. 이와 같은 물건이 있으면 고된 일을 하고도 보수가 없는 관노나 관비들에게 나누어주는 것 또한 바람직한 일이

---

21 점촌店村: 광산촌 및 철기를 만드는 대장간이나 옹기 등을 만드는 지역.

다. 그리고 우속牛贖[22], 주세酒稅[23], 관청에 압수된 소나무, 도박판에서 받은 벌금, 소의 가죽·힘줄·뿔 등속의 값이나 주인을 알 수 없는 장물 따위가 모두 탐탁지 않은 재물이다.

관비는 두 가지 종류가 있다. 하나는 기생이니 주탕酒湯이라고도 하고, 다른 하나는 비자婢子이니 수급비水汲婢라고도 하는 것이다. 기생은 가난하더라도 대개 돌봐주는 자가 있으므로 수령이 굳이 보살필 것은 없다. 오직 더러운 돈으로 나의 옷을 짓지 못하게 하면 될 것이다【필누비疋縷飛[24]의 일은 이미 앞에 나와 있다】. 가장 불쌍한 것은 못생긴 수급비이다. 이들은 겨울에는 삼베옷을, 여름에는 무명옷을 입고, 머리는 쑥대같이 하여 밤에는 물 긷고 새벽에는 밥 짓느라 쉴 새 없이 고생한다. 수령이 이들을 보살펴 때때로 옷도 주고 곡식도 주며 그 지아비의 형편도 물어보아 소원을 이루어주면【군역을 면제해주는 일 따위】 좋지 않겠는가? 무릇 수령으로서 잘 다스리는 자에게는 반드시 아전의 원망이 있을 터인데, 만일 관속삼반(官屬三班, 이속·군교·노비)이 모두 수령을 원망하게 되면 곤란하지 않겠는가? 강한 자에게는 원망을 받고 약한 자에게는 은혜를 베풀면 누가 어질지 않다고 말하겠는가? ○ 매번 들으면 이웃 고을에서 노래와 춤으로 행락을 하면서 수천 냥 돈을 기생에게 주고, 기생 역시 그 돈 받는 것을

---

22 우속牛贖: 소는 농사를 짓는 데 꼭 필요한 것이므로, 소를 함부로 잡지 못하도록 하기 위해 도살을 금하는 명령을 내릴 때가 많았다. 이때 그 영을 범한 자에게 벌금을 부과하는데 이를 '우속'이라 했다.

23 주세酒稅: 원주에 "술 빚는 것을 금지하는 때에는 반드시 세가 있다"라고 나와 있다. 큰 흉년이 든 해에는 나라에서 금주령을 내렸는데 이때 금주령을 범한 자에게 벌로 징수하는 세를 가리키는 것으로 추정된다.

24 필누비疋縷飛: 온 필을 다 누비는 것을 필누비라고 하는데 내아에서 침기針妓에게 이 일을 맡기면 침기는 자기 패물을 팔아서 필누비를 만들어 온다고 하였다(1권 제2부 제3조 '집안을 다스림' 참조).

당연하게 여기는데, 그 돈의 반을 수급비들에게 베풀면 이들은 뼈에 사무치는 은혜를 평생토록 잊지 않을 것이다. 다른 수령은 더러운 소문이 퍼지는데 나는 반대로 어진 소문이 퍼지게 되면, 이해득실이 어떠하겠는가? 교체되어 돌아오는 날 고을의 남문 밖에서 기생은 좋아라 웃고, 수급비는 눈물을 흘리며 울어야 현명한 수령이라고 할 수 있다. ○ 예안禮安[25]의 현감을 지낸 한광전韓光傳[26]이 일찍이 여러 고을을 다스렸는데 방자와 수급비에게 은혜와 사랑이 유달리 두터웠던바, 교체되어 돌아가는 날에 그들이 목이 메도록 울었다 한다.

음행을 한 여자를 속공(屬公, 관청의 노비로 삼음)하는 법은 우리나라 법전에도 보이지 않고 『대명률』에도 보이지 않는다. 옛날에 음란한 짓을 한 여자를 그 남편이 잡아와서 정말로 속공시키기를 원하면 들어주었다. 근래에는 수령들이 법을 무시하고 무릇 시골 백성이 아내를 빼앗겼다고 호소하는 경우, 그 여자가 붙잡혀 왔을 때 남편이 아무리 진정으로 다시 결합하기를 소원해도 모두 속공한다. 심지어는 동네에서 몰래 간통한 여자를 관비나 기생으로 하여금 밀고하도록 하여 강제로 속공을 시켜 관비로 삼는다. 사실인지 아닌지 애매하여 억울한 자들 또한 허다하다. 대개 예쁘장한 관기는 수령이 돌아갈 때 하나씩 데리고 가, 기적妓籍에 오른 관기의 숫자가 날로 줄어들므로 이를 채우려고 하기 때문이다. 또 『대명률』을 보면 무릇 양인 여자를 사서 창기를 삼는 것에 대해 율례律例가 지극히 엄한데[27] 수령이 기생을 데리고 가버린 경우 그 대신으로 양인 여자

25 예안禮安: 지금의 경상북도 안동시에 소속된 고을 이름.

26 한광전韓光傳: 자는 경선景善. 다산의 부친 정재원을 비롯하여 이삼환李森煥, 정범조丁範祖 등과 교유했다. 자세한 행적은 알려지지 않았다.

를 사서 기생을 삼지 않으면 달리 구할 수가 없다. 속비대구贖婢代口[28]의 법은 『대명률』의 율례와 서로 모순되니 시행할 수가 없다. ○ 무릇 속공되는 비婢는 한번 장부에 오르면 그 자녀도 모두 관노비가 되니 어진 사람의 정사라면 경솔히 행해서는 안 된다. 만일 본 남편이 참으로 원하거나 여자 본인이 스스로 원하는 경우가 아니면 속공해서는 안 된다.

『대전통편』에 "강도의 처와 딸은 속공하여 노비로 삼는다"라는 조문[29]이 있으나 이 법은 근래 쓰지 않고 있다. 이 모두 벼슬아치들이 법률책을 읽지 않기 때문이다. 『주례』를 보면 "사려司厲는 도적 다스리는 일을 맡는다. 도적에 연좌되어 노비가 된 경우 남자는 죄례罪隸[30]에 소속시키고 여자는 용고舂槀[31]에 소속시킨다"라고 했다. 이 법은 본래 성인의 경전에서 나온 바니 마땅히 닦아서 행해야 할 것이다.

시동侍童이 어리면 수령은 마땅히 보살펴 죄를 짓더라도 가장 낮은 벌을 받게 마음을 써야 할 터이지만, 이미 장성한 자는 다른 아전과 같이 대해야 한다.

---

27 『대명률·형률刑律·범간犯姦·매량위창買良爲娼』에 "무릇 창우娼優·악인樂人은 양인 자녀를 사서 창우를 삼거나, 취해서 처첩을 삼거나, 혹은 길러서 기녀를 삼는 자는 장100대를 친다"라고 규정되어 있다.

28 속비대구贖婢代口: 노비가 자기 대신 다른 사람을 노비로 보내고 자신은 면천이 되는 것을 뜻한다. 대구속신代口贖身과 같은 의미이다. 원주에 이 규정은 "『대전통편』에 보인다"라고 나와 있는데 앞서 반포된 『속대전』에도 보인다.

29 『대전통편·형전刑典·장도贓盜』.

30 죄례罪隸: 큰 죄인의 가속으로 노비가 된 남자를 관장하는 직책.

31 용고舂槀: 용인舂人과 고인槀人. 죄인의 가속으로 노비가 된 여자를 관장하는 직책.

시동이란 통인通引, 혹은 지인知印이라고도 일컫는다. 이들이 부리는 농간으로는 위조문서에 도장을 훔쳐서 찍는 행위, 과강科講[32]에 공첩空帖[33]을 훔치는 행위, 시장試場[34]【백일장白日場이다】에서 방권房卷[35]을 바꿔치기 하는 행위 등이다. 대저 이들은 수령의 동정을 엿보아 바깥에 퍼뜨리는가 하면 교묘한 유언을 만들어 헐뜯고 고자질하기도 한다. 하찮은 것들이라 하여 소홀히 넘겨서는 안 된다. 다만 아직 나이 어린 시동에게는 벌을 주더라도 태형으로 그쳐야 한다. 요즈음 수령들은 곤장 치기를 좋아하는데 이는 아주 옳지 못하다. ○ 통인 중에 장성한 자를 지통통인紙筒通引이라 부른다. 이네들은 절에서 달마다 바치는 지물紙物을 퇴짜 놓아서 위엄을 세우려 드니 단속하지 않으면 안 된다. 산청현山淸縣의 우두머리 통인은 지승紙僧[36]을 곤장을 쳐서 죽였는데 검안檢案[37]에 결곤決棍[38]을 절곤折困이라고 고쳐 써서 이 때문에 옥사가 오랫동안 해결되지 않았다. 연암燕巖 박지원朴趾源은 이 사건의 조사보고서에서 "결決과 절折의 발음을 통용하는 것은 상민들의 버릇이요 곤棍을 곤困으로 혼동하는 것은 무식의 소치이다"[39]라고 지적하여, 마침내 옥사의 진상이 밝혀졌다. 이런

32 과강科講: 소과초시小科初試에 앞서 각 고을에서 시행하던 예비시험인 조흘강照訖講을 가리킨다. 수령이 주재하여 사서四書의 암송으로 시험을 시행하였다고 한다.

33 공첩公貼: 조흘첩照訖帖. 조흘강 합격자에게 주는 증서. 『대전통편·예전禮典·제과諸科』에 나온다.

34 시장試場: 지방 고을에서 유생들의 글공부를 장려하기 위해 시행했던 글짓기 시험을 가리킨다.

35 방권房卷: 답안지를 가리키는 듯함.

36 지승紙僧: 지장승려紙匠僧侶의 준말. 절에서 종이를 만드는 중. 당시에 관에서 입역立役·부역賦役의 형태로 사찰의 승려를 종이를 만드는 노동에 동원하는 것이 관행이었다.

37 검안檢案: 살인사건이 발생했을 때 시체의 상태와 특징, 피살자의 가족·친척·이웃 등의 참고 진술, 증인의 증언, 가해자의 진술 등을 기록하여 올리는 보고서.

38 결곤決棍: 곤장형을 집행하는 것.

사례를 보건대 통인들을 소홀히 다루어서는 안 된다.

---

39 이는 『연암집·답순사밀양의옥서答巡使密陽疑獄書』에 실려 있다. 『연암집』에는 밀양부의 통인 윤량준尹良俊이 일으킨 사건으로 나와 있는데 『목민심서』에는 산청현 우두머리 통인이 범한 일로 되어 있다. 다산이 『목민심서』에서 인용하면서 착오가 있었던 것으로 추정된다.

제3조 사람 쓰기

用人

나라를 다스리는 일은 사람 쓰기에 달려 있다. 군현은 비록 규모가 작지만 사람 쓰는 일은 다르지 않다.

자유子游[1]가 무성武城이란 곳의 원으로 있을 때 공자가 "쓸 만한 사람을 얻었느냐"라고 물었다. 자유는 "담대멸명澹臺滅明이란 사람이 있는데 샛길로 다니지 않고 공사가 아니면 제 방에 들어오는 일이 없습니다"라고 대답하였다. 지금 사람들이 담대명멸을 읍내의 한 민간인쯤으로 여기지만 그렇지 않은 것 같다. 자유가 담대명멸을 얻어 보좌관으로 삼은 것은 후세의 주부主簿나 위尉[2]이며, 우리나라로 말하면 향승【지금의 향소鄕所[3]이다】에 해당하는 것이다. 공자가 쓸 만한 사람을 얻었느냐고 물어 자유가 이와 같이 대답한 것이다. 만약 읍내 민간인 중에서 일반적으로 어진 사람 하나를 발견했다면 쓸 만한 사람을 얻었다고 대답하지는 않았을 것이요, 칭찬하더라도 사심이 없고 공을 앞세운다고만 말했을 터이다. 샛

1 자유子游: 중국 춘추시대 인물로 공자의 제자. 성은 언言, 이름은 언偃이고 자유는 자이다. 여기 내용은 『논어·옹야雍也』에 나온다.

2 위尉: 현에 있는 관리로 도적을 잡는 일과 부정의 사찰을 맡았다.

3 향소鄕所: 유향소留鄕所라고도 한다. 일차적 의미는 지방 고을 수령을 보좌하는 좌수·별감別監이 있는 처소를 가리키는데, 좌수·별감을 지칭하는 말로도 쓰인다.

길로 다니지 않는다 함은 곁문이나 옆길을 통해 관아에 출입하지 않는다는 뜻이며, 공사가 아니면 들어오지 않는다 한 것은 오직 나랏일과 백성의 일로만 들어와서 의논한다는 뜻이다. 곧 향승이 아니고 무엇이겠는가? 사람됨의 옳고 그름을 분별하여 향정鄕亭[4]의 직책을 맡기려 하는 사람은 이 대목을 깊이 새겨야 할 것이다.

노나라 중궁仲弓[5]이 계씨季氏[6]의 가신家臣이 되었을 때 정사하는 법을 묻자, 공자는 어진 사람을 등용하는 일에 힘쓰라고 하였다. 무릇 나라를 다스리는 사람은 반드시 어진 사람을 기용하는 것을 가장 급선무로 생각해야 한다. 원리에는 크고 작음이 없으니, 소 잡는 칼로 닭을 잡을 수도 있다. 향승과 군교, 여러 아전에서부터 풍헌과 약정에 이르기까지 하나같이 쓸 만한 사람을 얻는 데 힘써 소홀히 하지 말아야 한다.

복자천宓子賤[7]이 선보單父 땅을 다스릴 때 그 고장에는 스승으로 섬기는 사람도 있었고 친구로 사귀는 사람도 있었고 부리는 사람도 있었다. 그가 현악기를 타고 정당 아래로 내려서지 않아도 선보가 잘 다스려졌다. 무마기巫馬期[8] 역시 선보를 다스렸는데 아침 일찍 나와서 밤늦게 들어가고, 밤낮으로 앉지 않고 몸소 일을 돌보아 선보가 잘 다스려졌다. 무마기가 복자천에게 서로 다른 까닭을 물었더니 복자천이 이렇게 대답했

4 향정鄕亭: 지방도로의 각 요소에 설치된 것으로, 연락·숙박·감시 등의 기능을 했다. 10리는 1정, 10정은 1향이다.

5 중궁仲弓: 중국 춘추시대 인물로 공자의 제자. 이름은 염옹冉雍, 중궁仲弓은 그의 자이다.

6 계씨季氏: 중국 춘추시대 노나라의 계손씨季孫氏. 노나라의 국정을 장악한 가문의 하나였다.

7 복자천宓子賤: 중국 춘추시대 공자의 제자. 이름은 복불제宓不齊. 자천子賤은 그의 자이다.

8 무마기巫馬期: 중국 춘추시대 사람으로 역시 공자의 제자. 자는 자기子期 혹은 자기子旗, 성명은 무마시巫馬施인데 여기서 무마기라 한 것은 무마라는 복성에다 자의 기期를 붙인 것으로 여겨진다.

다. "나는 사람에게 맡겼고 그대는 자신의 노력에 맡겼다고 할 것이다. 노력에 맡기면 고되고 사람에게 맡기면 편하다."【『설원說苑』에 나와 있다】

향소는 수령의 보좌인이다. 반드시 고을에서 가장 훌륭한 사람을 골라 이 직책을 맡겨야 한다.

성호 선생은 이렇게 말했다. "요새 수령을 보좌하는 직책으로 좌수와 별감이 있는데, 이를 향소라고 한다. 처음 이 제도를 만들 때는 좋은 것이었다. 옛날에는 향소가 있고 또 그 고을 출신으로 서울에 사는 사람을 골라 고을의 일을 잘 돌보고 주선하도록 하는 경소京所[9]도 있었다. 경소라는 이름은 『미암일기眉巖日記』[10]에 보인다【『하담록荷潭錄』[11]】. 세종대왕이 충녕대군忠寧大君으로 있을 때 함흥의 경소를 맡았다. 또 『송와잡록松窩雜錄』에는 '동래부사가 향소를 처벌하기 위해 경소에 알리고 직임을 바꿀 것을 청했다. 그때 정광필鄭光弼[12]이 경소의 당상堂上으로 있었다'라고 나

---

9 경소京所: 경재소京在所. 15세기 초 지방의 유향소를 장악하기 위하여 설치한 중앙의 기구. 세종 17년(1435)에 정비 보강된 제도에 의하면 각 고을의 경재소에 그 고을과 연고가 있는 벼슬아치 중에서 좌수 1명, 참상별감參上別監 2명, 참외별감參外別監 2명을 두었다. 연고의 범위는 다음과 같다. 2품 이상은 8향, 즉 부父의 내외향內外鄉, 모母의 내외향, 조祖의 외향, 증조曾祖의 외향, 처妻의 내외향이고 6품 이상은 앞에서 처의 내외향을 뺀 6향이고, 참외參外는 앞에서 증조와 조의 외향까지를 뺀 4향이고, 무직의관자제는 부모의 내향인 2향이었다. 경재소는 그 고을 유향소 품관들의 작폐를 감독하고 동시에 그 고을의 공무를 장악하였으나 수령의 행정에는 일체 관여할 수 없었다. 고려의 사심관제도事審官制度가 조선조에 들어와 경재소와 유향소로 분화된 셈이다. 임진왜란 이후로 양반 주도의 지방 통치가 확립되면서 경재소는 혁파되었다.

10 『미암일기眉巖日記』: 조선 중기의 문신인 유희춘柳希春의 일기. 1567년부터 1577년까지 대단히 방대한 분량의 일기로 사료적 가치가 높다. 보물 제260호로 지정되었으며, 원본은 전라남도 담양군에 있는 후손들의 모현관慕賢館에 보관되어 있다.

11 『하담록荷潭錄』: 조선 후기 문신 김시양(金時讓, 1581~1643)의 『하담일기荷潭日記』를 일컬음.

와 있다. 당시에는 향소가 잘못이 있더라도 수령이 마음대로 바꾸거나 함부로 벌을 줄 수가 없었던 것이다. 지금 옛 제도를 다시 다듬어서 그 능력을 시험하여 발탁하는 길을 열면 필시 도움 되는 바가 있을 것이다."

案 지금은 오직 안동부만 사대부가 향소를 맡고 있다.

선조先祖 말년에 어느 서원書院의 원장院長 이 모가 안동 좌수의 첫 번째 물망에 오르고 승지 김한동金翰東[13]은 이미 전라감사를 지냈는데도 두 번째 물망에 올랐다. 이것이 옛 법이었으니, 옛날에는 8도가 전부 그러했다. 후세에 모두 무너지고 오직 안동부만이 옛 제도를 지키고 있는 것으로 안동이 홀로 만든 특별한 제도가 아니다. 대저 수령의 직책에는 백성의 생명이 달려 있으니 수령 한 사람이 횡포를 부리면 온 백성이 다 구렁에 쓰러지게 된다. 그러므로 수령을 감사에게 순찰하도록 하고 도사에게 감독하게 하는 한편, 고을의 명사를 택하여 향소에 있도록 하고 중앙의 대신을 명하여 경소에 있도록 한 것이다. 그래서 양측이 연계하여 통제해 수령으로 하여금 나쁜 짓을 못하게 하였다. 충녕대군은 본향이 함흥이었고 정광필은 본관이 동래였다. 지금 경소 제도는 다시 복구할 수 없다 하더라도 향소는 필히 안동부처럼 명사를 기용해야 한다. 그러나 이는 조정의 법령이 있어야만 가능한 것이다.

김우석金禹錫[14]이 안동부사로 있을 때 일이다. 안동은 예로부터 향임

---

12 정광필鄭光弼, 1462~1538 : 자는 사훈士勛, 호는 수부守夫, 본관은 동래東萊, 시호는 문익文翼이다. 벼슬은 영의정에 이르렀다. 기묘사화 때 일시 파직되었으나 다시 등용되었고, 중종中宗의 배향신配享臣이 되었다.

13 김한동金翰東, 1740~1811 : 자는 한지翰之. 호는 와은臥隱, 본관은 의성義城이다. 벼슬이 승지에 이르렀고 1801년에 천주교도로 몰려 함경도 명천에 유배되었다가 1805년에 풀려났다.

14 김우석金禹錫, 1625~1691 : 자는 하경夏卿, 호는 귀래당歸來堂, 본관은 상산商山이다. 황해

의 선택을 중시해왔는데 중년부터 점점 가볍게 되었다. 김우석은 안동부에 부임하자 학봉鶴峰 김성일金誠一의 손자인 김규金烓가 평소 향중의 신망을 얻고 있음을 알고 그를 좌수에 임명하였다. 당시 김규의 나이 70세가 넘었는데 곧 나아가서 부사를 만나보았다. 그리고 나와서 사람들에게 "우리 성주의 정사가 깨끗하여 실로 내 뜻에 맞거늘 내 어찌 명에 응하지 않겠는가"라고 했다. 이는 여남汝南과 남양南陽 두 지역에서 태수가 범맹박范孟博[15]과 잠공효岑公孝[16]를 불러 흔쾌히 고을의 정사에 참여하도록 한 고사에 비견된다. 김우석이 정사에 임하는 도리를 여기서 볼 수 있다.

좌수란 향청鄕廳의 수석이다. 실로 적합한 인물을 얻지 못하면 모든 일이 잘 다스려지지 못할 것이다.

부임한 지 한 달쯤 지난 다음 좌수를 그대로 둘 만하면 두고, 그렇지 않으면 향중에서 인망이 있는 사람으로 바꾸도록 할 것이다. ○ 명을 내리되 "전에 향청의 직을 지내고도 수석에 오르지 못한 사람은 내일 나와서 기다리라"라고 한다. 그네들이 오면 정당에서 만나 "본관은 일찍이 좌수를 지낸 사람 중에서 새로 좌수를 임명하고자 하니, 그대들은 일체 떠들지 말고 문의하지도 말고 입을 다물고서 후보자의 이름 밑에 표시를

도 관찰사와 형조판서를 거쳐 도승지를 지냈다. 사신으로 청나라를 다녀온 바 있다.

15 범맹박范孟博, 137~169: 중국 후한 때 인물인 범방范滂. 하남성 여남汝南 사람으로 맹박孟博은 그의 자이다. 종자宗資가 여남태수로 부임하자 범맹박을 불러 공조功曹로 삼고 정사를 위임했던바 치적이 있었다.

16 잠공효岑公孝: 중국 후한 때 인물인 잠질岑晊. 공효公孝는 그의 자이다. 남양南陽 역시 하남성의 고을인데 성진成瑨이 남양태수로 부임해 그를 초빙하여 공조로 삼고 정사를 일임했던바 호족들을 억누르고 맑은 행정을 폈다.

하시오"라고 지시한다. ○ 그러고는 종이 한 장에다 좌수를 지낸 사람들의 이름을 모두 쓰고, 차례로 표시하게 하여 제일 많이 받은 사람을 좌수로 임명하며, 차점자를 부승副丞에 임명하여 좌수가 자리를 비울 때 부승이 대신하게 한다. ○ 좌수는 향대승鄕大丞이라 하는 것이 좋고 별감은 좌우부승左右副丞이라 하는 것이 좋다. 모두 종사랑從仕郞[17]의 품계를 주고 해마다 공적을 평가하여 감사나 어사로 하여금 식년式年[18]에 각각 9명씩을 추천하게 하고 그 가운데 3명을 뽑아 경관京官으로 임명하면 갈고 닦아서 명성과 품행을 갖춘 사람이 반드시 그 속에서 나올 것이다. 이는 정부에서 강구해야 할 일이다. 황해도와 평안도의 다섯 영장營將[19]의 중군中軍[20]들도 모두 수령과 같이 고과하는데 향관만 왜 그렇게 하지 않을 것인가【중국의 승丞·위尉·주부主簿도 모두 고과를 한다】.

『북사北史』에 육발陸馛[21]이 상주湘州를 다스릴 때 노인으로 어질고 덕이 있는 사람 10명을 예우하여 정사를 자문하였는데 이들을 10선善이라 불렀다. 이에 농간이 드러나고 부정이 밝혀져서 감히 겁탈하고 도적질하는 일이 없어졌다.

완평군完平君 이원익李元翼이 안주목사安州牧使로 있을 때 치적이 제일이었다. 사람들이 정사의 요체를 묻자 그는 "쓸 만한 인재 하나를 얻어 좌

17 종사랑從仕郞: 조선시대 정9품 문관의 품계.
18 식년式年: 과거시험이 있는 해. 3년에 한 번 돌아오는데 간지干支로 자子·묘卯·오午·유酉가 되는 해로, 이 해를 식년이라 한다.
19 다섯 영장營將: 영장이란 각 도의 군사적 요충지에 설치한 영營의 장을 일컫는다. 평안도와 황해도에 5영이 있었던 것으로 추정된다.
20 중군中軍: 여기서는 영장의 부관.
21 육발陸馛, ?~474: 중국 남북조시대 북위 때 사람. 시호는 정貞이다. 뒤에 건안왕建安王에 봉해졌다. 지혜가 많기로 이름났고 상주자사로서 치적이 유명하다.

수로 삼아 모든 일을 그에게 물어서 시행하고 있소. 나는 오직 결재만 할 따름이라오"라고 대답했다.

좌우별감은 좌수의 다음 자리이다. 마땅히 쓸 만한 사람을 골라 모든 정사를 의논해야 한다.

『임관정요臨官政要』에 "좌수는 이방과 병방의 업무를 관장하고, 좌별감은 호방과 예방의 업무를 관장하며, 우별감은 형방과 공방의 업무를 관장한다"라고 하였다. 案 이것은 각 도에 통행되는 읍례이다. 황해도와 평안도의 큰 고을에는 또 예방, 병방 등의 이름이 있고 창감倉監, 고감庫監 등이 있어서 더러 10명이 되기도 하지만, 마땅히 6명으로써 육방을 나누어 맡도록 할 것이다. 좌수가 이방을 맡고 수창감首倉監이 호방을 겸하여 맡고 좌별감이 예방을【속칭 관청별감官廳別監이라 한다】 맡고 군창감軍倉監이 병방을 겸해 맡고 우별감이 형방을【속칭 감옥監獄이라 한다】 맡고 고감이 공방을 겸해, 직책을 나누어 맡겨서 각기 관장하도록 한다. 육방의 문서는 모두 이들의 서명을 받게 하여, 무릇 농간하는 일이 있으면 그 죄를 나누어지도록 하면 체모가 엄정해서 지금처럼 혼란하지 않을 것이다. 작은 고을의 재력으로는 많은 인원을 먹여 살리기 어려우니 이렇게 할 수 없을 것이다.

『치현결治縣訣』에서 이렇게 말하였다. "향승과 향감鄕監[22]은 반드시 사람을 잘 골라서 임명해야 할 것이다. 현재 향청에 재직하고 있는 사람들

22 향감鄕監: 전감田監·창감倉監·고감庫監 등을 가리키는 듯함.

에게 각기 3명씩 추천하게 하고 그 명단을 향교에 제출, 권점圈點[23]으로 표시하게 하여 최고 득점자를 택하도록 한다."

○『상산록』에서는 "어떤 면에서 문제가 생기면 으레 여러 사람이 서명한 소장【속칭 등장等狀이라 한다】을 올리는데, 그것을 자세히 살펴보면 쓸 만한 사람을 얻을 수도 있다. 그의 얼굴을 익히고 의견을 들으면서 그 사람됨의 어리석음과 지혜로움, 충성스러움과 간사함을 분별하여 그가 사는 마을과 성명을 기록해둔다. 그리고 향원鄕員[24]과 향교 유생들에게 물어 의견을 종합해보면 그 실상을 파악할 수 있을 것이다. 자리가 생기는 대로 이런 사람으로 채우면 한 달에도 몇 사람을 쓸 수 있고, 반년이 못되어 향청·무청武廳[25]·풍헌·전감田監[26]이 모두 고을의 신망 있는 사람으로 채워질 것이다"라고 했다.

고지주高智周[27]는 진사에 합격하고 여러 관직을 거쳐 비현費縣에 보임되었는데 그곳의 승丞이나 위尉에 있는 사람들의 녹봉이 박한 것을 염려하여 자기의 수입을 골고루 나누어주었다. 이에 정사와 교화가 널리 행해졌다.

한황韓滉[28]은 오랫동안 양절兩浙[29] 지역에 있을 때 그가 불러 쓴 막료들

---

23 권점圈點: 동그라미를 쳐서 표시하는 것. 중앙정부에서도 추천되어 올라온 명단에다 권점으로 표시하는 제도가 있는데 그 방식을 지방에서도 쓴 것이다. 일종의 투표 방식이다.

24 향원鄕員: 향청에서 일하는 사람. 즉 좌수나 별감 등.

25 무청武廳: 여기서는 지방 군현에 있는 군교들의 직무처.

26 전감田監: 농지의 수세收稅 장부를 작성하는 실무자. 제6부 제1조 '전정', 제2조 '세법 상'에서 전감을 별유사別有司라고 밝혀놓기도 했다.

27 고지주高智周, 602~683: 중국 당나라 사람으로 수주자사壽州刺史, 어사대부御史大夫 등을 역임했다.

28 한황韓滉, 723~787: 중국 당나라 때 사람. 자는 태충太沖, 시호는 충숙忠肅이다. 성품이 강직하고 이사吏事에 밝았다. 진해군절도사鎭海軍節度使, 강회전운사江淮轉運使를 지냈다.

이 저마다 장점을 취해서 모두 적임자를 얻었다. 한번은 전부터 아는 사람의 아들이 찾아왔는데, 한황이 그의 능력을 살펴보았으나 장점이라고는 하나도 없었다. 그러나 그를 위해 연회를 베풀었더니 자리가 끝날 때까지 좌우를 둘러보는 법이 없어서 창고문의 감독을 맡겼다. 그가 종일 꼿꼿이 앉아 있어서 이졸들이 감히 함부로 창고에 출입하지 못했다. ○ 각기 장점을 취하면 세상에 버릴 물건이 없다. 이것이 사람 쓰는 법이다.

참으로 쓸 만한 사람을 얻지 못하면 그저 자리를 채울 뿐이니 그런 자에게는 일을 맡기지 말 것이다.

황패는 영천을 다스릴 때 정사의 성취와 안전을 제일로 했다. 수석 아전 허승許丞이 늙고 병든 데다 귀까지 먹어서 독우督郵[30]가 쫓아내고 싶어 아뢰었다. 황패가 "허승은 청렴한 아전이다. 비록 늙었으나 아직 예절을 갖추어 사람을 보내고 맞이할 수 있거늘 귀가 어둡다고 무슨 상관이 있겠는가. 우선 잘 돌보아주시오"라고 하였다. 어떤 사람이 까닭을 묻자, 황패는 "수석 아전을 자주 바꾸면 전임자를 보내고 후임자를 맞이하는데 비용만 들어가고, 간사한 아전이 그 사이를 틈타 장부에 손을 대거나 재물을 훔쳐서 공사 간에 소모가 많다. 게다가 새로 들어온 아전이 반드시 현명하리라는 보장도 없다. 구관이 명관일 수 있다. 무릇 다스리는 도

29 양절兩浙: 지금의 중국 절강성 지역을 절동浙東과 절서浙西로 구분하고 그 전체를 양절이라고 일컬었다.

30 독우督郵: 중국의 행정제도로 태수의 보좌관. 주로 소속 관내를 순찰하면서 관리의 성적을 조사하는 업무를 수행했다.

리는 심한 것만 제거할 뿐이다"라고 대답했다.

『상산록』에서 이렇게 말했다. "수령의 권한은 태형 50대를 넘지 않는다. 오늘날에는 법의 기강이 해이해져서 향청과 이청에서 태형을 셀 수 없이 치고 군관이나 장관도 곤장질이 한도가 없다. 백성들이 어떻게 견디겠는가. 목민관은 마땅히 '향청은 태형 10대를 넘지 못하되 그 고을 사람으로 한정하며【외촌의 백성에게는 허용하지 않는다】, 이청은 태형이 10대를 넘지 못하되 관속에게만 한정하며【일반 백성에게는 허용하지 않는다】, 군관과 장관의 곤장질은 3대를 넘지 못하되 군졸에게만 한정한다【일반 백성에게는 허용하지 않는다】. 이를 어긴 자는 엄하게 다스릴 것이다'라고 약속할 것이다." ○ 수령이 일에 밝지 못하고 스스로 노력하지 않는 자는 정사를 향청에 맡겨서 군송(軍訟, 군역과 관련된 소송)과 부소(賦訴, 부세와 관련된 소송) 등을 모두 사품査稟[31]하게 한다. 그러면 좌수는 아전과 짜고 농간을 부려 뇌물을 받아먹고 사사로운 정을 두거나 간사한 자를 숨겨주고 정직한 자를 무고하기도 한다. 좌수의 권한이 온 고을에 미치는 것은 이 때문이다. '사품'이라는 두 자는 절대 입 밖에 내지 말아야 한다. 부득이 좌수에게 물어야 할 일이 생기면 바로 면전에 불러놓고 묻되 이때 군송과 부소를 낸 백성을 관정에 엎드리게 하고 좌수의 대답을 들어보아 혹시 의심스러운 점이 있으면 백성으로 하여금 스스로 해명할 수 있게 한다. 그러면 일의 조사가 용이하게 되고 백성도 원통해하지 않을 것이다.

매양 보면 간특한 향임이 군송을 사품하라는 지시를 받게 되면 그 송

31 사품査稟: 무슨 사건에 대해서 조사·보고하는 것. 백성이 송사를 하면 수령이 직접 조사해야 하는데 좌수를 시켜 조사해서 아뢰도록 하는 것이다.

사를 한 백성에게 미리 뇌물 수천 푼【수십 냥】을 받고서 첨명簽名[32]에서 제외시켜준다. 그렇지만 군리에게 돌아가는 뇌물은 양이 차지 않기 때문에 실제는 딴 사람으로 바꿔 넣지 않는다. 뒤에 군포를 거두는 때가 되면 저 간특한 향임이 쌀과 포를 준비해서 군리에게 준다. 2년 후에는 그 송사했던 백성에게서 다시 군포를 거둔다. 간특한 향임이 본래 먹은 돈은 수천 푼인데 군리에게 주느라고 토해낸 것은 400푼뿐이다【군포 1필의 값은 200여 푼이 된다】. 이에 송사를 했던 백성이 놀라서 호소하면 간특한 향임과 교활한 아전이 서로 미루고 핑계를 댄다. 그 백성이 다시 수령에게 제소하려 하면 호랑이 같은 문졸이 있어서 맥없이 돌아갈 따름이다. 이런 따위는 향리에게 늘 있는 일이다. 수령이 이런 사실을 알고서야 사품 두 자를 입 밖에 낼 수 있겠는가.

무릇 수령이 업무를 잘 보면 좌수는 한가함을 이기지 못해서 장기나 바둑으로 소일하거나 하품을 하고 낮잠을 잔다. 열흘쯤이면 좌수가 휴가를 청하고 한 달이 지나면 그만두겠다고 나와야 현명한 수령이다. 비록 그래도 2년의 임기를 채우기 전에 교체해서는 안 된다. ○ 그러나 좌수들의 체모가 지나치게 게으르고 소홀해 보여서는 옳지 않다. 허물이 있으면 응당 일깨워 물러나게 하며, 죄가 큰 경우에는 필히 먼저 해직을 시키고 나서 잡아들이도록 명한다. 형을 주면 필히 감영에 보고하고 매질은 경솔히 시행하지 말며, 그들의 체면을 존중하여 염치를 기르도록 할 것이다. 어지럽게 매질을 해놓고 다시 공직을 보게 하여 예속禮俗을 문란케 하는 일은 없어야 한다.

---

32 첨명簽名: 군역의 해당자를 명단에 올리는 것. 즉 군적에 이름이 오르는 것이다.

아첨을 잘하는 사람은 충성스럽지 않고, 간하는 말을 잘하는 사람은 배반하지 않는다. 이 점을 잘 살피면 실수하는 일이 적다.

『다산필담』에서 말하였다. "지위는 비록 낮지만 현령에게도 다스리는 자로서의 도리가 있다. 힘써 아첨을 물리치고 간쟁을 흡족히 받아들이고자 노력해야 한다. 아전과 노비들은 지위가 낮아 감히 간언을 하기 어렵고 아첨하기도 쉽지 않다. 오직 좌수나 우두머리 군교 등은 수령의 안색을 살펴서 제대로 말할 수 있다. 아첨으로 비위를 맞추어 수령을 악으로 유도하고, 비방하는 말이 들끓어도 '칭송이 고을에 자자하다'라고 하며, 수령이 쫓겨날 기미가 있어도 오히려 '오랫동안 재임하실 것이니 염려 없다'라고 하면, 수령은 기뻐하여 이 사람만이 충성스럽다고 여긴다. 그러다가 감영의 책망하는 문서가 이미 와 있는 줄도 모르고 갑자기 조사를 당하게 되면, 어제까지 면전에서 아첨하던 자가 나서서 비행의 증인이 되어 작은 잘못까지도 들추어낸다. 혹시 조용히 덮어주려는 자가 있다면 그는 이전에 바른 말을 하여 귀찮게 여겨지던 사람이다. 수령 된 사람은 모름지기 크게 반성해야 한다."

후한의 동회童恢[33]는 낭야瑯琊의 고막현姑幕縣 사람으로 젊어서 지방의 관리로 있었다. 사도司徒 양사楊賜[34]는 동회가 법을 집행하는 것이 청렴하고 공평하다는 말을 듣고 그를 불러 기용하였다. 양사가 탄핵을 받고 면

---

33 동회童恢: 중국 후한 때 사람. 자는 한종漢宗이다. 주군州郡의 관리를 거쳐 단양태수丹陽太守가 되었다.

직되자 아전들은 모두 버리고 떠났으나, 동회 홀로 대궐로 나아가 따져서 그것이 받아들여졌다. 이에 아전들은 다시 관청으로 다 돌아왔으나 동회는 지팡이를 짚고 떠나갔다. 사람들이 그를 아름답게 여겼다.

장악長樂 땅의 진희영陳希穎이 과주果州의 호조戶曹[35]로 있을 때 일이다. 그곳에 청렴하지 못한 세관稅官이 있었는데, 동료들은 이를 갈고 상대하지 않았지만 진희영은 종종 대의를 들어 타일러 뉘우칠 것을 기대했으나 결국 틈이 생겼다. 뒤에 그 세관이 임기가 차서 떠나려 하자 청리廳吏가 탐묵장貪墨狀[36]을 가지고 군에 가서 "행장 꾸러미에 각각 번호가 있는데 어느 번호의 꾸러미에는 모두 금이 들었다"라고 고발했다. 군에서 이 일을 진희영에게 조사하도록 하였다. 진희영은 명을 받고서 좋아하지 않는 기색으로 "재직하고 있을 때 경계하여 다스리지 못해 마침내 농간을 부리도록 두었다가 지금 떠나려 하자 간교하게 해치려 들다니 이것이 옳은 처사인가?"라고 말했다. 그리고 세관에게 사람을 보내 몰래 알려주었다. 이에 세관이 꾸러미의 번호를 바꾸어놓아서 마침내 무사할 수 있었다.

○ 막료들에게도 신하의 도리가 있다. 무릇 신하로서 간하는 말을 할 수 있는 자는 군주를 배반하지 않는다. 남의 윗사람 된 자는 마땅히 이 이치를 알아야 할 것이다.

---

34 양사楊賜, ?~185 : 중국 후한 때 사람. 자는 백헌伯獻이다. 시중侍中·태위太尉·사공司空을 역임하였다.

35 호조戶曹 : 중국의 지방 관아에서 백성의 호구에 관한 사무를 관장한 관리를 가리키는 말.

36 탐묵장貪墨狀 : 탐묵은 관리가 뇌물 받기를 좋아하는 행위를 이르는 말. 탐묵장은 이런 행위를 적발하여 고발하는 문서.

풍헌·약정은 모두 향승이 천거하는데 적당한 사람을 천거하지 않았으면 향승의 차첩(差帖, 임명장)을 거두어야 한다.

무릇 향청의 천거는 오로지 뇌물로 이루어진다. 뇌물을 바치고 천거되기를 노리는 자들이란 으레 간사한 부류들이다. 농사를 철폐하고 술 마시기를 업으로 삼으며 읍내를 출입하면서 오랫동안 농간질을 하여 백성에게 좀이 된 자들이다. 매양 풍헌·약정을 임명함에 있어서는 향승을 신칙하되 "마음을 다 써서 좋은 사람을 택해야 할 것이다. 참으로 합당한 사람이 아니면 수령은 응당 너의 차첩을 거두어들일 것이다"라고 단속한다. 이같이 신칙하였는데도 합당한 사람을 천거하지 않았을 경우 약속과 같이 실행해야 한다. ○ 시골의 미천한 사람들은 흔히 풍헌을 좋은 직임으로 여겨 풍헌·약정에 새로 임명된 자가 쫓겨나더라도 향승의 차첩을 거두어들이지 않으면 먹은 뇌물을 토해내지 않으므로 수령의 명이 아무리 엄해도 끝내 옳은 사람을 택할 수 없게 된다. 그러므로 향승의 차첩을 거두는 것이 옳은 사람을 택하는 묘법이다. ○ 풍헌을 존위尊位라고도 부른다. 읍례가 여러 가지로 달라서 군보軍保의 첨정簽丁을 풍헌이 하기도 하고 약정이 하기도 한다. 첨정하는 권한을 쥔 자는 마을을 두루 돌아다니며 마음대로 토색질을 벌인다. 어린아이가 태어났다 하면 이름을 바로 군적에 올리고 꼽추가 새로 이사 와서 살면 먼저 그의 파기疤記[37]를 기록에 올린다. 이런 짓을 응당 별도로 염탐하여 그 실상을 파악해 법에 따라

37 파기疤記: 16~60세까지의 군역 의무자 명단인 군안軍案에는 각자의 얼굴 특징을 같이 기록하였는데 이를 파기라고 하였다.

중하게 처벌해야 한다. ○ 또 이들은 군전軍錢과 부전賦錢을 모두 제 목구멍에 넘기고 포흠이 무거워지게 되면 민간에 다시 징수한다. 그것이 1년에도 수만 푼에서 내려가지 않는다. 이 모두 간악한 향임과 교활한 아전이 함께 농간을 부려서 도둑질을 하여 나누어 먹는 방식이다. 풍헌과 약정을 차출하는 날에 좌수와 군리를 불러서 단속하되 "이 사람이 포흠을 지게 되면 좌수는 잘못 천거한 허물을 지고 군리는 부정을 숨겨준 죄를 져서 당연히 두 사람이 그 포흠을 기어이 보충하도록 할 것이다. 나는 식언하지 않는다. 또한 백성들에게 다시 거두는 일은 결단코 없을 것이다"라고 거듭거듭 신칙할 것이며, 포흠한 일이 발각되면 곧 약속한 대로 실행할 것이다.

남쪽 지방에는 소위 연분별유사年分別有司가 있어서 전결田結을 관장하고 수단별유사收單別有司가 있어서 호적을 관장한다. 황해도와 평안도에는 향장鄕長이나 방유사坊有司가 있고 남쪽 지방에는 집강執綱과 계유사契有司가 있는 등 자질구레한 명목들을 이루 다 기록할 수가 없다. 하나라도 명목만 있으면 그것이 곧 백성들을 침학하고 촌락에 해를 끼치게 되니 없앨 만한 것은 없애고 그냥 두어도 될 것은 마땅한 사람을 골라서 맡기되 그 공과 죄를 따져야 할 것이다. 대체로 백성 다스리는 이치는 마땅한 사람을 골라 쓰는 데 있다. 비록 말단 소임일지라도 반드시 현명한 사람을 뽑아 쓰도록 힘써서 고을 안이 맑고 정돈되어 당우삼대唐虞三代[38]의 기상이 있게 하면 훌륭한 수령이 될 것이다. 이대로 확대해 나가면 천하와 국가도 다스릴 수 있다.

---

38 당우삼대唐虞三代: 중국 고대의 이상적인 시대. 당우는 요순을 가리키며, 삼대는 하·은·주를 가리킨다.

군관이나 장관將官으로 무반의 반열에 서는 자는 모두 굳세고 씩씩하여 적을 막아낼 만한 기색이 있어야 한다.

수교首校가 뇌물을 받고 군관이나 장관을 차임하는 것은 좌수의 경우와 유사하니 신칙하고 차첩을 거두어들이는 것 또한 그대로 해야만 옳은 사람을 구할 수 있을 것이다. 무릇 사람 보는 법은 본래 위엄 있는 모습에 있다. 무인은 용모와 풍채가 더욱 중요하다. 키가 난쟁이 같고 누추하기가 농사꾼 같으며, 물고기 입에 개 이마를 가져 그 모습이 괴상한 사람은 앞에 나란히 세워서 백성들을 대하기 어렵다. 가령 숨 돌릴 수도 없을 만큼 위급한 일이 생겼을 때, 수령이 평소에 관내의 영웅호걸들과 친숙하게 지내지 않았으면 변란에 어떻게 대응할 수 있겠는가? 비록 태평세월에 작은 고을이라도 인재를 모으는 데 마음을 다해야 한다.

한지韓祉가 군현을 맡아 다스릴 때 군교들을 사랑하고 어루만져 함부로 매질하는 일이 없었다. 그는 이르기를 "평화로운 세월이 오래 계속되고 있지만, 내 나이 젊으니 언제 혹 변방을 지키라는 명을 받을지 모른다. 평상시에 성의와 은혜로 군교들과 마음을 맺어두지 않으면, 변란이 생겼을 때 그들의 힘을 얻기 어렵다. 그러므로 나의 성심을 그들 마음속에 심어 위급할 때 저버릴 수 없게 하려는 것이다"라고 했다.

비장裨將[39]을 거느리는 수령은 마땅히 인재를

신중하게 고르되, 충성과 신뢰를 첫째 기준으로 삼고 재주와 능력을 다음으로 해야 한다.

의주·동래·강계·제주의 수령 및 방어사防禦使[40]를 겸한 수령은 모두 감사나 절도사처럼 막하에 비장이 있다. 사대부의 염치와 체모가 날로 무너져서 면전棉廛[41]의 거간꾼이나 땔나무 장시의 장사꾼 중에 일찍이 거래가 있었던 자들이 다 비장으로 뽑혀, 무변武弁이나 경대부卿大夫의 서얼 자식들과 함께 뒤섞여 기생이나 끼고 아전들과 어울려 수령을 속이고 백성을 침학하는 실정이다. 그래서 씻기 어려운 수치를 남기는 수령이 허다하다. 수령은 마땅히 이점을 알아서 필히 깨끗한 바탕에서 충실하고 사무에 밝은 자【중인도 모름지기 세록世祿의 집안에서 취해야 할 것이다】를 취해서 비장으로 삼을 것이다.

번암樊巖 채제공蔡濟恭이 함경감사가 되었을 때 정도길丁道吉을 비장으로 데리고 갔다. 6진鎭 지역에는 세포細布를 징수하는 전례가 있었는데, 세포 1필이 주발 속에 들어갈 만큼 가는 베를 거두어들였다. 이름하여 발내포鉢內布[42]라 하는 것이다. 정도길이 변방 고을에 도착하여 발내포로 가

39 비장裨將: 감사·유수留守·병사·수사 등이 대동하는 보좌하는 사람. 참모 역할을 했다. 의주·동래·제주 같은 변경의 요지에도 비장이 있었다. 비장은 사족의 서얼이 담당하는 것이 관행이었다.

40 방어사防禦使: 『속대전』에 의하면 인조 이래로 경기도·강원도·함경도·평안도에는 종2품 외관직外官職 무관을 두어 위로는 병마절도사의 지휘 감독을 받고 아래로는 중군과 영장을 지휘 감독했다고 한다.

41 면전棉廛: 육의전六矣廛의 하나로서 면포를 판매하는 전포. 은자銀子를 취급하기도 했기 때문에 은목전銀木廛이라고도 하였다.

42 발내포鉢內布: 바리안베. 삼베의 실이 워낙 가늘어서 한 필이 주발에 담겨진다 하여 붙여진 명칭이다. 최고급의 삼베로 함경도의 특산품이었다. 함경도에서 생산되는 삼베는 북

져온 것을 모두 물리치고 "사또께서 다음으로 가는 베를 받아오라 하셨다"라고 말하고, 다음 등급의 베를 거두어왔다. 부중府中의 기생이며, 아전과 군교들이 모두 놀라 "생전에 이렇게 거친 베는 보지 못했다"라고 떠들어 관아의 안팎이 소란했다. 채번암은 속으로 좋게 여기면서도, 짐짓 "그대가 나쁜 베를 받아와 부중의 웃음거리가 되었으니 어찌 이렇게 세상물정에 어둡단 말인가?"라고 탓했다. 정도길은 "제가 아무리 세상물정에 어둡기로 어찌 발내포를 모르겠습니까? 생각건대 사또께서 저를 비장으로 보낸 뜻은 마땅히 전에 거두던 최상급 베를 받아들이지 않게 하기 위해서입니다. 저는 그 덕을 백성에게 널리 펴고자 했습니다. 실로 부중에서 모두 저를 헐뜯는다면 청하옵건대 저는 사직하고 가겠습니다"라고 대답했다. 채번암이 그의 손을 잡으며 "내 비록 맹상군孟嘗君에게는 미치지 못해도 그대는 풍환馮驩보다 못하지 않구나"[43]라고 하고 더욱 후하게 대했다. 부중이 감히 더 말하지 못하였다.

이의준李義駿[44]이 황해감사로 있을 때 윤광우尹光于를 불러 비장으로 삼았다. 당시 해주감영 창고에서 돈 4만 냥이 축났다. 창고 관리자가 예에 따라 돈 400냥을 호방과 비장에게 뇌물로 주고, 창고의 물건들을 장부와 대조 검사하는 날에 발설하지 말도록 부탁했다. 방기房妓가 관례에 따라

포北布라고도 불렀다.

43 맹상군孟嘗君은 중국 전국시대 제나라의 제상을 지낸 인물. 천하의 인재를 불러 모아 식객이 수천 명에 이르렀다. 풍환馮驩은 식객 중의 한 사람으로 설薛 지방에 세를 받으러 나갔다가 그 고장 사람들의 채권을 모두 걷어서 소각해버렸다. 이로 인해서 후일 맹상군이 큰 도움을 받은 바 있었다.

44 이의준李義駿, 1738~1798 : 자는 중명仲命. 본관은 전주이다. 황해감사로 있으면서 주자미가鑄字米價의 강제 징수를 폐지시켰다. 『장릉지莊陵志』를 교정하였고 『존주휘편尊周彙編』을 편찬하였다.

뇌물표를 보이자, 윤광우는 "8월에 순장巡將이 나오는 날에 나는 응당 고발할 터이니, 그때까지 배상하여 보충하는 것이 좋을 것이다. 이 돈도 속히 창고에 넣어 그 100분의 1이라도 충당하는 게 옳다" 하고 물리쳤다. 그리고 더 말하지 않았는데 기한이 되자 과연 축난 돈이 모두 채워졌다.

정대용鄭大容[45]이 전라감사로 있을 때 김동검金東儉을 비장으로 임명하였다. 강진의 서객書客[46]으로 곡물 장부의 농간질하는 법을 상세히 아는 자가 있었다. 내가 어느 날 그에게 조용히 "전주의 호방비장으로 전후 수십 년 동안 아전들의 속임수에 넘어가지 않는 신명이 있다고 일컬어질 사람이 누구인가?"라고 물었더니 그의 대답이 이러했다. "곡식 한 됫박, 저울 눈금 하나도 속일 수 없는 사람은 오직 김동검 하나뿐이고 그 밖에는 들어보지 못했다."

---

45 정대용鄭大容, 1749~1805 : 조선 후기 문신. 자는 도이道以, 호는 기호耆湖, 본관은 동래이다. 한성부판윤漢城府判尹을 거쳐 전라감사로 재임 중에 죽었다.

46 서객書客 : 지방 아전의 일종으로 서원書員의 별칭. 서원은 주로 세무를 담당했다.

제4조 인재 추천

擧賢

인재 추천은 수령의 임무이다. 비록 옛날과 지금의 제도가 다르다 하더라도 인재를 추천하는 일을 잊어서는 안 된다.

요순堯舜 삼왕三王의 법에 태학太學에서 국자國子를 교육하여 세경世卿으로 삼고, 사도司徒는 일반 백성을 가르쳐서 빈흥賓興[1]의 바탕으로 하였으니, 사람을 얻고 쓰는 것은 이 두 길에 의하였다. 한나라 이래로 두 법이 모두 무너지고 오직 군수와 현령으로 하여금 어질고 능력 있는 사람을 찾아 천거하게 하여 조정의 벼슬에 오르게 하였다. 한나라 때에는 좋은 인재를 많이 얻어 삼대에 버금갔다. 수나라, 당나라 이후에는 글재주를 시험하는 과거로 인재를 뽑았다. 세도가 날로 떨어졌지만 그래도 군현에서 재주와 학식이 있는 사람을 해마다 천거하게 하여 이것을 향공鄕貢이라 하였다. 인재를 추천하는 일은 수령의 본무인 것이다. ○ 우리나라에서도 군현에서 인재를 천거하는 법이 있었으나 이제는 유명무실해졌다. 그러나 수령의 직분으로 당연히 해야 할 일이라는 것을 몰라서는 안

1 빈흥賓興: 중국 주대周代에 사인士人을 채용하는 방법. 학교의 생도 중에서 수재秀才를 뽑아 향음주례에서 빈객賓客으로 천거한다. 이 방식을 일종의 향시鄕試로 본 것이다.

된다. 근세에 약천 남구만이 변경 지방을 조사하여 잘잘못을 밝히고 돌아올 때는 반드시 그곳 인재를 추천하였으니, 그 내용이 그가 임금께 올린 장주章奏에 들어 있다. 대신이 인재를 가지고 임금을 섬기는 뜻이 본래 이와 같다. 뜻있는 선비가 백성의 수령이 되면 이 뜻을 어찌 잊을 것인가?

한나라 고조가 조서를 내려 "지금 천하의 지혜롭고 유능한 현자가 있다면 내가 그를 존대하여 현달시킬 것이다. 군수는 여기에 뜻을 두어 밝은 덕으로 칭송받는 사람이 있으면 필히 직접 찾아가 권하여 그를 말에 태워 서울로 보내 상국부相國府에 대령하도록 하라"라고 하였다. ○ 한나라 문제는 군수에게 조서를 내려 "현량賢良하고 곧은 말로 간언을 할 수 있는 사람을 천거하라"라고 하였다. ○ 한나라 무제 초년에 명을 내려 "군국郡國에서 효렴孝廉으로 각각 한 사람씩 천거하라"라고 하였다. 또 조서를 내리기를 "박사博士와 제자弟子[2]를 보충하며, 군국의 현관縣官은 각기 관내에 문학을 좋아하고 어른을 공경하며, 능히 정교政敎를 엄숙히 하고 향리의 풍속을 순후하게 하고 행동이 도리에 어긋나지 않는 것으로 알려진 사람이 있으면 현령, 후상侯相, 현장縣長, 현승縣丞 등은 이천석二千石에게 보고하며, 이천석은 신중히 살펴서 뽑아 계해計偕[3]와 함께 보내 태상太常[4]에 대령하도록 하라"라고 하였다. ○ 한나라 무제는 또 조서를 내

2 박사博士와 제자弟子: 박사는 한나라 때 제도로 교학敎學을 담당한 관직. 제자는 박사의 지도를 받는 학생과 생원生員을 지칭한다. 제자는 제자원弟子員 혹은 박사제자博士弟子라고도 한다. 무제가 오경박사를 설립하고 제자원을 두었다.

3 계해計偕: 중국 한나라 무제 때 아전이나 백성 중의 준수한 사람을 뽑아 조정에 올리게 한 것인데, 매년 군국郡國의 회계리會計吏가 그의 계부計簿를 조정에 바칠 때 동행하게 하였다. 이것이 뒤에 잘못되어 상계上計라 이름하고 또는 조정의 부름을 받아 나아가는 것으로 바뀌었다.

렀다. "십실지읍十室之邑[5]에 반드시 충성스럽고 신뢰할 사람이 있고 세 사람이 같이 가면 그중에 반드시 나의 스승이 있다고 일렀다. 지금 전 군郡에서 한 사람도 천거하지 않으니, 이것은 교화가 아래로 미치지 못하는 데다가 행실을 닦은 군자가 위에 알려지는 통로가 막힌 때문이다. 이천석 관장은 인륜 질서를 세워 장차 숨은 인재를 드러내고 서민을 양육하고 향당鄕黨[6]의 수준을 높이려는 짐의 정책을 어떻게 보좌할 수 있겠는가? 또한 현인을 천거하면 큰 상을 주고 현인을 가로막으면 무서운 형벌을 받게 되는 것이 옛 법이었다. 중이천석中二千石과 예관禮官·박사에 대해 천거하지 않은 죄를 논할 것이다"라고 하였다.

동중서董仲舒는 「대책對策」에서 이렇게 말하였다. "신의 어리석은 생각으로는 열후列侯·군수·이천석으로 하여금 각각 그의 아전이나 백성[7] 중에서 현자를 뽑아 매년 두 사람씩 천거하도록 하여 숙위직宿衛職[8]을 주며, 또한 이를 대신의 능력으로 보아 현자를 천거한 자는 상을 주고 그렇지 않으면 벌을 주도록 해야 합니다. 대체로 이와 같이 하면 제후와 이천석 관리들이 모두 마음을 다하여 어진 인재를 찾을 것이고, 천하의 선비는 관리로 능력을 발휘할 수 있게 됩니다."

송나라 제도는 단양丹陽·오회吳會·회계會稽·오흥吳興 등 네 군郡은 매년 두 사람씩을 천거하고, 나머지 군은 한 사람씩 천거하게 했다. 주州의

---

4 태상太常: 중국 고대의 관명. 태관泰官의 봉상奉常을 한대에 태상으로 바꾸었다. 예의와 제사를 관장했으며, 각급 학교는 태상의 관할 아래 있었다.

5 십실지읍十室之邑: 조그만 고을을 가리키는 말. 『논어·공야장公冶長』에 나온다.

6 향당鄕黨: 지방행정의 하부 단위. 1만 2500집을 향鄕, 500집을 당黨이라고 칭했다.

7 원문은 "이신吏臣"으로 나와 있는데 이민吏民의 오기로 보아 아전과 백성으로 번역했다.

8 숙위직宿衛職: 제왕의 호위를 맡은 직책.

수재와 군의 효렴이 천거를 받고 올라오면 모두 책시策試를 보도록 하는데 천자가 친히 임석하기도 했다. 그리고 공경公卿이 천거한 사람은 모두 이부吏部에 맡겨서 등급대로 임용했다. 무릇 천거를 잘하고 잘못한 데 따라 상벌이 있으며, 과오를 저지른 자에게는 금고형禁錮刑을 가하되 그 기간은 군에 따라 의논해 정했다.

당나라 제도는 학관學館을 경유한 자는 생도, 주현을 경유한 자는 향공이라 하는데, 모두 해당 관아에 보내 등용하거나 돌려보냈다. ○ 보응寶應 2년(763)에 예부시랑 양관楊綰은 "자신이 소개서를 올려 스스로를 천거하게 하는 것은 선왕이 현자를 기다린다고 한 뜻이 아니다. 현에서 주로 천거하도록 하며, 주에서는 그가 통달한 학문을 시험하여 성省으로 보냈다. 현에서 성에 이르기까지 모두 스스로를 천거하는 글을 올리지 않도록 해야 한다"라고 하였다.

송나라 태종 7년(982)에 여러 주에 내린 조서에서 "장리長吏는 천거한 사람을 서울로 보내되 판적版籍[9]이 분명하고 향리의 추천을 받은 자를 취하도록 하라. 따라서 10명을 한 보保[10]로 삼고, 보 안에서 행동이 지나치거나 어긋난 사람이 있으면 연좌하여 천거에 나갈 수 없도록 하라"라고 하였다. ○ 진종眞宗 원년(998)에 밀주密州의 발해관發解官[11]이 사람을 잘못 뽑아 보낸 일로 죄를 받아 벌금을 내게 되었는데 특별히 조서를 내

9 판적版籍: 토지와 호적 또는 토지와 인구를 기록한 장부.

10 보保: 중국 송대의 의용병義勇兵이나 갑甲 또는 향병鄕兵이다. 왕안석의 보갑법保甲法에 의하면 수대에는 다섯 집이 한 보가 되고 보에는 장長이 있으며, 다섯 보가 려閭가 되고, 네 려가 족族이 되어 서로 검찰하게 하였다 한다.

11 발해관發解官: 발해는 중국 당송 때 주현에서 뽑힌 자를 지방관청이 중앙정부에 보내어 시험을 보게 하는 것. 발해관은 그 업무를 담당한 자를 말한다. 명·청 때는 향시에 합격한 사람을 발해라고 불렀다. 해解는 올려보낸다는 뜻이다.

려 직위를 해제하는 데 그치고, 동시에 여러 지방에 조서를 내려서 관리들을 경고하였다.

경서에 밝고 행실이 뛰어난 사람이나 행정 능력을 갖춘 사람을 추천하는 데는 나라의 통상적인 법전이 있다. 한 고을의 선한 인물이 묻혀 있게 두어서는 안 된다.

우리나라에서는 원래 옛 법을 본떠 식년式年이 될 때마다 군현에서 현자를 추천하도록 하고 있지만, 중세 이래로 당파의 대립이 점차 굳어져서 자기 당이 아니면 군현에서 천거한 사람을 쓰지 않고 있다. 그래서 이 법이 마침내 형식화되고 말았다. 그러나 현자를 묻혀 있게 하는 것은 큰 죄이니 비록 기용이 되지 않는다 해도 어찌 천거조차 하지 않을 것인가? 오늘날 군현에서 올리는 추천장에는 으레 "없습니다"라는 말뿐이다. 이 역시 잘못이다. 먼 시골의 한미한 씨족들은 벼슬의 은택을 전혀 받지 못하다가, 한번 천거를 거치면 그 자손들이 두고두고 기리는 바가 될 것이다. 진실로 합당한 인재가 있을진대 어찌 없다고 보고할 일인가? 한 사람에게 모든 것을 갖추기를 기대할 수는 없고, 이치상으로 한 고을에 훌륭한 선비가 없을 수 없으며 10여 호 마을에도 충직한 사람은 있기 마련이다. 그러니 천거하는 일을 그만두어서는 안 될 것이다【오직 영남에서 올라온 천거는 전가銓家[12]에서 때에 따라 수용하고 있다】.

---

12 전가銓家: 전관銓官이라고도 함. 문무관의 전형을 맡아보던 이조와 병조의 관원.

『속대전』에 다음과 같이 규정되어 있다. "각 도의 전함前銜【이미 관직을 역임한 사람을 가리킨다】 및 생진生進[13]【경의經義로 합격한 자를 생원生員, 시부詩賦로 합격한 자를 진사進士라 한다】과 유학幼學[14]【백도白徒】 중에서 재주와 행실이 뚜렷이 드러난 자는 매 식년【자子·오午·묘卯·유酉의 해】의 정초에 온 고을 사람들이 수령에게 보거保擧【고을 사람들이 수령에게 천거하는 것】하며, 수령은 관찰사에게 보고하여 인재를 뽑아서 추천한다【하삼도下三道는 3명을 넘지 못하고, 상오도上五道[15]는 2명을 넘지 못한다】. 혹시 추천된 사람이 명실에 부합하지 않고 연령을 속여 기록한 자는【생원·진사는 30세 이상을 취하고 유학은 40세 이상을 취한다】 죄를 논하여 다스린다." ○ 무릇 추천장을 쓰는 법은 성명을 기록하고 그 밑에 여덟 자로 제목을 달아 주를 붙인다. 즉 "이李 모는 경서를 연구하되 게을리 않고, 친척과 화목하여 법도가 있다"라는 식으로 한다. 또한 이재吏才를 천거함에 있어서는, 한 고을에서 각각 3명을 천거하며 감사는 여러 고을의 천거를 모아 다시 3명을 뽑아 이조에 보고한다. ○ 의당 온 고을의 여론을 수집해서 민심에 흡족토록 해야 허물이 없을 것이다. 내가 보건대 근일에 이런 일 역시 모두 뇌물로 사람을 가려 뽑고

---

13 생진生進: 생원은 고려 공민왕 18년(1369)에 과거제를 개편하여 생긴 생원시生員試에 합격한 사람을 말한다. 생원시의 전신은 고려의 승보시陞補試인데, 조선시대에 와서 진사시進士試와 합쳐서 생원·진사시가 되었다. 초기에는 생원이 진사보다 위였으나 후기에는 진사가 생원보다 위에 있었다. 이들이 성균관의 유생이 되는 것이나, 생원·진사시는 문과 예비고사인 동시에 양반으로서의 신분을 지키기 위해서도 중요한 의미가 있었다. 본래는 생원·진사시를 거쳐야 문과를 응시할 수 있었는데, 뒤에는 이를 거치지 않고도 문과에 응시할 수 있게 되었다. 그리하여 생원과 진사는 중앙 진출보다도 대체로 지방사회의 지배계급을 형성하는 경향을 보였다.

14 유학幼學: 유생儒生과 같은 말로 백도, 즉 벼슬하지 않은 양반을 지칭한다.

15 하삼도下三道·상오도上五道: 하삼도는 충청도·전라도·경상도, 상오도는 함경도·평안도·황해도·강원도·경기도를 일컫는다.

있다. 인심을 잃은 부자들이 효행의 천거에 허다히 들어가니 더 무슨 말을 할 것인가.

과거科擧란 과목科目으로 천거하는 것이다. 지금 법이 아주 허술한데 폐단이 극에 이르면 변하기 마련이다. 사람을 천거하는 일은 수령의 당연한 임무이다.

과科는 과목의 의미이다. 한나라 때에는 현량방정賢良方正의 과, 직언극간直言極諫의 과, 효제역전孝弟力田의 과, 무재이등茂才異等의 과가 있었다. 한나라 무제는 네 과목을 정했던바, 첫째는 덕행이 고상하고 지조가 청백함이요, 둘째는 학문에 통하고 행실이 닦여져서 경서에 정통한 박사요, 셋째는 법령에 밝고 익숙하여 족히 의옥疑獄을 결단함이요, 넷째는 강직하고 씩씩하고 지략이 많아서 재능이 현령을 맡을 만함이다. 또한 재감장수才堪將帥의 과, 문중어사文中御史의 과, 의복醫卜의 과, 천문산수天文算數의 과가 있었다. 수·당 이래로는 시부과詩賦科·명경과明經科와 굉사박학과宏辭博學科가 있었는데, 군현의 장이 천거하면 천거받은 자는 이에 응하여 나아가니 곧 과거라 이름한 것이다. 우리나라의 과거는 본래 과목의 분류가 없었고 천거하는 법도 없었다. 이름은 과거라고 했지만 실은 과거가 아니다. 우리나라에서 이름을 실상에 어긋나게 붙인 것이 두 가지가 있다. 하나는 고과제도로, 스스로 행적을 보고한 후에 그 행적을 고과하는 것이 법임에도 우리나라에서는 보고도 하지 않고 고과를 하고 있다. 다른 하나는 과거제로, 인재를 천거한 후에 과거에 응하는 것이 법임에도 천거하지 않고 응시하고 있다. 이 두 가지는 천하의 웃음거리이다. 오늘날 과거에 폐단이 심하여 문란한 것이 이미 극도에 달했다. 만물이 극에 이르면 필시 변하는 법이요, 공론도 점차 일어나고 있다. 생각건대 결국 군현 천거의 법이 반드시 우리나라에도 들어올 것이다. 수령들은 응당 이 뜻을 알아야 한다.

중국의 과거법은 매우 상세하고 치밀하다. 본떠서 시행하게 되면 천거하는 일은 수령의 직책이다.

명·청의 제도에는 무릇 학정學政을 감독하는 제학提學[16]을 17성省에 각각 1명씩 두며, 임기는 3년으로 한다. 제학은 이부에서 학식이 높은 사람의 성명을 열거하고 황제에게 청해서 간택·등용한다. 봉천부奉天府의 경우 부승府丞이 겸직으로 맡고, 복건성福建省이나 대만臺灣의 경우 순도巡道가 겸직으로 맡는다. 제학이 친히 참석한 상태에서 시험을 치르되, 금년에 세과歲科를 실시하면 명년에는 향시를 실시하고 그 명년에는 회시會試를 실시한다. 시험은 양장兩場으로 하는데, 초장初場에는 사서四書의 글 두 편, 경해經解 두 편으로 하고, 이장二場에는 책策 한 편, 논論 한 편, 오언팔운 배율시五言八韻排律詩 한 수首로 한다. 위의 세 과科를 한 바퀴 돌면 다시 처음으로 돌아가는바 제학은 3년이 되면 교체한다. ○ 여러 현의 교관敎官은 이부에서 선정하여 각사 성省으로 부임하도록 한다. 부신撫臣[17]이 그들의 답안을 살펴 등수를 매기는데 1, 2, 3등에 든 자는 그 부임

16 제학提學: 중국 명나라와 청나라 때 중앙과 지방의 교육을 관장하던 관리로, 향시를 관장하기도 했다.

17 무신撫臣: 순무사巡撫使를 지칭하는 말.

을 인준하고, 4, 5등에 든 자는 돌아가서 학습하여 3년을 기다려 다시 응시하도록 하고, 6등에 든 자는 다른 직으로 보낸다. 부임하는 자는 응시생들을 훈계하여 시험을 보도록 하는데, 사서의 글 한 편, 배율시 한 수, 책과 논 중에 한 편으로 하는 것이 통례이다. 등수를 공정하게 정한 후에 학정의 제학에게 보고한다. 案 우리나라에는 교관도 없고 제학도 없어서 생원의 응시자를 뽑는 일은 오직 군수와 현령이 그 임무를 맡고 있다【거액擧額 분정分定의 법은 뒤의 「과제고科制考」[18]에서 다룰 것이므로 여기서는 생략한다】.

예부칙례禮部則例에 의하면 "봉천부 부학府學에서는 향시의 응시 정원 6명, 승덕현承德縣 현학縣學에서는 정원 7명, 늠생廩生 10명, 증생增生 10명을 뽑아서, 2년에 한 번 공생貢生을 보낸다"[19]라고 하였다. ○ 순천부 부학에서는 정원을 25명, 대흥현大興縣에서는 정원을 25명, 완평현宛平縣에서는 정원을 25명, 늠생 80명, 증생 80명을 뽑아서 1년에 두 번 보낸다. ○ 17성省의 여러 부와 현에서는 정원대로 보내고, 늠생과 증생의 수는 각기 많고 적음의 차이가 있으며, 3년에 한 번 공생을 보내거나 혹은 5년에 한 번 공생을 보내기도 한다【5년에 한 번은 먼 변방의 글이 없는 곳임】. 그리고 동생童生[20]이나 청사靑社[21] 등 여러 명목이 있는데 이들은 공생에 포함되

18 「과제고科制考」: 다산의 저술로 추정되나 동명의 작품은 전하지 않는다. 다만 『경세유표·춘관수제春官修制·선과거지규選科擧之規 2』의 뒷부분에 실린 「치선지액治選之額」에 거액 분정에 관한 내용이 보인다.

19 늠생廩生·증생增生·공생貢生: 중국 명·청대 지방의 각급 학교에 있던 학생의 등급. 늠생은 늠선생원廩膳生員의 준말로 이들에게는 매달 지급하는 월름月廩이 있었다. 증생은 증광생원增廣生員의 준말로 증생이 시험에 1등급으로 합격하면 늠생이 된다. 또한 각 지역의 생원 중 성적이 우수하여 국자감에 입학시켜 공부하도록 한 학생을 공생이라고 한다.

20 동생童生: 각 현에서 시험을 통해 선발해 현학縣學에 입학시킨 학생.

21 청사靑社: 향촌에서 민간 자제를 가르치는 학교를 사학社學이라 했는데 그곳의 학생을 지칭한 말로 추정된다.

지 않는다. 案 오늘날 과거의 폐단을 바로잡는 방법은 오직 응시생의 숫자를 정하는 '정거액定擧額' 세 자에 달려 있다. 정거액을 제도로 실시하면 인재를 뽑는 일이 극히 공명하게 될 것이다. 수령으로서도 마땅히 힘써야 할 일이 아니겠는가.

과거제에서 향공은 비록 국법으로 정해진 것은 아니라도 마땅히 문학하는 선비를 찾아 추천장을 써야 할 것인데, 아무렇게나 해서는 안 된다.

우리나라의 과거제는 고려조부터 시작되었다. 광종光宗(949~975) 때에 시주柴周[22]의 쌍기雙冀[23]가 조사詔使를 따라왔다가 병 때문에 돌아가지 못하고 남아 있게 되어, 그가 과거제의 법을 우리나라에 전한 것이다. 당시에 어찌해서 향거鄕擧 제도를 가르쳐주지 않았는지 알 수가 없다. 중국의 법은 옛날부터 오늘날까지 천거가 있은 연후에 응거(應擧, 과거 응시)가 있다. 우리나라의 제도는 당초에 천거의 절차가 없음에도 외람되게 응거라고 일컫고 있다. 명실이 부합하지 않는 것이 모두 이런 식이다. 이른바 과유科儒라는 부류가 있다. 이들 중에 항우項羽와 패공沛公이라는 제목을 놓고 20운韻으로 '풍진 8년風塵八年'의 글귀[24]를 지으면 곧 재사才士[25]라

22 시주柴周: 중국 오대 때 잠시 세워진 후주後周. 후주의 세종 때부터 시씨柴氏가 나라를 다스렸기 때문에 '시주'라 일컬은 것이다.

23 쌍기雙冀: 중국 후주 사람으로 고려 광종 7년(956)에 사신을 따라 고려에 왔다가 귀화하였다. 광종 9년(958)에 처음으로 과거제를 실시할 때 적극적으로 도왔으며 과거시험을 주재하는 지공거知貢擧를 지냈다.

24 20운韻·풍진 8년風塵八年의 글귀: 과거시험의 형식이 40구에서 짝수 구에 각운이 들어가기 때문에 20운이라고 한 것이다. 과시의 제목은 주로 역사나 경전의 구절에서 나오는

는 일컬음을 받는다. 그 나머지는 송판 필진도松板筆陣圖[26]에 글씨를 연습하여 진체陣體라고 자칭하는바 저들과 서로 손을 바꾸니 이른바 사수寫手[27]이다. 이들만 해도 윗길로 치는 자들이다. 또 그 나머지 부류는 모두가 주먹을 휘두르고 눈을 부라리고 거적자리를 짊어지는가 하면 일산을 들고 나무를 베어 설주를 만들거나 깎아서 창을 만들어 드는데 이름하여 선접군先接軍이니, 수종隨從 혹은 노유奴儒라고도 부르는 것이다. 이런 때문에 과장科場은 난장판이 되어 서로 다투고 짓밟아 사람이 죽기도 한다. 왕왕 시험의 합격자가 이런 부류들 속에서 나온다. 그리고 부호의 자식으로 글자 하나 배우지 않고도 매문매필買文買筆을 하고 뇌물을 바쳐서 합격하는 자가 태반을 차지하는 실정이다. 국가가 인재를 등용하는 길이 오직 이 방법밖에 없거늘 어찌 한심하지 않으랴! ○ 지금도 식년의 가을에 군현에서 부거장(赴擧狀: 과거 응시생 명단)을 써서 경시관京試官에게 올리는데, 이는 옛날 향거 제도에서 유래한 뜻이 아닌가 한다. 수령이 부거장을 작성할 때 과문科文을 잘 지을 수 있는 사람만을 기록에 올리고, 잡스럽고 글도 모르는 자가 과장에 멋대로 들어가는 일을 엄금하여, 선비의

데 가장 대표적인 사례로 항우와 유방이 천하를 놓고 패권을 다툰 고사를 든 것이다. 그 다툼이 8년을 끌었기에 '풍진 8년의 글귀'라 하였다.

25 재사才士: 여기서는 과거시험에 요구되는 문체의 글을 잘 짓는 사람을 가리키는 말. 거벽巨擘이라고도 일컬었다.

26 송판 필진도松版筆陣圖: 송판에 필진도를 연습했다는 뜻으로 여겨진다. 송판은 글씨를 연습하는 판. 필진은 글씨를 쓸 때 운필하는 법을 비유하는 말. 왕희지가 쓴 「필진도후筆陣圖後」가 있으며, 이에 앞서 진晉나라의 위부인衛夫人이 지은 것으로 전하는 「필진도」가 있다.

27 사수寫手: 과거시험에서 글씨를 대신 써주는 사람. 서수라고 칭하기도 했다. 글짓기를 잘하는 사람을 재사(혹은 거벽)라 부르는 데 대해 글씨 잘 쓰는 사람을 사수(혹은 서수)라고 한 것이다.

기풍을 조금이라도 맑게 하고 백성의 재산을 탕진하는 일이 없도록 해야 할 것이다. 큰물이 흘러가는 것을 한 손으로 막을 수야 없겠지만 내 손으로 물결을 밀어서 파도를 더 일으키는 행위는 없어야 할 것이다. 그래야만 내 마음에 부끄러움이 없을 것이다. ○ 과거의 폐단이 이제 극도의 지경에 달했다. 생각건대 장차 변화가 있고 영갑令甲[28]도 나올 터이니, 공사貢士를 천거할 때는 의당 한마음으로 공평하게 해야 할 것이다.

엄종嚴宗[29]이 상고上高의 부조사簿漕使[30]가 되었는데 시관이 없었으므로 그가 과문科文을 교열하느라고 절간에 머물게 되었다. 부잣집 자식이 그 절의 중을 통하여 성의를 표하고자 한다면서 돈 50만을 바치겠다고 전하였다. 엄종이 웃으면서 "그럼, 내가 그 사람을 만나 의논하겠다"라고 하였다. 다음 날 아침에 부잣집 자식이 와서 엄종을 뵈니, 그는 "3년마다의 대비(大比, 식년)에 공경公卿이 과거를 통하여 배출되거늘, 너는 어찌 마음을 잡고 공부에 힘쓰지 않고 뇌물을 써서 벼슬길에 나아가려고 하느냐" 하고 꾸짖었다. 그가 부끄러워 물러갔다. ○ 중국에도 역시 이런 폐단이 없지 않았다.

관내에 경서에 밝고 행실을 돈독히 닦는 선비가 있으면 마땅히 몸소 그를 방문하고 명절에는 존문存問하여 예의를 차려야 할 것이다.

---

28 영갑令甲: 법령의 제1조. 중요한 법령을 이르는 말.
29 엄종嚴宗: 중국 후한 사람. 장제章帝 때 대일조待日詔를 지냈다.
30 부조사簿漕使: 중국 후한 때 관제로 재물·양곡 및 그 문서를 관장하는 관리를 일컫는 말.

무릇 천하를 다스리는 데는 큰 원칙이 네 가지가 있다. 첫째는 친족을 친애하는 것이며, 둘째는 어른을 어른으로 대접하는 것이며, 셋째는 귀한 사람을 귀하게 여기는 것이며, 넷째는 어진 이를 어진 이로 대하는 것이다. 서울과 근기 지방의 문명한 곳에서는 일일이 모두 그렇게 할 수 없지만, 먼 시골에서는 귀한 이와 어진 이에게 경의를 표하는 것이 마땅하다. 비록 평소에 친분이 없더라도 마땅히 찾아뵐 것이며, 명절이 되면 꼭 술과 고기를 보내야 한다. 비록 오두막집에 사는 궁한 선비라도 학행을 닦아 명성이 온 고을에 자자한 인물이라면, 수령은 마땅히 몸소 방문하여 문호를 빛나게 해야 할 것이다. 이것이 백성에게 선을 권하고 장려하는 방도이다.

진중거陳仲擧[31]는 예장태수豫章太守가 되어 도착하자마자 먼저 서유자徐孺子[32]가 있는 곳을 물어 찾아보려고 했다. 고을의 주부가 "뭇사람의 심정은 사또께서 먼저 관아에 드시기를 바라고 있습니다"라고 만류했다. 진중거는 "옛날 무왕武王은 미처 자리를 따사롭게 할 겨를도 없이 상용商容[33]이 사는 마을을 지날 때 경의를 표하였다. 내가 어진 이에게 예를 다함이 무슨 잘못이 있느냐"라고 말했다.

31 진중거陳仲擧, ?~168: 중국 후한 때 사람. 이름은 번蕃이며 중거仲擧는 그의 자이다. 낙안태수樂安太守·태위太尉·태부太傅 등을 역임했다.

32 서유자徐孺子, 97~168: 중국 후한시대에 고상한 선비로 손꼽힌 인물. 이름은 치穉이며, 유자孺子는 그의 자이다.

33 상용商容: 중국 은나라의 명사. 주나라 무왕이 그의 집 앞을 지날 때 경의를 표했던 것은 은의 마지막 임금인 주紂를 쳐서 이긴 직후였다.

제5조 물정을 살핌

察物

수령은 홀로 고립되어 있어서 앉아 있는 그 자리 밖은 모두 나를 속이려 드는 자들이다. 눈이 사방에 밝고 귀가 사방에 통함은 제왕만이 그래야 하는 것이 아니다.

조리 있고 총명한 사람이 목민관으로 부임하여 마음을 다해 잘 다스려지기를 희구해서 9부 54조條[1]를 취해 일마다 살피고 힘써 실행한다면, 한 고을이 잘 다스려졌는지 잘못 다스려졌는지는 물어볼 필요도 없다. 아전들의 간사하고 교활함이 저절로 행하지 못하게 되고, 토호들의 횡포가 저절로 자행되지 못하게 되면, 드러나지 않은 하찮은 잘못은 그냥 덮어두어[2] 만물이 푸근히 안락하도록 하는 게 좋다. 그래도 여전히 아전과

---

1 9부 54조條: 원주에 "진황賑荒은 여기에 들어 있지 않다"라고 나와 있다. 『목민심서』의 전체 체재에서 수령이 부임지에서 준수할 지침은 '부임赴任 6조'와 '해관解官 6조'를 제외한 10부 60조인데 거기에서 '진황賑荒 6조'를 제외한 것이다. 원문에는 '부'가 "강綱"으로 되어 있으나 번역문의 체제에 맞춰 '부'로 수정했다. 곧 『목민심서』의 내용을 학습해서 실천할 것을 강조한 것이다.

2 원문은 "연못 속의 물고기를 살피지 않고[不察淵魚]"이다. 『열자列子·설부說符』에 "연못의 고기를 환히 보는 자는 상서롭지 못하다[察見淵魚者不祥]"라는 표현이 있는데, 숨겨진 것까지도 알아내는 것이 오히려 불행을 초래할 수 있다는 의미로 사용되었다.

향임, 군교들이 몰래 수령의 동정을 엿보아 이를 빙자해서 멋대로 농간질하는 것【수령의 의중을 알아차려 받아들여서 저의 공적으로 만드는 따위】을 염려해야 하며, 관노나 저졸【면주인】들이 몰래 민간에 나가 토색질을 하고 행패부리는 것을 살펴야 한다. 또한 부모에게 불효하고 형제간에 불목하는 자들이 장터에서 행패를 부리는 행위는 엄금하지 않을 수 없으며, 향촌에서 힘을 믿고 멋대로 행동하는 자나 힘이 세다고 약한 이를 능멸하는 자들도 단속하지 않을 수 없다. 별도로 염탐하고 조사하는 일은 그만둘 수 없다.

황패는 영천태수로 있으면서 일찍이 염탐시킬 아전을 파견했는데, 보낼 적에 주밀하게 하도록 당부했다. 아전이 출동하여 감히 우정郵亭[3]에 들어가지 못하고 길가에서 음식을 먹었다. 그러다가 까마귀가 고기를 채간 일이 있었다. 마침 관부에 들어온 어떤 백성이 태수에게 이 사실을 이야기했다. 나중에 그 아전이 돌아와서 태수에게 보고를 드리자, 태수가 그를 위로하며 "고생이 많았구나. 길가에서 음식을 먹다가 까마귀에게 고기를 빼앗기기도 하고"라고 하여 그가 깜짝 놀랐다. 그 아전은 태수가 묻는 말에 털끝만큼도 숨기지 못하였다. 案 까마귀가 고기를 채간 일을 이용한 것은 수법이 너무 얕아서 상례로 쓸 수는 없다. 염찰하는 가운데 정도를 잃지 말아야 할 것이다.

조광한趙廣漢이 영천태수로 있을 때 한번은 공문으로 호도정장湖都亭長을 불렀다. 호도정장이 서쪽 군계에 다다르자 그곳의 정장이 우스갯소리로 "관부에 당도하거든 조 사또께 매우 감사하다는 인사를 전해주오"라

3 우정郵亭: 옛 중국에서 문서 전달을 위해 지방에 설치했던 곳으로 출장 중인 관원의 숙박 기능도 겸했던 것으로 보인다.

고 했다. 호도정장이 들어오자 조광한은 사무에 관한 물음을 마치고 나서 "군계의 정장이 내게 감사하다는 인사를 전하라고 했거늘 어째서 전해주지 않는가"라고 물었다. 호도정장은 머리를 조아리고 그런 일이 있었음을 실토하였다.

북위의 왕일王逸이 광주廣州[4]를 다스릴 적에 널리 눈과 귀를 두어 살폈는데 사람들이 그를 '천리안'이라고 일컬었다. ○ 송나라의 장등용張登庸이 양주洋州를 맡아 다스릴 적에 그를 일컬어 '수정등롱水精燈籠'이라고 했다. ○ 전원균田元均이 성도成都를 다스릴 적에 치적으로 명성을 얻어 사람들이 그를 '하늘을 비추는 촛불〔照天蠟燭〕'이라고 불렀다. ○ 교지명喬智明[5]이 융려隆慮 땅을 다스릴 적에 백성들이 그를 '신군神君'이라고 일컬었다.

북제의 팽성왕彭城王 고유高湝[6]가 창주자사滄州刺史가 되어 정사를 엄격히 하되 물정을 살펴 관내가 숙연하였다. 그래서 관하의 수령 및 요속들로부터 아래로 서리에 이르기까지 출입 왕래할 적에 모두 제 먹을 양식을 싸가지고 다녔다. 고유는 민간에서 일어난 일을 티끌만 한 것까지 다 알고 있었다. 습옥현濕沃縣의 주부主簿 장달張達이란 사람이 일찍이 주의 관부로 오던 길에 민가에 투숙하여 닭고깃국을 먹은 일이 있었다. 고유는 이를 살펴 알고 있었다. 수령들이 다 모이자 고유는 이들 앞에서 장달을 보고 "남의 닭고깃국을 먹고 왜 값을 쳐주지 않느냐"라고 물었다. 장

---

4 광주廣州: 여기서 광주는 지금의 중국 하남성 지역에 있었던 옛 지명으로, 남북조시대 동위東魏와 북위에서 이 지명이 쓰였다.

5 교지명喬智明, ?~313: 중국 5호16국시대 전조前趙 사람. 자는 원달元達이다. 진晉의 성도왕成都王 영穎의 밑에서 벼슬하다 나중에 전조왕前趙王 유요劉曜의 밑에서 벼슬하였다. 융려현령隆慮縣令을 지낸 것은 진의 성도왕 밑에서였다.

6 고유高湝, 532~564: 중국 남북조시대 북제 사람. 자는 자심子深이다. 북제 문선제文宣帝 때에 팽성왕으로 봉해졌다. 세무世務에 밝고 과단성이 있는 것으로 유명하다.

달은 즉시 죄를 빌었다. 이에 온 경내가 그를 '신'이라고 일컬었다.

고려 때 박유저朴惟氐[7]는 안동부를 맡아 다스렸는데 자신이 정사를 행하는 것이 유석庾碩에 못지않다고 자부했다. 한번은 동헌에 혼자 앉아 있다가 마침 순박하고 신중한 아전을 보고 "아무리 지척이라도 앞에 담장이 막혀 있으면 눈과 귀로 보고 들을 수 없거늘, 더구나 동헌 마루에 혼자 앉아서 사방의 경내를 살피자면 어렵지 않은가? 지금 간악한 아전이 법을 농간하고 가난한 백성이 원한을 품은 일이 없는가?" 하고 물었다. 그 아전은 "사또께서 부임해오신 이래로 백성들이 아전을 보지 못하니 아전들이 농간을 부리는지 어떤지 미처 듣지 못했으며, 백성들이 원한을 품은 일도 아직 알지 못하고 있습니다"라고 대답했다. 박유저는 또 "백성들이 나를 전의 유석 사또와 비교해서 어떻다고 말하는가?" 하고 물었다. 그러자 아전은 "백성들이 유석 사또를 칭송하고 여가가 있으면 사또에 대해서도 말을 합니다"라고 대답하는 것이었다. 박유저는 부끄러운 마음을 가졌다.

항통缿筩[8]의 법은 백성들을 불안에 떨게 하니 절대로 행해서는 안 된다. 구거鉤鉅[9]로 묻는 방식 또한 속임수에 가까우니 군자의 할 바가 아니다.

---

7 박유저朴惟氐: 고려 고종 때 인물. 『고려사·유석전』에 그에 관한 사적이 실려 있다.

8 항통缿筩: 일종의 투서함.

9 구거鉤鉅: 갈고리. 갈고리로 물건을 끌어내듯 어떤 사실을 이끌어내는 방식을 비유적으로 쓴 말. 일종의 유도신문.

조광한이 영천태수로 있을 때의 일이다. 이전에 영천에는 호족의 대성大姓들이 서로 혼인을 하고 아전들이 서로 패거리를 짓는 습속이 있었다. 조광한이 아전을 시켜 항통【'缿'은 음이 항이고 병처럼 생겼다】을 설치하게 하고 투서가 있으면 투서한 사람의 이름을 삭제하고 호족의 자제가 말한 것으로 거짓 핑계를 대니 그 이후로 강성한 종족들이 서로 원수가 되고 패를 지어 쪼개져서 풍속이 크게 변했다. 아전과 백성들도 서로 잘못을 고해 바쳐서 조광한은 이를 눈과 귀로 삼았다. 또 조광한은 구거를 잘하여 실정을 파악했다. 가령 말 값을 알고자 하면 먼저 개 값을 물어보고 또 양 값을 물어보고 다시 소 값을 물어본 뒤에야 말 값을 묻는 것이다. 그 여러 종의 값들을 비교·참작해보면 말 값이 싼지 비싼지를 알아낼 수 있었다.

『정요政要』[10]의 「항통설缿筩說」에서 이렇게 말했다. "수령직에 있으면서 내리는 명령이 반드시 다 좋다고 할 수는 없으나, 외부 인사가 간을 하기 어려운 데다 아전들이 내부에서 눈과 귀를 가로막아서 백성들의 원망이 분분하게 일어나도 듣지 못하기 쉽다. 그러니 염찰은 그만둘 수 없는 일이다. 만약에 사적으로 사람을 파견하면 의혹과 비방을 사게 될 것이다. 옛날의 항통법을 쓰면 경미한 부정까지 살필 수 있으니 좋은 방식이다." ○ 항통이란 사기병이나 대나무통의 아가리를 굳게 봉한 다음 작은 구멍 하나만 내서 종이를 꼬아서 집어넣을 수 있어도 도로 꺼내지는 못하게 한 것이다【벙어리저금통〔撲滿〕과 비슷한 모양이다】. 이 항통을 작은 면에는 한두 개, 큰 면에는 서너 개 정도를 보내서 여러 마을로 돌리되, 한 마

10 『정요政要』: 안정복安鼎福의 『임관정요臨官政要』와 이광좌李光佐의 『운곡정요雲谷政要』 중 하나를 가리키는 듯하나 양자의 현행본에서는 여기에 인용된 내용이 확인되지 않는다.

을에 2~3일 정도 두었다가 다른 마을로 보낸다. ○ 수령의 정사에 잘못을 지적한 것이 있으면 즉시 고칠 일이요, 민폐를 고발한 것이 있으면 단연코 시정할 일이요, 사사로운 원한으로 무고하는 것 또한 모름지기 살펴야 할 일이다. ○ 만약 관리가 고발을 당하면 정말 부정이 있는 자는 곧바로 조사하여 처리하고, 실제 증거가 없는 경우는 다시 조사해야 할 일이다. 이렇게 한다면 아전들이 백성을 호랑이처럼 두려워하여 감히 함부로 침노하지 못할 것이다. ○ 만약 토호가 고발을 당하면 해당 면에 "이 아무개는 무력을 행사했고, 장 아무개는 선하지 못한 행위를 하여 이런 고발이 있다. 지금은 그냥 용서해줄 터이니 마땅히 조심하라"라는 지시를 전한다. ○ 만약 도적으로 고발을 당하면 해당 면에 "아무개가 이런 지목을 받고 있으니, 만약 마음을 고쳐먹지 않으려거든 마땅히 멀리 자취를 감춰라"라고 명을 전한다. ○ 부임 초기에는 두세 차례 항통을 내보내고, 재임한 지 오래 되면 네 계절의 마지막 달에 한 차례씩 내보낸다.

각 계절의 첫 달 첫날에 향교에 첩문帖文을 보내 백성들의 어려움이 무엇인지 묻고 이롭고 해로운 바를 적시하도록 한다.

향교는 정사를 논하는 곳이니【정자산鄭子產[11]이 향교를 허물지 않았던 일은 『춘추전』에 보인다】. 성균관에는 정록청正錄廳[12]이 있었으니, 예전에는 밀통密箭

11 정자산鄭子產: 중국 춘추시대 말 정鄭나라의 대부大夫 공손교公孫僑. 자산子產은 그의 자이다. 40년간 정나라의 국정을 맡아 안정을 이끌었다.

12 정록청正錄廳: 성균관의 유생들이 시정의 잘잘못을 논하는 제도가 있어 그 중요한 사항

이라는 것을 달아놓고 학생들로 하여금 그때그때 정치의 잘잘못을 논하게 했다. 향교에서 고을의 병폐를 물어보는 일은 유래가 있는 것이다. ○ 먼저 각 면에서 여러 사람들 중에 행실이 바르고 일을 잘 아는 사람이 있는지를 물어, 면마다 4명씩 뽑아서 향로鄕老로 삼는다【차첩을 주거나 표를 붙이지 말고 그 이름만 적어서 책상 위에 비치해둔다】. ○ 첩문은 이를테면 이런 내용으로 내린다. "지난달 어느 날에는 양곡을 방출했고【곧 환곡을 나누어주는 것】, 그 다음달 어느 날에는 창고를 열어 세곡을 거두었고, 또 그 다음달 어느 날에는 새로 군보를 뽑았는데, 그 과정에서 부정이 있어서 만일 백성에게 큰 폐해를 끼친 일이 있으면 하나하나 열거해 진술하라. 소송을 판결한 데에 잘못이 있거나, 죄를 처단한 데에 억울함이 있거나, 관의 명령에 문제점이 있으면 또한 하나하나 지적해 진술하라. 아전과 관노들이 마을에 나가 사사로이 거두는 것이 있거나, 풍헌과 약정이 나쁜 마음을 품고 사사로이 농간을 부리는 일이 있으면 역시 다 지적해 진술하라. 불효·불공하고 불목·불화【본처를 박대하는 것을 말한다】하여 교화를 손상시키거나, 장터에서 소란을 피우고 어른을 능멸한 자도 각각 지적해 진술하라. 만일 아전을 겁내고 토호를 두려워하여 은폐하거나, 혹은 사적인 감정으로 원한을 품고 기회를 틈타 모함을 한다면 이 또한 죄를 물을 것이다. 드러내놓고 말할 만한 것은 성명을 밝히고, 말하고 싶지 않은 것은 성명을 적지 말되 모두 얇은 종이로 풀을 발라 봉하며, 겉봉에 도장을 찍어 향교에 제출하면 향교에서 이를 다 거두어 오는 초열흘에 장의掌議가 몸소 들어와서 수령에게 바칠 것이다."【이 첩문은 향교의 학생과 각 면의 향로에

을 기록한 것을 궤에다 넣어 봉해두었다고 한다. 이 제도는 후세에 유명무실해져 정록청은 다만 성균관의 집무소를 가리키는 말이 되었다.

게 내린다】 ○ 이는 선비들에게 책문策問[13]하는 법이다. 고발장을 본 날 즉시 공개적으로 말하지 말고, 잠자코 혼자 헤아려 의심스러운 점이 있으면 별도로 몰래 탐문한다.

북위의 육발은 상주자사로 있을 때 정사를 처리함이 맑고 공평하며 강자를 누르고 약자를 도왔다. 관내에 평소 명망이 높은 사람을 찾아 예를 갖추어 대우하되 정사에 대해 자문을 구하고 대책을 의뢰하기도 하였다. 이런 사람이 10명이어서 '10선善'이라 불렀다. 또 여러 현의 유력한 가문에서 100여 명을 선발해 가자假子로 삼아 은근하게 대하고 의복도 내려준 뒤에 각자 집으로 돌려보내서 이들을 자신의 눈과 귀가 되게 했다. 이에 간교하고 숨겨진 일들을 적발해내는 데에 효과가 있어 백성들이 그를 신명으로 여겼으며, 감히 부정을 저지르는 자가 없었다.

장영張詠이 익주益州를 맡아 다스릴 적에 민간의 일을 탐문하되 멀고 가까운 곳이 없이 실정을 모두 파악했다. 그는 대개 듣고 보는 것을 전적으로 남에게 의존하지 않고서 이렇게 말했다. "저들은 나름으로 주관이 있어서 나의 눈을 어지럽게 만든다. 다만 각기 그 부류에 따라 물어보고 또다시 물어보면 밝혀지지 않는 일이 없다. 군자에게 물어보면 군자의 의견을 얻게 되고 소인에게 물어보면 소인의 의견을 얻게 되기 마련이다. 아무리 숨겨진 일이라도 또한 십중팔구는 파악할 수 있다."

자제와 빈객 가운데 마음가짐이 단정하고 결백하며 실무에 능한 사람이 있으면 마땅히 이들로 하여금

13 책문策問: 과거에서 문과 시험 문제의 한 가지. 정치에 관한 계책을 물어 적게 하는 일.

몰래 민간을 염탐해보도록 할 것이다.

일가친척 및 문생門生이나 연고가 있는 아전 가운데 단정하고 결백하며 마음이 곧은 사람이 하나 정도야 없겠는가. 서울에 있을 때 이 사람과 미리 약속하기를 "부임해서 두어 달 지나 내가 편지를 보낼 것이니, 자네는 바로 내려와서 몰래 민간을 다니며 조목조목 살피도록 하라"라고 하고, 혼첩閽帖[14]【시속에서 물금첩勿禁帖이라고 하는 것】 1매를 지급할 것이다. ○ 그러고는 때가 되면 그 사람에게 다음과 같이 편지를 보낸다. "북창北倉[15]에서 양곡을 거두고 있는데【곧 환곡을 받아들이는 일】, 내가 직접 받지 못하니 말질을 공평히 하고 땅에 떨어진 곡식을 돌려주라는 나의 지시가 과연 그대로 이행되고 있는가? 장삼이사張三李四 가운데 혹 억울하다고 호소하는 사람이 있는가? 거둬들인 곡식을 다른 데로 빼돌린 일이 없는가? 창고에 들어온 뒤에 겨를 섞어 한 섬을 두 섬으로 만든 짓은 없는가? 이런 등의 실상을 자세하게 그려내도록 하라." ○ 또 "어느 면에 이번 달에 서원書員이 벼농사의 작황을 알아보러[16] 나가는데, 장삼이사 가운데 돈을 내어 재결災結[17]을 매수한 경우가 있는가? 어떤 논배미들은 재해를 입었는데도 재감災減 대상에서 제외된 경우가 있는가? 어느 마을 어느 집에서는 소를 잡고 돼지 잡아 서원에게 향응을 베푼 일이 있는가? 이때의

14 혼첩閽帖: 관청의 출입 허가증.

15 북창北倉: 관아를 중심으로 북쪽에 위치한 창고를 가리키는 말.

16 원문은 "간평看坪"인데 원주에 "간평은 순가巡稼와 같은 말"이라고 나와 있다. 즉 벼농사의 작황이 어떤지 현장을 답사하는 것을 뜻한다.

17 재결災結: 농작물이 홍수나 가뭄 등으로 재해를 입은 농지. 재해로 판정을 받으면 감세가 된다.

형상을 자세하게 그려내도록 하라." ○ 또 "어느 마을 아무개가 불효 불공하다는데 과연 그러한가? 아니면 향로가 무고를 했는가? 아무 날에 그 아비에게 대들었고, 아무 날에 형제끼리 다투었으며, 아무개가 죽었는데 염도 하지 않았고, 아무개가 굶주리는데 구하지도 않았는지 등을 반드시 직접 목격한 듯 조사해내야만 신빙성이 있을 수 있다." ○ 또 "어느 마을 아무개가 사람을 죽여 몰래 묻었다는데 그 원인과 정황을 자세하게 탐지하라." ○ 또 "어느 시장 바닥에서 아무개가 술주정을 하여 칼을 뽑아 든다거나, 쌀이나 베를 빼앗는 따위의 일이 있거든 그의 평소 죄악까지 낱낱이 탐지하라." ○ 이런 여러 조목들은 모두 위의 예에 준해서 보고하게 한다. ○ 무릇 마음가짐이 단정하고 결백하여 이 일을 잘 해내는 사람에게는 마땅히 녹봉의 일부로 그 노고에 대해 후하게 보수를 주어야 한다. 아무리 청렴하기로 이름난 백이伯夷나 오릉중자於陵仲子[18]라 하더라도 아무 까닭 없이 힘을 들일 이치는 없는 법이다.

우두머리 아전인 이방의 권한이 무거워 수령의 총명을 가려 실정이 위로 보고되지 않으니, 별도로 염문廉問하는 일을 그만둘 수 없다.

현임 이방을 좋아하지 않는 아전들이 반드시 있기 마련이니, 부임하

18 오릉중자於陵仲子: 중국 춘추시대 제나라 인물인 진자종陳子終. 세가世家의 자제로 청렴하게 살기로 유명했다. 형인 대戴의 만종萬鍾의 녹祿을 불의의 녹이라 하여 먹지 않고 그 집을 불의의 집이라 하여 살지 않았다. 처와 함께 오릉 땅에서 신 삼고 길쌈하며 살았으므로 흔히 오릉중자라 불렀다.

고 시간이 좀 지나면 저절로 알게 될 것이다. 이방의 간악함을 자세히 알기 위해서는 이만한 사람이 없다. 그러나 수령의 좌우가 모두 이방의 눈과 귀 역할을 하므로 수령이 은밀하게 대면하기가 쉽지 않다. 마땅히 공무를 핑계로 삼아 이 사람을 서울로 파견하고, 형제와 아들, 조카 가운데 말을 조심하고 사리를 잘 아는 이를 시켜 이 사람을 직접 만나서 "이방이 저지른 부정이 몇 가지나 되는지 상세히 적어보라. 내 장차 원님에게 보고하리라"라고 이르도록 한다. 또 요직에 있는 아전으로서 이방과 한 패거리가 되어 부정을 하는 자들도 아울러 이름을 쭉 적게 한다. 그러면 이 사람은 전날의 앙심을 갚고 그 자리를 빼앗기 위해 알고 있는 내용을 다 털어놓을 것이다. 이로써 실상을 잘 파악할 수 있다. 창고의 농간질이라든가 향리에서 저지르는 악행이라든가 하는 크고 작은 일들을 다 들을 수 있을 것이다. ○ 듣고 조사해보아서 모함한 것이 아니라면 마땅히 그 부정을 들춰내어 법대로 다스려야 할 것이다. 다만 이방의 교체 문제는 반드시 말썽이 많을 터이니 곤장을 치거나 매를 치는 것으로 징계만 하고 쫓아내지는 말아서 스스로 마음을 새롭게 하도록 두었다가 전임되어 갈 무렵에 이르러서 차대差代[19]하도록 한다. ○ 비록 그가 한 말이 혹 모함이라 하더라도 처벌하지는 말고 언로를 틔워놓아야 할 것이다. ○ 매양 보면 지혜롭지 못한 수령들은 이방을 자기 사람으로 여겨 이방과 마음을 같이하여 그의 말에만 치우쳐 듣고 절대로 의심하지 않아, 이방과 적대되는 자들은 마음 놓고 지낼 수 없게 된다. 그래서 수령 스스로 자신의 총명을 막고 홀로 고립되어, 자기 처소 밖의 일은 단 하나도 듣지 못하기

---

19 차대差代: 후임자를 뽑는 일.

에 아전들은 배반하고 백성들은 저주하여 마침내 낭패를 보는 수령이 허다하다.

> 무릇 미세한 허물이나 잘못은 마땅히 그냥 넘겨야 한다. 지나치게 세세히 밝히는 것은 진정한 밝음이 아니다. 가끔씩 부정을 적발하되 그 기미를 살피는 것이 귀신같아야 백성들이 두려워한다.

수령이 아전들이나 향임들의 한두 가지 숨겨진 부정을 듣고는 마치 대단한 기회인 양 그 부정을 들춰내어 세상에 까발리고 떠들며 세세히 밝혀내서 자신의 밝음을 과시하는 것은 천하에 박덕한 짓이다. 큰 사건은 들춰내되 작은 일은 그냥 지나쳐버리기도 하고, 혹은 속으로 짐작만 하기도 하며, 혹은 은밀히 그 사람을 불러 부드러운 말로 타일러 스스로 반성하게 하는 등 너그럽되 늘어지지 않고 엄격하되 가혹하지 않은 온후한 덕으로 대해야 한다. 진심으로 감동하여 따르게 하는 것이 아랫사람을 잘 거느리는 방도이다. 깊은 물속에 숨은 고기를 낱낱이 살피고, 경솔하게 가혹한 형벌을 가하는 것이 어찌 훌륭한 수령이 할 바이겠는가?

서구사徐九思가 구용지현句容知縣으로 부임했을 때 어릿하여 무능한 듯 보였다. 얼마 지나지 않아 한 아전이 공첩空牒을 소매 속에 감추어 가지고 와서 도장을 훔쳐 찍으려고 했다. 서구사는 그 아전의 간특한 짓을 적발하여 법대로 다스렸다. 고을 아전들이 그를 위해 머리를 조아리고 간청을 했으나 용서하지 않았다. 이에 모두들 지현을 두려워했다.

승평군昇平君 김유金瑬[20]가 전주판관으로 부임한 날, 어떤 간특한 백성이 몰래 투서를 하여 그를 시험하려 하였다. 두어 달 뒤에 김유가 길에서 어떤 사람을 만났는데 "이 자가 전에 투서했던 사람이다"라고 지적하니, 그 사람이 과연 자복을 했다. 아전들과 백성들이 놀라 탄복했으나, 김유가 어떻게 알았는지 아무도 몰랐다.

> 옆에 가까이 있는 사람들이 하는 말을 그대로 믿고 들어서는 안 된다. 그냥 부질없이 하는 얘기 같아도 모두 사사로운 의도가 들어 있다.

호태초는 이렇게 말했다. "현령의 사람됨이 굳세어 좀체 믿고 맡기려 하지 않으면, 아전들은 온갖 그럴듯한 사실을 늘어놓아 은근히 현령을 치켜세운다. 그래도 현령이 따르지 않으면 반드시 현령이 공무를 마치고 쉬는 동안에 저희들끼리 무리지어 사사로이 현령에 대한 논평을 주고받아, 그 말이 슬며시 현령의 귀에 들어가게 한다. 그러면 아전들의 술수를 눈치 채지 못하고서 그 말을 무심코 하는 말로 여겨서, 저들의 계략에 빠져드는 것이다." [案] 옆에서 시중드는 방자나 기생, 관노 등속이 저희들끼리 사사로이 주고받는 말을 아전이 꾸짖으며 못하게 하는 척하지만, 실은 아전들이 흘려보낸 말이 많다. 간악함이 천태만상이니 어찌 우려하지 않으랴!

> 미행을 하는 방식으로는 물정을 제대로 살피지도

---

20 김유金瑬, 1571~1648 : 조선 중기의 문신. 자는 관옥冠玉, 호는 북저北渚, 본관은 순천順天이다. 인조반정의 공신으로 승평부원군昇平府院君에 봉해졌으며, 영의정에 이르렀다.

못하고 한갓 체모만 손상시킬 뿐이니 하지 말아야 한다.

수령은 모든 행동을 가볍게 해서는 안 되니, 설령 미행을 하면 숨겨진 간악함을 알아낼 수 있다 하더라도 오히려 하지 말아야 한다. 하물며 밤중에 한번 나갔다 하면 아침에는 이미 온 읍내에 소문이 왁자지껄한데, 사적인 말이나 은밀한 모의를 어디서 들을 수 있겠는가. 기껏해야 여염집 부녀자들이 길쌈도 못하게 등불만 끄게 할 따름이다. 요새 수령들은 미행하기를 좋아하는데, 그 의도인즉 직접 기생집을 살펴서 몰래 방탕한 짓을 하는 젊은 무리들을 붙잡아 자신이 밝은 사또임을 과시하려는 것에 불과하다. 미행하는 수령을 고을 사람들은 도깨비라고 부른다. ○ 미행을 하는 것은 첫째는 창고의 부정을 적발하자는 것이요, 둘째는 감옥의 부정을 적발하자는 것이다. 그러나 창고의 양곡을 훔치고 농간질하는 것은 본래 붓 끝에 달려 있는 일이요, 곡식 섬을 지고 밤중에 나가는 것이 아니다. 죄수들은 그들 목에 씌워진 칼〔枷〕을 벗겨주지 않으면 잠시 숨 돌릴 길도 없으니, 어진 사람이 의당 살필 바가 아니다. 미행은 해서 무엇 할 것인가.

우기장牛奇章[21]이 양주揚州를 통수統帥하고 있을 적에 두목지杜牧之[22]가

21 우기장牛奇章, 779~847: 중국 당나라 때 인물인 우승유牛僧儒. 자는 사암思黯이다. 덕종 때 진사가 되어 병부상서, 동평장사 등을 역임했고, 기장군공奇章郡公의 봉을 받았기에 우기장으로 일컬어진 것이다. 이덕유李德裕와 대립·갈등이 심해서 역사에서 '우리牛李 당쟁'으로 불린다.

22 두목지杜牧之, 803~852?: 중국 당나라 때의 시인 두목杜牧. 목지牧之는 그의 자이다. 문집으로 『번천집樊川集』이 있다. 본문의 사적은 두목이 회남절도사淮南節度使 우승유의 막객幕客으로 있을 때인데 양주는 풍광이 아름답고 최고의 번영을 누리던 곳이었다.

그 막하에 있으면서 밤에 곧잘 미복을 하고 나가 놀곤 했다. 우기장이 이 사실을 듣고 가자街子[23] 두엇에게 그 뒤를 따라가게 하여 불의의 일에 대비하도록 하였다. ○ 막객幕客도 이렇거늘 더구나 수령이야 말할 것 있겠는가. 불의에 욕을 당하는 일도 염려해야 할 것이다.

주신周新이 절강안찰사浙江按察使로 있을 때 일이다. 그는 속현屬縣을 순행하다가 미복을 하고 일부러 현관의 행차를 범해서 옥에 갇혔다. 그리하여 죄수들과 얘기를 나누어, 온 고을의 병폐를 알아냈다. 다음 날 호종護從하는 사람이 와서야 옥에서 나왔다. 이에 현관은 땅에 엎드려 사죄했다. 案 이런 방식은 체모를 손상시킴이 적지 않다. 혹 비장裨將을 시켜 할 수는 있을 것이다.

감사가 염문할 경우 감영의 이서吏胥[24]들을 시켜서는 안 된다.

『다산필담』에서 이렇게 말했다. "감사가 염문을 하려고 하면 마땅히 가까운 빈객으로 목숨을 아끼지 않고 헌신할 사람을 써서 몰래 촌락을 순행하게 해야 백성들의 고통을 파악할 수 있고 수령의 허물을 찾아낼 수 있다. 그런데 지금은 감영의 이서들을 심복으로 생각하여 염문하는 데에 한결같이 이 무리들을 보낸다. 이서들은 본래 각 고을의 아주 교활한 아전들과 내통하고 결탁하여 이들과 안팎으로 얽혀 있는 줄을 알지 못한 것이다. 매년 겨울과 여름으로 포폄褒貶을 시행할 때와 봄가을로 순행을

23 가자街子: 가졸街卒과 같은 말. 관아에 소속되어 거리의 치안과 청소를 담당하던 하급직.
24 이서吏胥: 각 관아에 딸린 구실아치의 통칭. 아전, 서리와 같은 말이다.

할 때가 되면 이른바 염객廉客[25]이 기일에 앞서 통보를 하며, 각 고을의 일을 맡은 아전 역시 기일에 앞서 화려한 방에 호사스런 자리를 마련하고 대야며 안석과 책상을 산뜻하게 정돈해놓고, 왜면倭麪·연탕燕餳에 울산의 전복이다, 제주도의 대합이다, 맛 좋은 쇠고기며, 어린 돼지의 등살, 자라찜, 잉어회 등등 가지가지 진귀한 음식들을 차리고 휘황하게 촛불을 밝혀놓고서 염객을 기다린다. 저녁이 되면 염객은 은안장을 얹은 준마를 타고 한길을 달려와 말에서 내려 대문으로 들어서는데 그 기세가 무지개와 같다. 이에 영저리와 고을의 아전이 왜쟁개비(냄비)에 고기를 볶으면서 염객과 마주 앉아서 현령을 살리느니 죽이느니 하며 의논하는 사례를 나는 많이 보았다. 현령이 영저리의 비위에 거슬려서 최하의 고과를 받아 자리에서 떨려나 낭패를 보고 돌아가는 이들이 잇따라 나오니 수령이 어찌 두려워하지 않겠는가."

『한암쇄화寒巖瑣話』에서는 이렇게 말했다. "5월에 내가 한암寒巖 아래 앉아 있는데 고을 아전에 수리로 있는 사람이 와서 '지난밤에 감영의 염객이 와서 염기廉記[26]를 요구합디다. 보기에 지금 원님은 잘못된 정사가 많기는 하나, 우리 아전들에게는 해가 없으므로 보고할 것까지는 없습니다. 선정이라고는 일컬을 만한 것은 없고, 오직 향교 유생들의 싸움이 요사이에는 잠잠해졌고, 해창海倉에서 양곡을 받아들일 때 말질에 대한 원님의 신칙이 새로 있었습니다. 이 두 가지 일을 섞어서 염객에게 주고, 별도로 한 장을 써서 원님에게 바쳤지요. 결국에 어떻게 될지 모르겠습니다'라고 했다. 6월 16일에 전주 감영에서 포폄 제목褒貶題目[27]이 내려왔는

---

25 염객廉客: 실정을 염탐하는 임무를 띤 사람.
26 염기廉記: 염문기廉問記, 즉 염탐한 사실을 적은 기록.

데 그 문구가 '향교에는 싸움이 그쳤고 말질 또한 공평해졌다〔鄕旣息鬪, 斛又稱平〕'라고 되어 있었다. 아아! 이 고과를 한 자는 바로 수리가 아닌가. 그를 신통한 스승으로 세워 말을 하면 으레 들어주고 계교를 내놓으면 그대로 쓰는 것이 또한 옳지 않은가. 감사가 염문함에 있어서 영리를 신용해서는 결코 안 된다."

『운곡일초雲谷日鈔』[28]에서는 이렇게 말했다. "어사가 염문할 때 촌락을 숨어 다니면서 부정을 다 살필 길이 없고, 읍내에 들어가면 정체를 감출 길이 없다. 마땅히 수하의 영리한 사람을 보내되 다만 일찍이 수리를 지내고 밀려나서 실의에 젖은 데다가 현임 수리와 앙숙인 자를 찾아내 즉시 그 아전을 200리 밖으로 옮겨서 구금한다. 그러고서 며칠 있다가 수하의 영리한 사람을 보내 거짓으로 어사의 친속이라 일컫고 옥으로 찾아가서 마패를 내보이며, 그로 하여금 옥중에서 수령의 허물과 아전들의 농간을 조목조목 기록하도록 한다. 그런 다음 다짐하되 '네 죄는 죽어 마땅하나 지금은 잠시 미뤄둔다. 네가 만약 정직한 마음으로 조목조목 적되 털끝만큼이라도 숨김이 없고 속임이 없으면 네 죄를 다 용서해주겠노라. 만약 숨김이 있거나 속임이 있으면 너는 처형을 당할 줄로 알아라'라고 한다. 그 아전은 죽을 고비에서 삶을 얻고, 게다가 원수를 갚을 수 있게 되었으니 그가 기록한 내용은 자세하고도 틀림이 없게 될 것이다. 이제는 사실을 살필 수 있다. 그 아전을 불러내서 이전의 죄를 따져 묻되 벌을 가볍게 주고 방면한다. 그러면 씻은 듯이 행적을 남기지 않고서도

---

27 포폄 제목褒貶題目: 감사가 관하 수령들을 치적을 평가한 글. 대개 4언의 대구 형식으로 되어 있다.

28 『운곡일초雲谷日鈔』: 다산의 저술로 추정이 되나 자세한 것은 미상.

염문은 그 실상을 포착하게 될 것이다."【감사의 염문 또한 이 방법을 쓰는 것이 좋다】

무릇 행대行臺[29]가 물정을 살피는 데는 오직 한나라 자사刺史 6조의 조사 항목이 목민을 위한 가장 좋은 법이다.

한나라 무제 원봉元封 5년(기원전 105)에 처음으로 자사를 두어 각각 13주州를 맡게 하였다. 추분 때에 여러 군국郡國[30]을 두루 다니며 백성을 다스리는 실태를 살펴 능한 자를 승진시키고 능하지 못한 자를 추방하며, 억울한 옥사를 판결해서 처리하되 다음 여섯 가지 조목을 기준으로 하도록 했다. 1)강성한 씨족과 토호들이 전택을 제도에 넘치게 가졌으며, 강자로서 약자를 능멸하고 다수로서 소수에 대해 횡포를 부리는 일은 없는가? 2)이천석二千石이 조서를 받들지 않고 공을 등지고 사를 도모하며, 정도가 아닌 행동을 하고 이익만을 꾀하며 백성을 침탈하고 가렴주구苛斂誅求를 일삼는 행위는 없는가? 3)이천석이 의옥疑獄을 살펴보지 않고 사나운 기세로 사람을 죽이며, 성나면 멋대로 형벌을 가하고 기분 좋으면 멋대로 상을 주며, 번거롭고 가혹하게 긁어내서 백성들에게 증오의 대상

---

29 행대行臺: 본래 중국의 관제에서 대성臺省으로 지방에 둔 것을 가리키는데, 여기서는 일정한 대단위 행정구역 내의 여러 고을을 순행·통할統割하며 수령을 독찰督察하는 사명을 띤 관원을 통칭한 것이다. 우리나라 관제로는 감사가 여기에 해당한다.

30 군국郡國: 중국 한나라 때에는 주대周代의 봉건제와 진대秦代의 군현제를 절충하여 전국을 군과 국으로 나누어 군은 중앙정부에 직속하게 하고 국은 여러 제후와 왕들에게 분봉해주었다.

이 되며, 산이 무너지고 바위가 쪼개지는 등의 재변과 유언비어가 떠도는 일은 없는가? 4)이천석이 사람을 발탁하고 임용하는 일이 공평하지 않고 자기가 좋아하는 이에게 영합하며 어진 사람을 막고 나쁜 사람을 총애하는 일은 없는가? 5)이천석의 자제들이 권세를 믿고 여러 담당자들에게 청탁한 일은 없는가? 6)이천석이 공도를 어기고 아랫사람들과 짜고서 강성한 호족에게 아부하며, 뇌물을 통하고 정령을 훼손하는 일은 없는가? 이 조사 보고서를 연말이 되면 역마로 중앙에 보고할 것이다.

○ 유원성劉元城은 "육백석六百石[31]의 품질(品秩, 품계)에 있으면서 이천석의 불법을 조사할 수 있으니 그 권한이 아주 무겁다. 품질이 낮으니만큼 그 사람의 의기가 높이 오르고 권한이 무거우니만큼 능히 뜻을 행할 수 있다"라고 하였다.

○ 고정림顧亭林[32]은 다음과 같이 말했다. "품질은 낮으나 사명은 높고 관직은 작으나 권한은 무거우니 이것은 작은 것과 큰 것이 서로 제어하게 하고 안과 밖이 서로 맺어지게 하려는 뜻이다. 본래 진秦나라 때부터 어사를 파견하여 각 군을 감찰하게 했는데 제후를 폐지하고 군수를 둘 당초에 이미 이 제도를 만들었다. 한나라 성제成帝 말년에 적방진翟方進[33]과 하무何武[34]는 '춘추春秋의 의리는 귀한 자가 천한 자를 다스리며, 낮은

31 육백석六百石: 중국 한나라 관리 등급의 하나. 받는 녹봉의 양을 기준으로 삼아 나누었는데, 중이천석中二千石에서 백석百石까지 있었다.

32 고정림顧亭林, 1613~1682: 중국 명말청초의 학자 고염무顧炎武. 자는 영인寧人, 정림亭林은 그의 호이다. 명나라가 망한 뒤 청나라에 벼슬하지 않고 일생을 학문 연구에 주력하여 많은 저술을 남겼다. 그의 대표작으로는 『일지록日知錄』이 손꼽힌다. 중국 실학의 비조에 해당하는 인물이다.

33 적방진翟方進, B.C. 53~B.C. 7: 중국 한나라 사람. 자는 자위子威이다. 경학經學에 밝았으며 승상丞相을 지냈고 고릉후高陵侯에 봉해졌다.

34 하무何武, ?~3: 중국 한나라 사람. 자는 군공君公이다. 사류士類를 추천하기를 좋아했으

직위로 높은 직위에 앉도록 하지 않는다고 했거늘 자사는 그 지위가 대부大夫[35]의 아래이면서 이천석이 되니 경중이 서로 맞지 않습니다. 청컨대 자사제를 폐지해야 옳습니다'라고 주장하여, 다시 주목州牧을 두어 이천석의 품질로 했다. 나중에 다시 주박朱博의 말에 따라 주목을 폐지하고 자사를 두었다. 유소劉昭[36]의 논의는, 자사가 불법을 감독 규찰하더라도 6조에 불과하고 역마를 갈아타고 돌아다니며 일정한 장소에 처하지 않았으며, 품질이 육백석이어도 상급자를 능멸하는 등의 말썽이 일어나지 않았는데, 성제가 주목제로 바꿔서 말썽의 싹이 비로소 커지기 시작했다는 것이다. 두 사람의 말을 종합해보건대 주목제에서 중급의 인재는 겨우 연한에 따른 승진이나 전임의 순차를 추종해서 자기를 보전하는 정도이며, 강자는 권한을 독차지하고 땅을 나누어 받기도 했다. 이런 점을 보고 자사 6조는 백대에 이르도록 바뀌지 않을 좋은 법임을 알았다."

案 우리나라의 감사제도는 본래 한나라의 자사와 같아 일정하게 주둔하는 곳이 없고 두루 다니며 순찰하는 것이었다【지금의 영리營吏가 모두 군현에서 번상番上하게 된 것은 대개 이전에 감사가 여러 고을을 순행함에, 당도한 고을의 아전에게 영리의 업무를 보도록 한 데서 비롯되었다】. 그런데 중세 이래로 사신使臣[37]이 주목州牧을 겸하면서【예컨대 평양부윤平壤府尹·공주목사公州牧使 같은 것】 어

며 대사공大司公을 지냈나.

35 대부大夫: 중국의 관료제도에 경卿과 사士의 중간 위치. 한대에는 대개 진이천석眞二千石과 비이천석比二千石이 여기에 해당되었다.

36 유소劉昭: 중국 남북조시대 남조 양나라 사람. 어려서 노장老莊의 뜻에 통했으며, 뒤에 섬령剡令을 지냈고, 『후한서』의 집주集注를 저술한 바 있다.

37 사신使臣: 왕명을 받들어 파견되는 관원을 지칭하는 말. 외국으로 가는 경우뿐만 아니라 국내의 지방으로 나가는 경우에도 사신이라 할 수 있다. 관찰사는 본래 사신의 성격을 띤 관원이다.

머니를 모시고 아내를 데리고 가니 수령과 다름없이 되었다. 그래서 이따금씩 순력을 하다가 2년이 되면 갈린다. 거처가 일정하므로 두루 살필 도리가 없고, 부임한 지 오래되면 점차 안면과 사사로운 정이 생겨서 각 고을이 조심하고 두려워하는 바가 없어져 다스림이 날로 탐학하고 혼탁해지고 말았다. 필히 옛 제도를 회복해야 이에 훌륭한 수령이 나오게 될 것이다. 그리고 한나라 자사 6조의 조사 항목은 큰 강령만 장악하여 아랫사람을 침노하는 일이 없어 수령 된 자가 마음대로 자기 뜻을 펼 수가 있다. 그런데 지금의 감사는 형식적인 법규로 수령을 제약하며 걸핏하면 압력을 가해 손을 놀릴 수도 없게 하니 좋지 않은 제도로서 이보다 더 심한 것은 없다.

제6조 고과제도

考功

아전들의 하는 일도 반드시 그 공적을 평가해야 한다. 그렇지 않으면 백성들에게 열심히 하라고 권할 수 없다.

『주례』에서 "이吏는 다스리는 것으로 백성을 얻는다"라고 하였다. 정현은 "소리小吏로 향읍鄕邑에 있는 자를 가리킨다"라고 했다. 그런즉 3년마다 여러 이吏의 치적을 결산해서 상벌을 시행하는 데 부사府史나 서리胥吏들도 모두 그 속에 포함되며, 백관만 고공考功[1]하는 것이 아니었다. 송나라 제도는 여러 주州의 연조掾曹[2] 및 각 현의 부위簿尉[3]도 모두 다 주군의 장리長吏를 시켜서 공적과 허물을 기록하도록 해서 임기가 차면 담당관이 자세히 살펴보아 전최殿最[4]를 정하였다【『통고通考』에 나온다】. 주현의

1 고공考功: 관리의 집무 실적을 심사하여 등급을 매겨 인사이동의 자료로 제공하는 일. 고적考績, 고과考課라고도 한다. 중앙관에 대한 고공은 고려 초기부터 법제화되어 있었고 지방 수령에 대한 고공은 고려 우왕(재위 1374~1388) 때 '고적지법考績之法'이라는 것이 정해졌는데, 조선에 들어와서도 계속 실시되었다. 『경국대전』에 규정된 지방 수령에 대한 고공은 각 도의 관찰사가 매년 6월 15일과 12월 15일 두 차례 행하여 보고서를 작성해 임금에게 올려 도목정사都目政事의 기준 자료로 삼게 하였다. 이때 고공의 기준으로 7개 항목을 두었는데 이것을 수령칠사라 부른다.

2 연조掾曹: 중앙 관서와 지방 군현의 서리를 가리키는 말.

3 부위簿尉: 주부主簿와 위尉. 수령의 보좌관.

소리小吏에 대해서도 고공이 있었던 것이다.

○ 고려시대의 제도는 서인庶人으로서 관에 있는 자[5]로 주사主史·영사令史·서예書藝·기관記官·서수書手·직성直省·전리電吏·문복門僕·조마照磨·역리譯吏·통사通事·지인知印·계사計史·산사算史·별가別駕·통인通引·장수杖首·녹사錄事·지반知班·기사記事·소유所由·공목孔目·감사監史·감작監作·주의注衣·막사幕士 등의 호칭이 있었다. 매년 6월과 12월에 9품 이상의 관인과 부사府史 및 서도胥徒에 대해 연월을 차례로 적고, 수고하고 안이했던 것을 구분하여 공과를 표시, 각기 능력의 우열을 논하여 모두 기록에 올렸던 것이다. 이를 정안政案[6]이라 불렀다. 중서성中書省[7]에서 승진과 파출을 의망擬望[8]하여 보고하고 문하성門下省[9]에서 제칙制勅을 받들어 시행하였으니 이를 도목都目[10]이라고 불렀다. 즉 고려시대에는 소리小吏에 대해 고공이 있었던 것이다.

---

4 전최殿最: 관리들의 치적이나 군공을 고과하는 데 있어 최상등을 '최最' 최하등을 '전殿'이라 칭했다.

5 서인庶人으로서 관에 있는 자: 원문은 "서인재관자庶人在官者"이다. 즉 양반에 들지 못하는 신분계층에 속하는 서민으로 행정 말단의 직책을 맡은 사람을 가리키는 말이다. 여기에는 중앙과 지방의 아전층이 속하게 된다. 뒤에 열거된 여러 직명들은 『고려사·백관지』에 의거한 것이다. 『고려사·백관지』에서는 연속掾屬 혹은 이속吏屬으로 중앙의 각 관서에 소속된 직명 및 정원이 나와 있다.

6 정안政案: 이부吏部와 병부兵部에서 대소 문무 관원들에 대하여 그 출신 연월의 차례, 벼슬자리의 일이 힘들고 편한 것을 구분한 것, 재직 시 잘하고 잘못한 것을 표한 것, 그 직임에 대하여 재주가 있고 없는 것 등을 갖추어 적어서 인사에 참고했던 문서.

7 중서성中書省: 고려 때 제도로 조칙詔勅을 기초하는 일을 맡은 기구.

8 의망擬望: 임금에게 3인의 후보자[三望]를 천거하는 일.

9 문하성門下省: 조칙을 심의하는 기구. 『고려사·직관지職官志』에는 중서中書·문하門下가 한 성省으로 되어 있으나 여기서는 원래의 구분된 기능으로 설명한 것 같다.

10 도목都目: 매년 음력으로 6월과 12월에 벼슬아치의 성적이 좋고 나쁨에 따라서 이동시키고 파출하던 일. 도목정사 또는 도정都政이라고도 부른다.

무릇 사람을 부리는 법은 오로지 '권할 권勸'과 '징계할 징懲' 두 자에 있다. 공이 있는데 상이 없으면 백성들에게 열심히 하라고 권할 수 없고, 죄가 있는데 벌이 없으면 백성들을 징계할 수 없다. 열심히 하도록 권하지도 않고 징계하지도 않으면 모든 백성이 해이해지고 모든 일이 느슨하게 되니, 관리와 아전들도 다를 바 없다. 지금은 죄에는 벌이 있지만 공에는 상이 없다. 이 때문에 아전들의 습속이 더욱 간악해지는 것이다.

당나라 노환盧奐이 섬주陝州[11]를 다스릴 때 인자와 위엄이 아울러 드러났다. 섬주의 습속이 귀신을 받들었는데 그곳 백성들이 "신명에게 빌 것도 없고 무당의 굿을 벌일 필요도 없다. 우리는 노공을 범하지 말 것이다. 그러면 곧바로 화복이 있으리라"라고 하였다.

국법에 없는 것을 단독으로 시행할 수는 없지만 이들의 공과를 기록해두었다가 연말에 평가하여 상을 주면 하지 않는 것보다 좋을 것이다.

책자 하나를 비치해두고 한 장에 한 명씩 이름을 써 모든 인원, 곧 향임, 군교, 아전 및 노속들까지 각각의 공과를 기록한다. 과오는 범할 때마다 징치하고, 공적은 연말에 검토·비교해서 9등급으로 구분한다. 상위 3등급에 든 자는 신년에 필히 요직을 주며, 중위의 3등급에 든 자는 상을 논함에 차별이 있게 하고, 하위 3등급에 든 자는 1년 동안 직임을 얻지 못하게 하면 어느 정도 권장하는 효과가 있을 것이다. ○ 향승과 군교

11 섬주陝州: 원문은 "섬천陝川"으로 나와 있다. 섬주의 별칭 혹은 '주州'의 오기로 추정됨. 섬주는 지금의 중국 하남성에 있었던 지명이다.

는 정원이 많지 않으므로 상등과 하등은 1명을 넘지 말도록 하고【그 공과에 따라 혹은 '상의 상'이 되게 하거나 혹은 '상의 중'이 되게 하거나 '상의 하'가 되게 한다. 하등 역시 마찬가지로 한다】, 아전들 역시 9등급을 적용한다. ○ 아전의 정원이 30명이면 '상의 상'과 '하의 하'에 각 1명, '상의 중'과 '하의 중'에 각 2명, '상의 하'와 '하의 상'에 각 2명, '중의 상'과 '중의 하'에 각 3명을 배정하고 그 나머지 14명은 모두 '중의 중'에 배정한다. ○ '상의 상'에 든 자는 제일가는 자리를 주고, '상의 중'에 든 자는 다음 자리를 주고, '상의 하'에 든 자는 그다음 자리를 주고 '중의 상'에 든 자는 또 그다음 자리를 준다. '중의 중'에 든 자는 이방에게 맡겨서 박한 자리를 주도록 하며, '중의 하'에 든 자는 반년 정직을 시키되 차역差役은 면제시켜 주고, 하의 세 등급에 든 자는 1년 정직을 시키되 '하의 하'에 든 자는 필히 고된 역사에 징발을 시킨다. ○ 향승과 군교는 자리가 많지 않아서 옮겨줄 자리가 없으면 활이나 화살, 필묵 따위로 차별을 두어 시상을 하고 모두 첩문帖文을 주어 각기 후세에 전하도록 한다.

문졸과 관노들 역시 모두 앞의 법에 비추어 따라야 할 것이다. ○ 풍헌·약정·저졸 등도 역시 모두 앞의 법에 비추어 따르되 풍헌이 민사에 마음을 다해서 '상의 상'에 든 자는 올려서 향승을 삼을 것이다. ○ 요즈음 관례를 보면 아전과 노속으로 신관을 모시고 오거나 내행을 모시고 온 자는 그 명년에 으레 좋은 자리를 얻게 되는데 이는 사적인 일로 공적인 상을 수여하는 셈이다. 한 번의 서울 걸음이 본래 큰 노고라 할 것도 없고 또 다른 공무로 상경하는 경우와 그 수고로움이 마찬가지이다. 그 때문에 곧 제일 좋은 자리를 줄 수는 없는 것이다.

수령의 임기는 6년으로 정해야 한다. 수령이 그 자리에 오래 있어야만 실적 평가를 의논할 수 있다. 그렇지 못하면 오직 상벌을 규정대로 분명하게 하여 백성들에게 명령을 미덥게 해야 한다.

20년 이래 수령들이 자주 교체되어 오래가봐야 2년이요, 나머지는 1년에 끝나기도 한다. 이것이 고쳐지지 않으면 아전과 향임들에 대한 항구적인 계책이 없고, 실적 평가도 웃음만 살 따름이다. ○ 공자께서 문인의 물음에 답해서 "군사와 식량을 버릴지언정 끝내 믿음은 버려서는 안 된다"[12]라고 했다. 명령을 미덥게 하는 것이 백성을 대하는 첫째 임무이다. "무슨 죄를 범한 자는 무슨 벌을 받는다"라고 명령을 내려놓고서 시행하지 않고, 또 "무슨 공을 세운 자는 무슨 상을 준다"라고 약속해놓고서 시행하지 않으면, 무릇 명령을 내려 시행하려 해도 백성들이 믿으려 하지 않을 것이다. 평소에는 큰 해가 없다 치더라도 만약 나라에 외환이 있을 때 아랫사람들에게 평소에 믿음이 서 있지 않으면 장차 어찌할 것인가? 명령의 시행을 충실히 하여 백성들의 신뢰를 얻는 것이 수령의 급선무이다. ○ 옛말에 이르기를 "장수는 한번 명령을 내리면 철회하지 않는다"라고 하였다. 수령은 장수로서도 큰 자이니, 명령이 서지 않으면 어떻게 백성을 지도할 것인가? 이것이 대의이다.

---

12 『논어·안연顔淵』에 나오는 공자와 자공과의 문답.

덧붙임[附]: 감사 고공법

감사가 공적을 평가하는 법은 아주 소략하기 때문에 그 실효를 기대할 수 없다. 임금께 아뢰어 그 방식을 고치도록 하는 것이 옳다.

「고적의考績議」[13]에서 이렇게 서술하였다. "국가의 안위는 인심의 향배에 달려 있고 인심의 향배는 생민이 잘살고 못사는 데에 달려 있으며, 생민이 잘살고 못사는 것은 수령이 좋고 나쁜 데에 달려 있고 수령이 좋고 나쁜 것은 감사의 포폄에 달려 있습니다. 감사의 고과하는 법은 곧 천명과 인심의 향배의 기틀이 되는 것이요, 나라의 안위를 판가름하는 것입니다. 관계되는 바가 이같이 중대한데 그 법이 소루하고 명백하지 못함이 오늘날과 같은 때가 없으매 적이 우려하지 않을 수 없습니다. 한나라 법에 자사는 6조로써 이천석을 살펴서 연말에 보고할 적에 '전殿' '최最'로 구별하여 상벌을 실시하도록 했습니다. 그 법이 일찍이 엄하지 않은 것이 아니었으되, 원제 때에 이르러서 경방京房[14]이 또 고공과리법考功課吏法을 제안하여 천하의 이목을 새롭게 하고자 하였습니다. 옛 법이 소루한 결점이 없지 않았던 고로 경방의 주장이 이와 같았던 것입니다. 진晉나

13 「고적의考績議」: 다산이 고적 문제를 다룬 글로는 『여유당전서·시문집·문집文集』에 수록된 「고적의」와 「옥당진고과조례차자玉堂進考課條例箚子」, 『경세유표 · 천관수제天官修制』에 수록된 「고적지법考績之法」이 있다. 원문에는 「고적의」에서 인용한 것으로 되어 있으나 「옥당진고과조례차자」와 「고적지법」에 보인다.

14 경방京房, B.C. 77~B.C. 37: 중국 전한 때 사람. 자는 군명君明, 본성은 이李이다. 임금에게 여러 차례 상소하여 채택된 바 있었으며 역학易學에 밝았다. 저서로 『경씨역전京氏易傳』이 있다.

라 무제武帝 때에 두예杜預[15]는 경방이 제안했던 법이 세밀해서 통용하기 어렵다 하여, 요임금의 구법을 펴서 세밀한 것을 버리고 간략한 것을 취하자고 주장하였습니다. 이는 두예가 요임금의 법이 후세보다 엄했던 것을 알지 못하고 간단하고 쉽다고 잘못 말한 것입니다. 앞 시대의 제도를 두루 상고해본바 무릇 고과법은 모두 9등으로 구분해서 연말에 한 번 평가를 하였습니다. 오직 후위後魏의 문제文帝가 '상과 하 두 등급은 세 질로 나누고 중간 등급은 한 질로만 한다'라고 하였습니다. 이렇게 말한 취지는 상과 하의 등급에 들어간 경우 승진시키고 축출하는 대상이 되기 때문에 세분해서 보려는 것이요, 중간 등급은 본래 할 일을 지켜서 보통 정도일 뿐이기에 더 구분을 두지 않은 것이니, 그 뜻이 좋다고 하겠습니다. 우리나라의 고과법은 오직 세 등급으로만 나누어 거칠고 간략한데도 1년에 두 번 고과를 하니 어찌 이렇게 자주 한다는 말입니까. 요순시대의 사람들은 어질고 능하고 지혜로운 것이 요즈음 사람과 같지 않았으되 3년 이후에 그 공적을 따졌는데, 요즈음 사람들은 반년 이내에 고과를 하니 불가하지 않겠습니까. 수령의 고과는 마땅히 9등급으로 나누고 연말에 한 번 시행하는 것이 마땅합니다."

「고적의」에서 또 이렇게 서술하였다. "고공하는 제목題目의 글을 쓰는데 여덟 글자에 그쳐서 너무 소략합니다. 옛날에 노승경盧承慶[16]은 특히 자기를 고과함에 '감운손량監運損糧, 비력소급非力所及'[17]이라 했고, 양성陽

---

15 두예杜預, 222~285 : 중국 서진 때 사람. 자는 원개元凱이다. 진남대장군鎭南大將軍이 되어 오나라를 공격할 때 군사를 잘 부려 군공을 세웠다. 또한 여러 분야에 통달한 학자로 『좌전左傳』에 대한 주해가 유명하다.

16 노승경盧承慶, 595~670: 중국 당나라 태종 때 사람. 자는 자여子餘이다. 벼슬은 형부상서刑部尙書에 이르렀다.

城이 몸소 자기를 고과하되 '무자심로撫字心勞, 최과정졸催科政拙'[18]이라 썼으니 모두 4글자 2구를 사용한 것입니다. 대개 당나라 때부터 법이 이러했습니다. 그러나 주나라 때는 총재冢宰가 회계를 받았는데 회계하는 글이 필시 여덟 글자에 그치지 않았을 것이고, 한나라 때는 군국에서 모두 계부計簿를 올렸으니 계부의 글도 필시 여덟 글자에 그치지 않았을 것입니다. 오늘날 어사의 서계書啓에 수령의 잘잘못을 논하는 글에 많은 경우는 수백 자에 이르러 글자 수에 구애가 없거늘 어찌 감사의 고과만 유독 그렇게 하지 않습니까. 또 생각해보건대 상고에는 상하가 서로 권면하며 분용희재奮庸熙載[19]하였거늘 후세에는 이 뜻이 밝혀지지 못한 것입니다. 어리석고 무능력한 사람이 대체를 지키기에 힘쓰고 옛 법도를 그대로 따른다 하여, 그 명분을 '흔들지 않고 저절로 다스려지도록 한다'라고 하는데 모든 법도가 해이해지고 구멍이 숭숭 뚫려서 백성들이 해독을 입어 고혈이 다 빨리는데도 살피고 감독하는 임무를 맡은 감사는 이런 수령을 평가하여 '간약簡約으로 다스리니 앉아서 진정시키되 여유가 있다'라고 하거나, '습속을 좇아 다스리고 빛나는 명예를 구하지 않는다'라고 하거나, 심한 경우는 '산수 좋은 고장에서 풍류로 소일한다'라고도 합니다. 이런 따위가 모두 임무를 제대로 보지 않고 녹만 축내고 자리를 더럽히는 자들에 대한 제목인 것입니다."

---

17 감운손량監運損糧 비력소급非力所及: 운송의 임무를 맡으매 양곡이 축난 것은 어쩔 수 없는 불가피한 일이라는 뜻이다.

18 무자심로撫字心勞 최과정졸催科政拙: 백성을 보살피느라 마음이 수고롭고 부세를 독촉하는 정무는 졸렬하다는 뜻이다.

19 분용희재奮庸熙載: 훌륭한 신하들을 찾아서 공을 떨치도록 해서 태평성대를 이룸을 나타내는 말. 『상서尙書·순전舜典』에 나온다.

「고적의」에서 또 이렇게 서술하였다. "평가 항목은 무릇 9개 강綱이 있습니다. 첫째 율기律己, 둘째 봉공奉公, 셋째 애민愛民, 그다음으로 육전六典이 들어가는 것입니다. 이 9개 강에 각각 6개 조목을 포괄해서 도합 54개조가 됩니다. 조정에서 54개조를 여러 고을에 반포, 수령들이 주지하고 삼가 공손히 이행하여, 그중 효과를 이룬 것 27개조를 갖추어 감사에게 보고하도록 합니다. 감사의 평가는 그중의 9개조를 선택해서 9등급에 배정하여 조정에 보고하되 그 9개조에 모두 '장臧'을 받은 자는 '상의 상' 등급에 들고, 9개조에 모두 '부否'를 받은 자는 '하의 하' 등급에 들어갑니다.[20] 그중 하나만 '부'를 받은 자는 '상의 중'이 되며, 그중 하나만 '장'을 받은 자는 '하의 중'이 되니 이처럼 차례로 배열해서 매번 장과 부의 많고 적음에 따라 등급의 고하를 정하도록 할 것입니다." 이제 시험 삼아 고적장계考績狀啓를 어사의 서계書啓 서식과 같이 만들어 다음에 제시해본다.

전라도 고적 계본啓本 서식

	옥과玉果[21]현감縣監 이 모		순창군수淳昌郡守 김 모		나주목사羅州牧使 박 모	
	감사의 평가	등급	감사의 평가	등급	감사의 평가	등급
율기	아침 일찍 관아에 앉아 정사를 보는 것이 엄숙하여 이민들이 공경한다.	장	가족들을 데리고 오지 않았으며, 자제와 친우들을 정당에 나오지 못하게 하고 내아에만 머물도록 했다.	장	애첩이 정사에 관여하고 술자리 벌이는 일이 너무 많았다.	부

20 장臧은 잘한 것, 부否는 잘못한 것을 칭하는 말. 선악과 같은 뜻이다.

봉공	문루門樓에 올라가서 교서敎書를 반포하여 만백성으로 하여금 조정의 덕을 베푼 뜻을 알도록 하였다.	장	문보文報가 기한을 넘기지 않았으며, 지시사항을 기한에 앞서 실천한 자에 대해 상을 주었다.	장	삭망에 망하례望賀禮를 거행하지 않고 검시관檢屍官[22]의 일을 기피하였으니 성실치 못하다.	부
애민	버려진 아이 7명에게 유모를 대주어 양육하도록 했으며 늙은 홀아비 4명을 창사倉舍에서 부양하였다.	장	양로연을 하는데 사람들을 너무 많이 불러 백성들이 혹 말이 있었다.	부	의지할 곳 없는 늙은 홀아비와 과부들을 강제로 마을 백성들에게 떠맡겨, 뇌물을 바치고 모면한 자까지 있었다.	부
이전	간활한 아전 이 모·김 모가 나라를 좀먹고 백성을 해친 것을 적발해서 법에 비추어 처벌하자 모든 아전들이 조심하게 되었다.	장	공사貢士 7명이 모두 공론에 맞았고, 성시省試[23]에 발해發解[24]한 인원이 다른 고을에 비해 유독 많았다.	장	간활한 향임을 신임하여 정사를 맡겨버리고 면임과 이임里任도 간활한 사람들을 시켰다.	부
호전	동부 두 면의 누전漏田[25] 12결을 조사하고 신기전新起田[26] 10결 20부를 밝혀냈다.	장	상평창 곡식의 가격을 정하는데 억지로 5푼을 감해서 백성들이 혹 말이 있었다.	부	면화 밭의 재해를 전혀 둘러보지 않고 아전의 손에 일임해버려서 재결을 31결이나 과도하게 매기도록 했다.	부
예전	백성들을 권유해서 관혼상제의 예를 행하며, 모두 한결같이 법제를 준수하도록 했다.	장	향교에 출입하는 자들이 명륜당에서 싸움을 하였는데 사사로운 정에 끌려 다스리지 않으매 선비들의 습속이 무너졌다.	부	십삼경十三經을 구입해온 뒤 그 선본을 자기가 가지고 있던 나쁜 본과 몰래 바꿔치기를 해서 선비들의 비방이 있었다.	부
병전	숙동熟銅[27] 300근을 마련하여 무기고에 저장해 불의의 병란에 대비하였다.	장	군사들이 교련을 받는데 한결같이 제식을 준수하여 무예가 정통하고 숙달되어졌다.	장	어영청御營廳[28] 군사 11명을 첨정하는데 간활한 아전이 장난을 쳐서 30여 명이 침학을 당해 백성들의 원성이 잦아들지 않았다.	부

형전	고을 백성 박 모가 살인을 하고 뇌물을 바쳐 사건이 파묻힌 것이 여러 해 지났는데 지난 7월에 그의 간악한 죄상을 들추어 처벌하매 백성들이 칭송했다.	장	송사를 처리할 때 백성들로 하여금 원고와 피고를 대질시키고 판결이 난 다음에 송사에 패한 자를 다스리니 수십 년 미결 상태의 송사가 많이 해결되었다.	장	술이 취하면 함부로 곤장질을 하는데 죄없는 사람이 많았으며, 조그만 죄로 여러 달 갇혀 있기도 했다.	부
공전	관에서 전거田車[29] 20량을 만들어 20개 마을에 나누어주매 백성들이 기뻐했다.	장	황폐된 저수지 7곳이 다 진흙으로 메워졌음에도 파내려고 하지 않았다.	부	문루門樓가 훼손되어 전임자가 그 수리비로 300냥을 남겨두었는데 모두 사적인 용도로 들어가고 중건할 생각을 하지 않고 있다	부
최종등급	이상 9개조가 모두 '장'에 해당되었으므로 '상의 상'으로 매긴다.		이상 '장'이 5개조이고 '부'가 4개조이니 '중의 중'으로 매긴다.		이상 9개조에 모두 '부'가 되었기에 '하의 하'로 매긴다.	

여러 도, 여러 고을에 고적을 하고 등급을 나누는 일은 모두 다 이와 같이 할 것이다.

「고적의」에서 또 "9등급으로 고적을 할 때 의당 각 도에 각각 정원이

21 옥과玉果: 지금의 전라남도 곡성군에 속한 고을.

22 검시관檢屍官: 검시하는 관원. 지방에서 살인 옥사가 발생하면 인근 고을의 수령이 검시관으로 차출되었다.

23 성시省試: 향시와 같은 말.

24 발해發解: 과거시험 중 향시에 합격한 것. 서울에서 보는 회시會試에 응시할 자격이 주어진다.

25 누전漏田: 토지장부에서 누락된 전토.

26 신기전新起田: 새로 개간한 전토.

27 숙동熟銅: 달금질을 한 구리쇠.

28 어영청御營廳: 조선시대 삼군문의 하나. 효종 3년에 설치되어 조선 말까지 두어졌다. 처음에는 북벌 계획의 본영이었으나 후에는 중앙 방비 부대의 하나가 되었다.

29 전거田車: 논밭의 길에서 이용되는 달구지의 일종.

있어야 할 것입니다"라고 하였다. ○ 가령 경기도같이 37고을이면 '상의 상'과 '하의 하'에 각 1명씩, '상의 중'과 '하의 중'에 각 1명씩, '상의 하'와 '하의 상'에 각 2명씩, '중의 상'과 '중의 하'에 각 4명씩으로 하며, '중의 중'에는 21명을 두면 될 것이다. 이 등급에 따라 나누는 법은 매 10명에 2명을 취하여 그 1명은 상등에, 다른 1명은 하등에 두며, 나머지는 모두 중등에 둘 것이다. ○ 또 전라도같이 53고을이면 '상의 상'과 '하의 하'에 각 1명, '상의 중'과 '하의 중'에 각 2명, '상의 하'와 '하의 상'에 각 2명, '중의 상'과 '중의 하'에 각 5명, '중의 중'에 33명이 되게 할 것이다【또한 10명에서 1명을 상등으로 잡고 1명을 하등으로 잡는다】. ○ 강원도같이 26고을이면 상의 3등급에 각각 1명, 하의 3등급에 각각 1명씩, '중의 상'과 '중의 하'에 각각 2명, '중의 중'에 16명이 되게 할 것이다. ○ 다른 도에도 9등급으로 나누는 인원수를 모두 이와 같이 할 것이다.

○ 이에 관해 논하였다. "선인과 악인이 본래 정원이 있을 수는 없습니다. 한 도에 30고을이 있다고 할 때 반드시 상등급이 3고을이 되고 하등급이 3고을이 되는 것은 아닙니다. 이제 그 숫자를 고정해서 가감이 없도록 한다면 만약 어진 수령이 우연히 드문 경우는 필시 억지로 채워 넣어 포상하는 일이 있을 것이며, 만약 탐학한 수령이 우연히 많은 경우는 요행히 죄를 벗어나는 일도 있을 수 있습니다. 이론을 제기하는 자가 필시 분분히 일어나 마땅치 않음을 제기하게 될 것입니다. 그러나 가만히 생각해보건대 문과시험에 갑과甲科[30]는 매번 셋을 뽑는데 어찌 꼭 갑에

30 갑과甲科: 문과시험에서 성적을 차례로 나눈 등급의 하나. 1등인 장원壯元, 2등인 방안榜眼, 3등인 탐화探花 이 3명이 갑과에 속한다. 그 아래로 따로 을과乙科와 병과丙科가 있었다.

해당하는 자가 셋이겠습니까. 그리고 을과乙科[31]의 정원은 매번 다섯인데 어찌 꼭 을에 해당하는 자가 다섯이겠습니까. 또한 과거시험을 고권考券[32]하여 혹 이상二上인 자가 장원이 되기도 하고 혹 삼하三下인 자가 장원이 되기도 합니다.[33] 또 장원이 되면 관례적으로 반드시 육품六品에 올려 바로 예조 좌랑佐郞이나 성균관 전적典籍에 임명되는데 일찍이 시권試券이 하등에 있다고 해서 장원의 상전을 주지 않는 일은 없었습니다. 지금 여기 정한 고공법이 이와 어찌 다르겠습니까. 시험 삼아 전라도를 들어 말하자면 50명의 수령이 연말에 실시하는 고과에서 하등에 5명이 꼭 들어갈 줄 분명히 알면 두렵고 두려워 그 구렁에 빠질까 조심하지 않을 사람이 없을 것입니다. 또 그해 연말의 고과에서 상등에 5명이 들어갈 줄 분명히 알면 열심히 힘을 써서 저 언덕에 오르기를 바라지 않을 사람이 없을 것입니다. 두려울 바도 없고 기대할 바도 없는 것이 오늘날의 이 고과제도와 어찌 같겠습니까? 하물며 54개 조목은 조정에서 내린 명이요, 27개조는 수령이 치적을 올리는 것입니다. 이해 연말에 27개 조목으로 자신이 나열해서 조정에 보고한다는 것을 확실히 안다면 54개조를 아침저녁으로 늘 눈앞에 두고 거기에 죄를 면하고 공을 세우기를 생각하지 않는 사람이 없을 것입니다. 요즘처럼 수령이라고 앉아서 하릴없이 빈둥거려서야 될 일이겠습니까?"

---

31 을과乙科: 문과 급제자를 성적에 따라 나눈 두 번째 등급. 법제상 정원이 7명으로 되어 있다.

32 고권考券: 과거에서 답안지에 채점하는 것.

33 이상二上과 삼하三下는 과거에서 글을 평가하는 등급. 전체를 4등급으로 나누고 각 등급을 다시 3등급으로 나누어, 상지상上之上·상지중上之中·상지하上之下, 이상二上·이중二中·이하二下, 삼상三上·삼중三中·삼하三下, 차상次上·차중次中·차하次下의 12등급이 있었다.

『다산필담』에서 이렇게 서술하였다. "만물이 모두 쭉 고르지 않은 것은 만물의 이치이다. 한 대열의 사람들이 모두 다 선할 수 없는 것이다. 비록 크게 악하지 않더라도 한 대열에서 최하에 설 자가 있을 것이요, 비록 지선至善하지 않더라도 한 대열에서 최상에 설 자 또한 있을 것이다. 당나라 마주馬周[34]는 다음과 같은 좋은 말을 했다. '요즘 고과에 등급을 매기는데 '중의 상' 밖에 없으니 어찌 인물들 가운데 상등과 하등의 고과에 들 자가 없을 것인가?' 이 말의 뜻은 대개 현재의 사람들 가운데 나은 자를 뽑아 상의 등급에 올리자는 것이다. 또 비록 '하의 하' 등급에 들었더라도 결점을 지적한 조목들이 다 사람이 약하고 소루하고 어두운 잘못이지, 탐학하고 일부러 범한 죄가 아니라면 해임만 시킬 것이요, 뒤에 죄를 받는 일은 없을 것이다. 어찌 내가 고과를 나쁘게 했다고 걱정할 필요가 있으랴!"

「고적의」에서 또 이렇게 서술하였다. "감사의 고적장계와 수령이 자기 치적을 보고하는 주적장奏績狀을 함께 조정에 올리고 아울러 이조에도 보내도록 할 것입니다. ○ 수령이 올린 주적장을 감영에서 없애는 것은 불가합니다. 비록 9등급으로 고과한 것이 그 자신의 주적장을 따르지 않았더라도 그 문서도 의당 조정에 올려야 합니다. 법이 원래 이와 같으니 감사는 필시 그 실적을 은폐하고 사사로이 그 사람을 깎아내리지 못한 것입니다."

「고적의」에서 또 이렇게 서술하였다. "3년마다의 대비大比에서 삼고수령三考守令[35]은 교체되든지 교체되지 않든지를 막론하고 모두 상경해서

---

34 마주馬周, 601~648 : 중국 당나라 사람. 자는 빈왕賓王이다. 태종 때 중서시랑中書侍郎에 이르렀고 학문을 좋아해서 『시경』과 『춘추』에 밝았다.

임금이 불러 보는 것을 기다려 직접 자기의 주적장을 보고하도록 합니다. ○ 3년 동안의 주적장 및 3년 동안의 고공계考功啓를 수령이 모두 직접 안고 임금 앞에 나아가 무릎을 꿇고 읽되 혹 임금이 묻게 되면 즉시 그 자리에서 설명하도록 합니다. 이는 요순이 매일 군목群牧을 만나보는 법입니다. 이 법은 엄숙하고 추상같아 후세의 법처럼 소활하고 해이해서 백 번이나 강구해보아야 비로소 겨우 깨달을 수 있는 것과 같지 않습니다."

「고적의」에서 또 이렇게 서술하였다. "임금이 지방 수령들을 불러 보는 절차를 마친 다음에 암행어사 12명을 팔도에 나누어 보내서【영남·호남·서도·북도에 각각 2명을 보낸다】 각기 공과 죄의 허실을 확인해보도록 합니다. ○ 자子·오午·묘卯·유酉[36]에 해당하는 해에는 입춘 날부터 삼고수령들을 불러 보는데 매일 5~6명을 만나 입하 열흘 전에 마칩니다. 주적장 받기를 마치면【북도의 수령은 모름지기 교체되어 돌아올 때 보도록 할 것이다】 이에 입하 날 어사를 파견해서 입동 전에 복명復命하도록 합니다. ○ 어사는 수령들의 주적장과 감사의 고공계를 가지고 여러 고을로 몰래 돌아다니며 그 허실을 살펴보아, 속여서 공적을 보고했고 감사가 거기에 동조한 사실을 발견하면 낱낱이 제시하여 탄핵하고, 실제 공적을 보고했는데 감사가 묵살한 사실을 발견하면 그것도 낱낱이 제시하여 탄핵할 것입니다. ○ 신臣[37]이 가만히 살피건대 조정에서 대략 3~4년에 한 번씩 어사를 파견하기로 되어 있으나 혹 7~8년 만에 보내기도 합니다. 그렇기에 수령이나 향리들

35 삼고수령三考守令: 3차에 걸쳐서 고적을 받은 수령.

36 자子·오午·묘卯·유酉: 12간지 중에서 자·오·묘·유에 해당하는 해. 3년 간격이 된다. 과거가 치러지는 식년시의 해인 동시에 호적을 작성하는 해이기도 하다.

37 신臣: 여기서는 다산 자신을 가리킴. 이 「고적의」가 국왕인 정조에게 올리는 것을 전제해서 쓴 것이기 때문에 자신을 '신'이라고 표현한 것이다.

이 모두 요행심이 생겨 부정을 저지르고도 시간이 지나서 드러나지 않기를 기대하게 됩니다. 신이 생각건대 법을 제정해서 반드시 3년에 한 번 어사를 파견해야 합니다. 자子·축丑·인寅 3년 동안의 일을 묘卯년에 내려와 조사하고, 묘·진辰·사巳 3년 동안의 일을 오午년에 내려와 조사하는 것을 언제나 지켜야 할 규정으로 삼아, 당겨지고 미뤄지는 일이 없게 하면 탐욕스런 관리와 교활한 아전들이 다 후환이 두려워 감히 방심하지 못할 것입니다. 비록 공적을 평가하는 것이 아니더라도 응당 실효를 거둘 것이니 더구나 조정에서 반포한바 54개조가 어사의 수중에 있고, 수령이 보고한바 27개조가 어사의 수중에 있으며, 감사가 고적한바 9개조가 어사의 수중에 있으니 이것들을 가지고 고을로 가서 각기 허실을 조사하면 떨고 두려워하지 않을 자가 누가 있겠습니까. 아무리 세력 있는 큰 집안이라도 3년 뒤에 어사로 내려올 사람과의 친소관계나 그 사람의 성품이 유한지 강한지 여부를 미리 알기 어려우므로 장차 무엇을 믿고 의지할 수 있겠습니까. 감사는 자기와 동시에 재직하고 있어 세력으로 흔들 수도 있고 안면으로 너그럽게 봐줄 수도 있겠으나 어사는 감사와 사정이 다르기 때문에 이런 것들이 다 소용없게 되기 쉽습니다. 감사의 고적 또한 나중에 어사의 의논이 있을 줄 알면 고적하는 내용이 공정하게 될 수밖에 없을 것입니다. 오늘날 행해지는 고적법과 비교할 때 성글고 주밀함이 어떠한지요. 만약 수령이 허위로 치적을 보고하고 감사가 속여서 공적을 아뢴 사실이 있으면 본죄와 함께 임금을 속인 죄까지 겹쳐져서 용서받지 못할 터인데 어찌 떨면서 두려워하지 않겠습니까. 신은 이 법이 행해지게 되면 태평의 치세를 바로 목전에서 기대할 수 있을 것이라 생각합니다. 요임금과 순임금이 훌륭한 치세를 이룩한 까닭이 공적의 평가 이 한 가지 일에 달려 있었습니다. 신은 이 주장이 망언이 아니라고 확신합니다." ○ 고적의 9등급·3고考의 상벌·출척黜陟의 법과 거복車服[38]·유방流放[39]에 관한 규정은 「고적의」에 상세하니 여기서는 생략하기로 한다.

38 거복車服: 수레와 의복. 천자가 공 있는 신하에게 은전을 베푸는 것으로 이것을 신하에게 하사했다. 『상서』에 "거복이용車服以庸"이라는 말이 나온다.

39 유방流放: 멀리 유배를 보내는 것. 형벌의 일종이다.

제6부 호전 6조

戶典六條

제1조 전정

田政

【「고적의」에서는 교민敎民을 호전의 제1조로 삼았으나, 오늘날 시행하지 않기 때문에 전정으로 제1조를 삼는다.】

수령의 직책 54조 중에서 전정이 가장 어려운 문제인데, 우리나라의 양전법量田法이 본래 좋지 못하기 때문이다.

중국은 경頃·묘畝[1]로 토지를 헤아리고 우리나라는 결結·부負[2]로 토지를 헤아린다. 토지의 길고 짧고 넓고 좁은 형체는 드러나지만, 비옥하고 척박하고 기름지고 메마르고 하는 성질은 드러나지 않는다. 형체가 있는 것은 옛날이나 오늘날이나 변함이 없지만 토질은 때에 따라 다르다【토지가 기름지고 척박한 것은 사람의 공력에 달려 있다】. 결부로 토지를 헤아리는 방식은 좋은 제도가 아니다. 원래 전결田結이라는 말은 『관자』【「금장禁藏」에 보임】에서 비롯한 것이며, 신라 때 이미 결부가 쓰였다. 최치원崔致遠의 산사비명山寺碑銘[3]에는 "토지 10결을 내려주었다"라는 말이 보인다. 『고려사高

1 경頃·묘畝: 중국에서 예로부터 사용해온 토지 면적의 단위. '畝'는 과거에 우리나라에서는 '무'로 발음했는데 지금은 '묘'로 통행되고 있다. 100묘가 1경인데, 면적은 각 시대에 따라 달랐다. 처음에는 사방 6척尺을 1보步, 100보를 1묘라 하였으나, 진秦 이후에는 240보를 1묘로 하였고 청대에 와서는 영조척營造尺으로 사방 5척을 1보, 240보를 1묘로 하였다.

2 결結·부負: 토지의 생산량을 기준으로 토지의 넓이를 셈하는 단위. 즉 토지의 비옥도에 따라서 결과 부의 넓이가 다르다. 조세의 단위로도 쓰였다.

麗史·식화지殖貨志』[4]에는 산전山田 1결, 평전平田 2결이라는 말들이 나오는데, 여기서 1결이나 1부라 한 것은 곧 1경이나 1묘요, 지금처럼 토지의 비옥도를 가지고 그 넓이를 셈한 것이 아니었다【「전제고」에 자세히 나와 있다】. 고려 말에 비로소 3등급의 자[5]를 제정해 토지를 측량했으며, 조선 초에 5등급의 자를 제정하니 그 차등은 더욱 많아졌으나, 비옥하고 척박한 것으로 구분하는 5등급은 전안(田案, 토지장부)에 실려 있을 뿐이요, 5등급의 실제 넓이가 모두 같았던 것이다. 세종 말년에 6등급의 자[6]를 다시 제정하고 전제상정소田制詳定所[7]를 두어 양전법을 크게 고쳤는데, 계산하는 법은 오늘날과 같지 않다【「전제고」에 자세하다】. 효종 때에 이르러 여러 도의 토지를 다시 측량하고 비로소 『준수책遵守冊』[8]을 반포하니, 이에 1등

---

3 산사비명山寺碑銘: 일반적으로 사산비명四山碑銘이라고 부른다. 지리산 쌍계사의 진감선사대공탑비, 만수산 성주사의 낭혜화상백월보광탑비, 희양산 봉암사의 지증대사적조탑비, 초월산의 대숭복사비의 비문은 모두 최치원이 지은 것으로, 네 곳의 산사에 세워져 있어 사산비명 혹은 산사비명으로 부르게 된 것이다. 본문에서 인용된 "토지 10결을 내려주었다(賜田十結)"는 구절은 산사비명에서 지금은 확인되지 않는다. 착오가 있는 듯한데 자세한 것은 알 수 없다. 그런데 대숭복사비에는 "이에 무덤 주변을 일괄해서 후한 값으로 구입하여 산판 200여 결을 사서 보탰다(於是括以邇封, 求之善價, 益丘隴餘二百結)"라는 구절이 보인다. 신라시대에 결結을 사용한 것은 이 구절로 확인해볼 수 있다.

4 『고려사高麗史·식화지殖貨志』: 『고려사』 권78~80에 실려 있다. 전제田制·호구戶口·대폐貸幣·염법鹽法·과렴科斂·차대借貸·조운漕運·녹봉祿俸·상평창常平倉·의창義倉·진대賑貸에 관한 제도와 그 제도의 변천 과정을 기록했다.

5 3등급의 자: 고려 공양왕 원년(1389)에 제정한 양전척量田尺. 상전척上田尺은 20지指, 중전척中田尺은 25지, 하전척下田尺은 30지이다.

6 6등급의 자: 세종 26년(1444)에 제정하였는데 토지를 그 비옥도에 따라 6등급으로 나누고 등급에 따라 상이한 양전척을 제정하였다. 주척周尺으로 1등 전척田尺은 4척尺 7촌寸 7분分 5이釐, 2등 전척은 5척 1촌 7분 9이, 3등 전척은 5척 7촌 3이, 4등 전척은 6척 5촌 3분 8이, 5등 전척은 7척 5촌 5분, 6등 전척은 9척 5촌 5분이었다.

7 전제상정소田制詳定所: 세종 25년(1443)에 토지 및 조세제도를 조사, 연구하고 새로운 법을 제정하기 위하여 설치했던 임시 관청.

8 『준수책遵守冊』: 『전제상정소준수조획田制詳定所遵守條劃』이라고도 하는데 양전할 때 알

은 100부, 2등은 85부, 3등은 70부, 4등은 55부, 5등은 40부, 6등은 25부라는 차이가 철칙처럼 되었다. 이런 법은 옛날에도 증거할 만한 것이 없었다. 황제黃帝는 들판을 구획하고 우왕禹王과 후직后稷이 준견濬畎[9]을 한 일에서부터 정전井田과 연옥衍沃[10]의 제도와 상앙商鞅[11]의 천맥법阡陌法[12]이나 이회李悝[13]의 수리전水利田 등에 이르기까지 모두 실제 면적으로 계산하였으며, 비옥도의 차이는 별도로 등급을 두었을 뿐이었다. 오늘날의 이 체가법遞加法[14]은 비록 예수隷首[15]가 계산을 맡고 이주離朱[16]가 자로 잰다 하더라도 그 넓이를 제대로 밝힐 수 없을 것이다. 오늘날 수령이 무슨 방도로 농간을 적발할 수 있겠는가.

아두어야 할 결부법, 토지의 품질 심사와 그에 따른 과세 사정 방법, 각종 모양의 토지 면적 계산법과 토지의 등급 차에 따른 과세 환산표를 수록해놓았다.

9 준견濬畎: 농지에 물길을 내는 것을 가리키는 말로 추정됨.

10 연옥衍沃: 평탄하고 기름진 땅. 농지를 정리해 비옥하게 만드는 것을 이르는 말로 추정됨.

11 상앙商鞅, B.C. ?~B.C. 338: 중국 전국시대 위나라 사람으로 공손앙公孫鞅이라고도 한다. 진秦나라 효공孝公의 좌서장左庶長이 되었으며, 변법變法을 제정하여 정전井田을 폐지하고 천맥阡陌을 실시할 것을 건의하여 부세법을 개정하였다. 상商 지역에 봉을 받아 상군商君으로 일컬어졌다. 저서에는 『상자商子』 5권이 있다.

12 천맥법阡陌法: '천맥'은 원래 밭 사이에 난 길을 가리키는 말로 천은 남북, 맥은 동서로 난 길을 의미한다. 따라서 토지의 경계를 구분 짓는다는 의미도 있다. 상앙은 정전제로 농토를 구획하지 말고 천맥으로 바꾸자고 건의하였다.

13 이회李悝, B.C. 455?~B.C. 395: 중국 전국시대의 위나라 사람. 이회里悝로 표기하기도 한다. 지력地力을 최대한도로 이용하는 방법을 창안하였으며, 평적법平糴法을 만들어 나라를 부강하게 하였다. 형명학刑名學의 비조이며 중국 형법전刑法典의 모법母法인 『법경육편法經六篇』을 편찬하였다.

14 체가법遞加法: 순차에 따라 더하는 방식. 결부법에서 비옥도에 따라 농지의 넓이를 가감하는 것을 가리키는 것으로 추정됨.

15 예수隷首: 중국 고대의 황제 때 존재했다는 전설적인 인물. 처음으로 산수를 발명하고 도량형을 만들었다고 한다.

16 이주離朱: 중국 고대의 황제 때 존재했다는 전설적인 인물. 이루離婁라고도 한다. 눈이 밝아 100보 밖에서도 털 오라기를 분간할 수 있었다고 한다.

현행 전산법(田算法, 농지 넓이를 셈하는 법)에는 방전方田·직전直田·구전句田·제전梯田·규전圭田·사전梭田·요고전腰鼓田 등등의 명칭이 있다. 각기 헤아려 계산하는 방식은 이미 사법死法이 되어 다른 모양의 토지에는 통용할 수 없다.

전산법에서 "산서算書에는 길이 5척에 너비 5척이 1보步가 된다"라고 하는데, 지금의 양전법으로 말하면 1척에 해당하는 것이다. 10척이 1속束이 되며, 10속이 1부負가 되며【시속에서는 복卜이라 쓴다】, 100부가 1결結이 되며, 8결이 1부夫가 되는 것이다【1속 미만은 응당 척으로 기록해야 하는데 시속에서는 파把로 기록하고 있다】.

방전: 정사각형 농지

문: 지금 방전이 세로 99척, 가로 99척이면 그 토지는 얼마인가?

답: 98부이다【이는 1등전으로 계산한 것이다. 2등전으로 계산하자면 2등 85를 영影[17]으로 삼아서 98부를 이에 곱한다. 3등전, 4등전의 계산법도 모두 이에 준한다】.

법法: 세로 99척, 가로 99척이면 곱해서 9801척이니, 98부 1파가 된다.

---

17 영影: 승수乘數. 곱셈을 가리키는 말.

직전: 직사각형 농지

문: 지금 직전이 세로 74척, 가로 44척이면 이 토지는 얼마인가?

답: 32부 5속이다.

법: 세로 74척에 가로 44척을 곱하면 3256척을 얻으니, 곧 32부 5속이다.[18]

구고전: 직각삼각형 농지

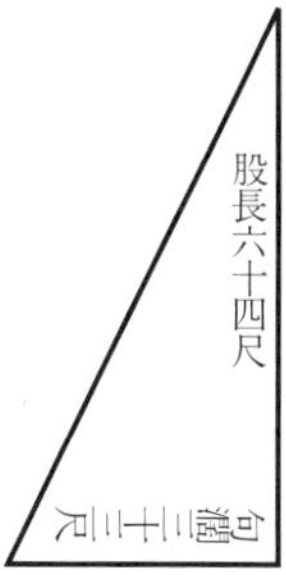

문: 지금 구고전이 밑변 33척, 세로 64척이면 이 토지는 얼마인가?

답: 10부 5속이다.

법: 밑변 33척에다 세로 64척을 곱하면 2112척이 되고, 이것을 반으로 나누면 1056척을 얻으니, 곧 10부 5속이 된다.

제전: 등변사다리꼴 농지

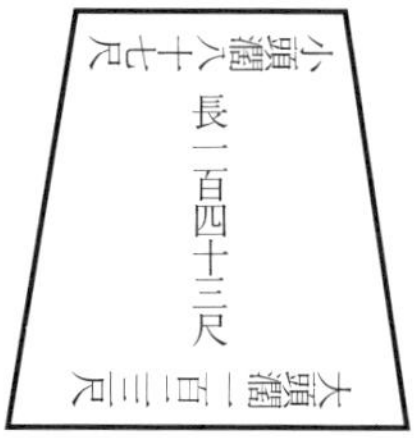

문: 지금 제전이 밑변이 123척, 윗변이 87척, 높이 143척이면 이 토지는 얼마인가?

답: 1결 50부 1속이다.

법: 밑변 123척에다 윗변 87척을 더하면

18 정확하게는 32부 5속 6파인데, 여기서는 속 이하 단위를 버림하였다. 뒤에서도 속 이하 단위를 버림한 경우가 보인다.

210척이 되고 이것을 반으로 나누면 105척이 되는데 높이 143척으로 곱하면 15015척이 된다. 곧 1결 50부 1속이다.

규전: 이등변삼각형 농지

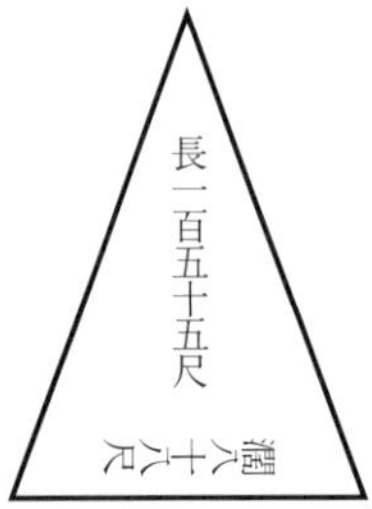

문: 지금 규전이 높이 155척, 밑변 88척이면 이 토지는 얼마인가?

답: 68부 2속이다.

법: 높이 155척에 밑변 88척을 곱하면 1만 3640척이 되는데 이것을 반으로 나누면 6820척이 된다. 곧 68부 2속이다.

사전: 마름모꼴 농지

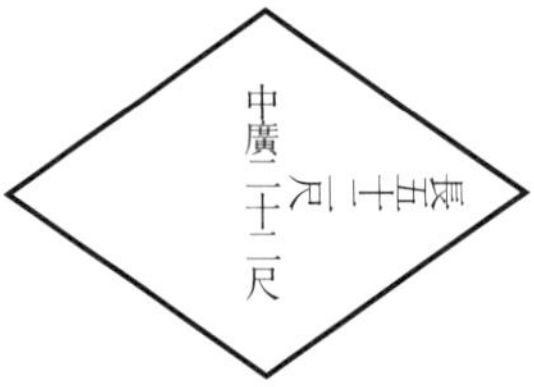

문: 지금 사전이 중간의 길이 52척, 중간의 너비 22척이면 이 토지는 얼마인가?

답: 5부 7속 2파이다.

법: 중간의 너비를 2로 나누면 11척을 얻는데 이것에 길이 52척을 곱하면 572척이 된다. 곧 5부 7속 2파이다.

요고전: 장구 모양 농지

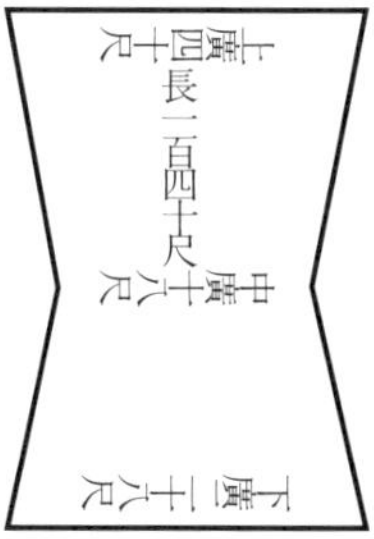

문: 지금 요고전이 길이 140척, 위 너비 40척, 중간 너비 18척, 아래 너비 28척이면 이 토지는 얼마인가?

답: 36부 4속이다.

법: 중간 너비 18척을 한 배 더하면 36척이 되고, 또 여기에 윗 너비와 아래 너비를 합하면 모두 104척이 되는데 4로 나누면 26척이 된다. 여기에 길이 140척을 곱하면 3640척이 된다. 곧 36부 4속이다.

이 밖에 사부등전四不等田·미전眉田·우각전牛角田·원전圓田·환전環田·복월전覆月田·호시전弧矢田·오각전五角田·육각전六角田·사형전蛇形田·대고전大鼓田 등등은 대개 위의 법을 참작해 적절히 제단해서 계산한다.

앞에 열거한 일곱 가지 모양의 토지를 측량하는 방식이 다 죽은 법이라는 사실은 삼척동자도 안다. 그중에 알기 쉬운 것을 들어서 그림을 그리고 설명을 붙여서 백성들에게 설명하다가, 통하기 어려운 곳에 다다라 기술이 다하고 말이 막혀서 시행할 만한 아무런 방도도 없게 되면 "모두 다 이 방식을 응용해서 측량을 한다"라고 한다. 그야말로 자기를 속이고 남을 속이는 말법이 아닌가. 『기하幾何』[19]라는 책의 첫 편에 직각直角·사

19 『기하幾何』: 『기하원본幾何原本』을 가리키는 것으로 보인다. 『기하원본』은 유클리드의 『기하학원론Stoicheia』을 마테오리치Matteo Ricci와 서광계徐光啓가 번역한 것이다. 이후 우리나라의 실학파 지식인들에게도 널리 알려졌다.

방斜方·삼각三角·오각五角·둔예각鈍銳角 등은 모두 그 면적을 계산하는 법이 있으나, 아무렇게나 생긴 사변형四邊形에 이르러서는 본래 미루어 계산하는 정식이 없다. 왜 그런가. 본 형태가 아무렇게나 생겼는데 장차 어떻게 계산하는 법을 세워서 그 넓이를 셈할 수 있겠는가? 오늘날 나라 안의 토지는 작게는 1능稜[20]에서 크게는 1성成[21]에 이르기까지 하나도 제멋대로 생긴 사변형이 아닌 것이 없다. 네모반듯하여 방전이 된 것, 옆으로 길어서 직전이 된 것, 구句 3에 고股 4인 것, 끊어진 폭이 심의深衣와 같은 모양처럼 된 것【제전이라 한다】, 뾰족하여 예각을 이룬 것【규전이라 한다】, 마름모꼴로 법에 맞는 것【사전이라 한다】, 가운데가 잘록하여 장구처럼 생긴 것【요고전이라 한다】은 8도를 다 돌아다녀보아도 평생 단 하나도 만나지 못할 것이다. 이른바 뱀이나 소뿔 모양의 토지, 둥근 가락지나 이지러진 달 모양의 토지, 당긴 활과 찢긴 북 모양의 토지 등등, 산과 들을 덮고 있는 토지는 모두 이런 따위들이다. 이런데 당면해서 장차 9로 9를 곱할 것인가? 4로 7을 곱할 것인가? 절반을 취할 것인가? 4로 나누어 계산할 것인가? 일곱 가지의 묘법은 어디에도 적용할 수 없으니 장차 굉망閎妄[22]도 머리를 흔들고 우虞·하何[23]도 혀를 내두르는 것을 볼 것이다.

이에 어리석은 수령들이 밭두둑 위에 서서 그 정례를 밝혀 농간을 적발하려 들지만 어디 할 수 있겠는가. 이 방식으로 실지 면적을 공평하게 계산하는 것도 알기 어려운데 더구나 여기에 2등 85부, 4등 55부의 차를

20 능稜: 여기서는 이랑이라는 뜻으로 논밭의 넓이나 거리를 셈하는 단위로 쓰였다.

21 성成: 고대의 정전제에서 사방 10리의 토지를 1성이라 했다.

22 굉망閎妄: 중국 한나라 때 천문역법天文曆法에 밝았던 낙하굉洛下閎과 선우망인鮮于妄人을 말한다

23 우虞·하何: 중국 삼국시대에 역학에 밝았던 우번虞翻과 하안何晏을 말한다.

가산해서 그것으로 비옥도를 살피고 결부의 증감을 논하려고 하다니, 능히 그 비례를 정밀하게 밝힐 자가 있겠는가. 이 그림을 그린 자는 이치를 아는 자일까? 알기 쉬운 것을 드러내고 알기 어려운 것을 감추어두고서, 먼저 근본을 세우면 미루어 만 가지 다른 형태에 적용할 수 있다고 한다. 이 어찌 속임수가 아닌가. 이른바 전산법이란 의거할 것이 되지 못함이 본래 이런 것이다.

토지를 새로 측량하는 것은 전정의 중대한 업무이다. 묵정밭과 고의로 조세 대상에서 누락시킨 땅을 조사하여 문제가 없기를 도모해야 한다. 부득이하다면 새로 측량하되 큰 폐해가 없는 것은 모두 옛 양안量案에 따르고, 아주 심한 것은 바로잡아 원래의 액수를 채워야 한다.

우리나라의 토지제도는 예부터 좋지 않았다. 훌륭한 군주와 현명한 신하가 조정에서 논의하여 전제를 크게 바로잡아 결부법을 폐기하고 경묘법으로 하되 한결같이 중국의 제도를 본받아야 할 것이다. 정전법을 참조해서 시행한다면, 그 일을 맡은 수령은 정신을 분발하고 지혜를 다하여 지극히 합당한 데 이르기를 힘써, 조금이라도 잘못된 점이 없기를 기하는 것이 마땅하다. 지금의 결부법은 토지를 6등급으로 구분하여 기구하고 혼란스러움이 이보다 더 심할 수가 없다. 아무리 우왕이나 후직 같은 이에게 이 일을 맡기더라도 완전하게 되기는 어려울 것이다. 하물며 토지의 비옥도가 세월에 따라 달라져서, 촌락이 번창하여 거름을 많이

하면 척박한 토지가 기름지게 되고, 촌락이 쇠락하여 힘이 다하면 비옥한 토지가 척박하게 된다. 또 혹시 옛날에 물이 풍부하던 곳이 소나무 숲이 무성해져서 물이 마를 수도 있고, 옛날에 건조하던 땅이 도랑을 파서 물이 풍족하게도 된다. 어찌 1등, 2등을 고정시켜놓고 오랜 시일이 지나도록 그대로 두어서야 되겠는가. 지금 양전을 새로 하면 신선할 것 같으나 양전을 새로 한다는 것은 결부를 고쳐서 다시 또 결부로 돌아가는 것이다. 법이 본래 좋지 않거늘 어떻게 좋게 바뀔 수 있겠는가. 그런 이유로 "부득이하면 새로 측량하되 큰 폐해가 없는 것은 모두 옛 양안에 따르라"라고 한 것이다. ○ 수령이 범승汎繩【척이 쌓여 속束이 되고 속이 쌓여 부負가 되는데 농지를 줄을 이용해 재는 것을 범승이라 한다】을 할 때, 백성이 앞에 나와 "이 논배미의 세가 3부나 되니 1부를 감해주십시오"라고 호소한다. 수령이 수행원에게 물어보면 "정말 그렇습니다. 이 논배미의 세가 억울함은 모든 사람들이 아는 바입니다"라고 대답한다. 아! 돈의 신이 판을 쳐서 세상에 공평하고 정당한 말이 없으니, 억울한지 거짓인지를 누가 알겠는가. 말 한마디로 결단할 수 있으니, 세가 몹시 억울하다면 논배미가 묵었을 것이고, 논배미가 묵지 않았다면 억울함이 심하지 않은 것이다. 수령이 줄로 재려고 할 때, 수행원이 수령에게 "이 논배미의 세는 3부에 불과한데, 마땅히 2부를 더하여 백성의 부세를 공평히 해야 합니다"라고 가만히 아뢰기도 한다. 아! 돈의 신이 판을 치니 세상에 공평하고 정당한 말이 없게 되었다. 그것이 가벼운지 공평한지를 누가 알겠는가? 논 주인을 불러 물을 때 세 부담이 더 늘어나는 것을 감수하는 이치는 없다. 감해주기를 청원하여 감해지는 것은 뇌물 때문이고, 더하기를 의논해도 더해지지 않는 것도 뇌물 때문이다. 이것을 조금이라도 흔들어서야 되겠는가?

그래서 "큰 폐해가 없으면 모두 옛 것에 따르라"라고 한 것이다. ○ 오늘날 남방의 토지는 모두가 숙종 경자년(1719)에 양전한 것이다. 내년 기묘년이면 100년이 되는데 토지의 결수가 날로 줄어드니 새로 양전하는 일 또한 급선무이다.

양전을 다시 하는 조례는 매양 조정에서 반포하는데 그중의 요점은 반드시 거듭 밝혀 단속하여야 한다.

양전을 다시 하려 할 때, 30일 전에 방을 붙여 백성들에게 알려서 더불어 단속을 한다.

1)무릇 시기전時起田[24]으로 황폐하지 않은 토지는 모두 옛날의 결수대로 하고 증감을 허용하지 않는다. 비록 세율이 무겁더라도 본인이 직접 호소하지 못하며, 세율이 가볍더라도 감히 남의 일을 고발하지 못한다. 말이 많고 시끄럽게 해서 큰일을 방해하는 자는 죄를 줄 것이다.

2)아무 마을의 아무 논배미는 옛날부터 전하여 오기를 갑의 토지가 을의 토지로 잘못 들어가 있고, 을의 토지가 갑의 토지로 잘못 들어가 있어서 의심스럽게 내려온 곳을 가리키면서 다시 재고자 하는 경우에는 별도로 장부를 만들어 조목조목 기록하여 기일 전에 와서 바치도록 하라.

3)아무 마을 아무 집의 진전(陳田, 묵정밭)은 타량(打量, 측량) 전 것과 타량

---

24 시기전時起田: 일차적 의미는 현재 경작하는 농지. 그런 토지로서 과세의 대상이 되는 전국의 전지총수田地總數를 원장부전답元帳付田沓이라고 하는데, 거기서 진잡탈전陣雜頉田과 면세전免稅田을 뺀 것이 시기전이다. 시기전에서 다시 재감災減을 뺀 것을 실결實結이라고 한다.

후 것을 별도로 두 장부를 만들어 타량 후의 진전은 을해년의 진전이니, 갑인년의 진전이니, 기사년의 진전이니, 갑술년의 진전이니 하고 각각 결부의 액수 밑에 자세히 표기하도록 해야 한다.

4)속전續田[25]과 환기전還起田[26] 및 신기전으로 양안에 등록되지 않은 것은 등록됐는지 안 됐는지 백성이 알 바가 아니다. 그러나 타량 후의 환기전과 신기전은 각 마을이 실태를 조사하여 조목별로 나열하고 따로 장부를 만들어 기일 전에 바쳐야 한다.

5)풍수설에 빠져 묘역을 넓게 점거하고 소나무를 많이 심어두고는 명목을 묘진墓陳[27]이라고 하는 것은 이전대로 세를 납부하게 하고 양안에서 빼서는 안 된다. 또한 별도로 장부를 만들어 조사·검토하는 데 편리하게 해야 한다.

6)한 자호字號[28] 내에서 세액이 서로 엇갈려서 제10번의 토지가 혹 제20번의 세를 물거나 혹은 제70번의 토지가 제80번의 세와 혼동이 된 것은 관에 와서 호소하지 말고 바로 그 마을에서 조목별로 나열하여 장부를 만들 것이다.

성자고成子高[29]가 병이 위독하자 "내가 비록 살아서 남에게 덕을 미치지는 못했다 해도 어찌 죽어서 남에게 해를 끼칠 수 있겠느냐? 내가 죽

---

25 속전續田: 원장에 들어 있는 전답 이외의 토지로, 척박하기 때문에 매년 경작하지 못하고 묵기도 하는 땅.

26 환기전還起田: 진전이었다가 다시 경작되는 토지.

27 묘진墓陳: 묘역에 들어가게 되어 개간하지 않고 묵혀두는 토지.

28 자호字號: 양전할 때 대상 토지에 천자문 순서대로 번호를 매기는데 이를 '자호'라고 한다. 지금의 지번과 유사한 성격이다. 원칙적으로 1자호 내에는 5결이 들어 있으며 자호 내의 각 필지에는 고유 번호가 있다.

29 성자고成子高: 중국 춘추시대 제나라의 대부大夫인 국백고부國伯高父. 시호는 성成이다.

거든 경작하지 못하는 땅을 택해 나를 묻어다오"【『예기·단궁檀弓』에 나온다】라고 하였다. 군자의 마음 씀이 이와 같았다. 오늘날 사람들은 풍수설에 빠져 산에 자리가 없으면, 평지에 특별히 자리를 마련한다. 이에 비옥한 토지가 묘지로 바뀌어 나라의 농지가 날로 축소되고 있다. 이는 실로 작은 문제가 아니다. 매양 새로 양전하는 날에 사대부의 묘역은 모두 진전으로 면세가 되니 어진 수령이라면 결코 허용할 일이 아니다. 다만 산꼭대기의 밭이 묘역으로 들어가는 경우는 들어주어도 무방할 것이다.

장차 새로 양전을 할 때는 수리와 도리都吏[30]를 불러놓고 이렇게 타이를 것이다. "새로 양전하는 것은 무엇 때문인가. 오직 진전을 조사하고 은결을 밝혀내어 은결로 진전을 보충함에 있다. 진전을 보충하는 것에는 다른 방도가 있으니, 하필 은결을 찾아내는 일뿐이겠는가. 너희들은 명심해야 할 것이다. 무릇 양전이 잘못된 것은 그 실제 면적을 조사하고, 새로 개간되었으나 보고되지 않은 것은 그 실제 결수를 정하여 일을 마무리 지을 것이다. 은결의 수치는 내가 이미 들은 바 있다. 도리는 몇 결이요, 동면은 몇 결이요, 서면은 몇 결이라는 것을 각기 실제 수로 자백하고 처분을 기다리도록 하라."

양전의 기본은 아래로 백성을 해치지 않고 위로 국가에 손해를 끼치지 않도록 오직 공평하게 해야 하는 것이니, 먼저 적임자를 얻은 후에라야 의논할 수가 있다.

30 도리都吏: 조세 담당 아전인 도서원都書員의 별칭.

정백자가 상원현上元縣의 주부로 있을 때, 전세가 고르지 못하였다. 좋은 토지는 귀족과 부자들이 후한 값으로 세를 낮춰서 사들이니, 백성들에게 일시의 이익은 있었지만 오래되자 그 폐해를 감당하기 어려웠다. 선생이 수령을 위하여 그 처리 방법을 마련했는데 백성들을 귀찮게 하지도 않고 한 고을의 부세가 공평하게 되었다. 처음에는 부자들이 불편하게 생각하여 많이들 뜬소문을 퍼뜨려 그 일을 흔들어 중지시키려고 하였다. 그러다가 얼마 지나지 않아 한 사람도 감히 불복하는 자가 없었다. 그 후 전국에 균세법均稅法을 시행했는데 관원이 부족해서 다른 관리를 더 투입했으나 세월이 흘러도 서류가 산처럼 쌓이고 아직도 공평하지 못하다고 호소하는 자가 있었다. 들어간 노력을 계산해보니 상원현에 견주어 백배 천배 더 들어간 상태였다. ○ 현종 계묘년(1663)에 경기도에서 양전을 하는데 상사가 억지로 궁방토官房土[31]를 높은 등급에 올리도록 명하면서 "궁방토는 면세지이니 한 등급 올려도 무방하다"라고 말했다. 양주에 김씨 성의 감관監官[32]이 이를 반대하여, "궁방토가 면세되는 것은 수십 년에 지나지 않습니다. 이 토지가 민간으로 돌아가는 것은 금방일 텐데 필시 무한한 폐단이 될 것입니다"라고 주장하였다. 상사가 이 주장을 받아들이지 않았는데 지금 와서 백성들이 그 토지를 많이들 버리고 경작하지 않고 있다【『공사견문록公私見聞錄』】. 案 상원현의 토지는 세가 박해서 해

31 궁방토宮房土: 내수사內需司와 궁방宮房에 속한 토지로 사궁장토司宮莊土·궁방전宮房田이라고도 한다. 궁방토에는 소유권이 궁방에 있는 유토궁방전有土宮房田과 궁방이 조세를 받을 권리만 가진 무토궁방전無土宮房田이 있었는데 모두 면세지이다.

32 감관監官: 위관委官이라고도 한다. 양전할 때 해당 면에서 일을 아는 사람 하나를 뽑아 면내의 양전 사무를 살피게 했다. 양반 중에서 뽑아 임명하는 것이 관행이었다.

를 끼쳤고 양주의 토지는 세가 무거워서 해를 끼쳤다. 실로 토지는 일정한 주인이 없으며, 잠깐 사이에 주인이 바뀔 수도 있다. 세력을 믿고 등급을 낮추어서도 안 되고 세력에 의지해서 등급을 높여서도 안 된다. 오직 고르게 해야 할 일이다.

백강 이경여가 경상감사로 있을 때, 경상좌도는 척박한 토지가 유독 많기 때문에 1만 결의 결수를 감하기를 청하여 여러 고을의 조세를 고르게 조정했다.

성직成稷[33]이 봉화현감으로 있을 때 일이다. 갑술년(1614)에 양전할 적에 직접 나가 산간벽지의 논밭까지도 전부 조사하여 장부를 바치자 균전사均田使[34]가 물리치고 받지 않았다. 이에 성직은 "척박한 토지인 '하의하' 등급의 땅을 어떻게 결부를 더 늘릴 수 있겠습니까? 굳이 늘리기로 든다면 결코 공평하다고 할 수 없습니다. 백성이 무슨 죄가 있습니까?"라고 차분히 말했다. 균전사는 그의 말에 깨닫고 그대로 따랐다. 봉화 백성들이 지금도 그 혜택을 입고 있다.

심동구沈東龜[35]가 청하淸河[36]현감으로 있을 때 일이다. 양전사量田使[37]가 백성들의 원망을 들으면서도 가혹하게 했다. 그가 면전에서 백성들에게 재앙을 끼치는 것에 대해 항의하자 양전사는 화가 났지만 어찌할 도리가

33 성직成稷, 1586~1680 : 자는 자교子喬, 호는 매변梅邊이다. 벼슬은 지중추부사知中樞府事에 이르렀다. 원주에 "우계牛溪 성혼成渾의 손자"라고 나와 있다.

34 균전사均田使 : 각 도의 전답을 측량하고 그 등급을 결정하는 일을 맡은 관원. 백성의 부담을 공평히 하기 위하여 양전을 실시했는데 이때 지방 수령 등을 감찰하기 위하여 중앙에서 지방으로 파견한 어사이다.

35 심동구沈東龜, 1594~1660 : 자는 문징文徵, 호는 청봉晴峰, 본관은 청송이다. 벼슬은 사간司諫에 이르렀다.

36 청하淸河 : 지금의 경상북도 포항시에 속한 고을 이름.

37 양전사量田使 : 균전사와 같다.

없었다. 백성들이 그 혜택을 입을 수 있었다.

민여검閔汝儉[38]이 울산부사로 있을 때 일이다. 울산부는 오래도록 양전을 방치하여 백성들이 억울함을 호소하였다. 그가 스스로 양전을 행하되 오직 공평하게 하고 본래의 결부 수에서 늘리지 않았다. 백성들이 매우 좋게 여겼다.

장군 김응하金應河[39]는 한미한 시절에 철원의 양전감관量田監官이 되었다. 균전사가 그 토지의 등급을 높여 조세를 무겁게 하려고 하였는데, 그는 고집하여 따르지 않았다. 철원 백성들이 오늘날에 이르기까지 그의 덕을 감사하게 여기고 있다.

○ 이치로 보아 열 집 정도의 마을에도 충직한 사람이 한 명은 있고, 한 고을에 착한 선비가 한 명쯤은 있기 마련이다. 요는 그런 사람을 얻기가 어려운 것이다. 영리한 자는 으레 속임수가 있고, 순박한 자는 으레 사정에 어두우며, 남에게 속임을 당하지 않는 자는 나를 속이기 쉽고, 나를 속이지 않는 자는 남에게 속기 쉽다. 사람을 얻기 어려운 까닭이다. 그래도 역시 사람을 다루고 부리기를 어떻게 하는가에 달려 있을 뿐이다.

경기도는 토지가 척박하기는 해도 본래 세가 가볍게 책정되어 있고, 남쪽의 토지는 비옥하기는 해도 세가

---

38 민여검閔汝儉, 1564~1627 : 호는 운촌雲村, 본관은 여흥이다. 벼슬은 울산부사에 이르렀다.

39 김응하金應河, 1580~1619 : 자는 경의景義, 본관은 안동安東이다. 무인으로 출중한 인물이었다. 1618년 명나라의 요청에 의해 후금을 치기 위한 원병을 보냈는데 도원수 강홍립의 부장으로 참여했다. 심하深河의 전투에서 명과 조선의 연합군이 후금군에게 패하여 강홍립은 투항을 했으나, 그는 끝까지 싸워 비장한 죽음을 맞았다. 그의 충절이 높이 평가되어 충무의 시호를 받았다.

본래 무겁게 책정되어 있다. 무릇 결부의 수치는 모두 옛날 그대로 따를 것이다.

효종 4년(1653) 8월에 경기도에 양전을 시행할 때 좌의정 김육金堉[40]이 상소를 올려 아뢰었다. "경기도는 나라의 근본이 되는 지역인데 토지의 결수가 태반이나 축소됐습니다. 각 고을의 수령들에게 회계를 맡은 아전만 데리고 직접 논밭으로 나가 전결을 일일이 조사하여 백성을 동요케 하는 폐단을 없애야 합니다. 강원도 서쪽 지역은 유민流民들이 산을 터전으로 살아가기 때문에 전야田野는 늘지 않고 이름난 산이 날로 헐벗어 갑니다. 별장別將을 뽑아서 둔전屯田[41]을 설치한 다음 유민을 분담하여 농지를 개간하도록 하고 산을 경작하지 못하도록 금하되 3년간 농지의 세를 징수하지 말게 해야 합니다." 임금께서 모두 그대로 따라 교서를 내려 "경기도는 토지가 척박한데 요역이 번거로우니, 양전을 할 적에 등급을 낮추어 조세가 헐하게 되도록 힘쓰라" 하고, 이어 『준수책』을 반포하여 차례로 여러 도에도 시행하도록 하였다.

『준수책』에서 대략 일렀다. "하삼도下三道는 수전(水田, 논)에 기름진 땅이 많고 척박한 땅이 적으며, 경기도와 황해도는 수전에 기름진 땅과 척

40 김육金堉, 1580~1658 : 자는 백후伯厚, 호는 잠곡潛谷, 본관은 청풍이다. 벼슬은 영의정에 이르렀으며, 대동법 실시에 지대한 공헌을 하였다. 저서에 『잠곡집潛谷集』이 있다.

41 둔전屯田 : 원래는 군량을 확보하기 위하여 군인이 집단적으로 경작하던 토지를 가리키는 것인데, 평시에는 농민에게 경작시켜 군수물자를 충당하기도 하였다. 조선 초기에는 중앙정부에 속한 국둔전國屯田과 지방의 주·군·현 및 포浦·진鎭에 속한 관둔전官屯田이 있었는데, 중기로 접어들면서 이 제도가 무너졌다. 그러다가 조선 후기에 와서 영營과 아문衙門의 부족한 경비를 충당하기 위해서 둔전을 다시 설치했다. 초기의 둔전은 황무지를 개간한 토지나 대가를 치르고 설정한 땅이었는데, 모두 면세지였다.

박한 땅이 반반이며, 강원도·함경도·평안도는 수전에 척박한 땅이 많다. 예전에 하삼도는 상등과 중등의 토지가 홍수와 가뭄에도 재해가 들지 않아서 곡식이 잘 되었다. 이제는 9등연분九等年分[42]과 재상災傷의 다소로 분간하여 조세를 거둘 것이요, 종전의 관례에 구애되어서는 안 된다." ○"종래의 1등전과 2등전 중에 등급이 맞지 않는 것은 올리기도 하고 내리기도 하여 등급이 맞도록 해야 할 것이다. 하등전 중에서 혹 수원이 마르기 쉽거나 혹 침수될 우려가 있으나 토질이 비옥한 것은 아울러 1등전이나 2등전 혹은 3등전으로 조정할 것이다." ○"아무리 지세가 높고 모래가 반쯤 섞인 땅이라도 만약 물을 끌어대어 곡식이 잘 되는 곳은 응당 분간하여 2등전, 3등전이나 4등전으로 조정할 것이다." ○"그런 가운데도 척박하여 모래와 돌이 많아 강원도나 함경도, 평안도의 최하등의 논과 다르지 않은 것은 5등전 혹은 6등전으로 매겨져야 할 것이다. 냇물을 막아 관개가 되는 곳에 대해서는 5등전이나 6등전에 넣지 말 것이다."【이상은 『국조보감』에 보인다】 ○ 나는 경기도 양근군楊根郡에 척박한 토지를 가지고 있다. 논 70마지기와 밭 20일 갈이인데 모두 합해서 1결밖에 되지 않는다. 내가 남쪽 변두리에 유배 와서 보니 약간 비옥한 논 20마지기의 조세가 1결이다. 이로 미루어보건대 남쪽의 토지는 1등전과 2등전에 속하는 것이 많고, 척박한 것은 3등전과 4등전이었다. 경기도의 토지는 기름진 것이 간혹 5등전에 속하며, 나머지 모두 6등전인 것을 알 수 있다. 연

42 9등연분九等年分: 세종 26년(1444) 공납법을 제정할 당시 종래의 답험손실법踏驗損失法을 폐지하고 정액세법을 정하는 과정에서 토지의 비옥도에 따라 6등급으로 구분하고, 풍년과 흉년을 고려해서 연분年分을 9등급으로 나눠, 1결의 세액을 최고 20두에서 최하 4두까지로 정했다. 이것이 연분9등법이다. 자세한 내용은 제6부 제2조 '세법 상' 참조.

분年分의 대개장大槩狀[43]에는 남방의 토지도 '하의 중' 등급과 '하의 하' 등급만 있기 때문에 모르는 자들이 연분으로 전분田分의 등급을 삼는데, 이는 잘못된 것이다. 연분이란 쓸데없이 세워놓은 헛이름인 것이다. 연분 때문에 국가가 해마다 세수의 쌀 수십만 석을 잃게 된다. 마땅히 속히 뜯어고칠 것은 연분이란 명목이다. ○ 당초에 등급을 나눈 것은 대략 이치에 맞았으며, 이치에 맞지 않더라도 그렇게 어긋난 것은 아니었다. 오늘날의 새로 양전하는 관원들이 경솔하게 등급을 올렸다 내렸다 하여 토지 장부를 혼란시킬 것은 없다.

오직 진전 중에서 아주 묵어버린 것은 그 세액이 과중한가를 밝혀 등급을 낮추어주어야 할 것이다.

논밭이 묵는 까닭은 촌락이 쇠퇴하거나 흉년이 들어서이기도 하니, 모두 조세가 무거운 탓으로만 돌릴 것은 아니다. 그러나 만약 그 세의 등급이 무겁지 않다면 때에 따라서 경작하기도 하고 묵기도 하게 될 것이다. 계속 오래 묵을 이치가 있겠는가. 무릇 양전을 하기 전과 후에 묵게 된 것은 모두 다 등급을 낮추어줄 일이다. 토지가 촌락에서 가까이 있고 비옥하면 등급을 낮추어 5등전으로 하고, 촌락에서 멀리 떨어져 있고 척박하면 등급을 낮추어 6등전으로 할 것이다. 결부의 등급을 이처럼 개정한 다음, 백성들을 모아 경작하기를 권하는 일은 늦출 수 없다. ○ 경기도의 진전은 본래 6등전에 속하므로 등급을 더 내려줄 수 없다. 상사에 보고하

43 대개장大槩狀: 군현에서 매년 연분에 따라 관내의 전결 총수를 관찰사에게 보고하며, 관찰사는 그것을 중앙정부에 보고하였는데, 이 보고서를 대개장이라 한다.

여 주자가 시행했던 방법을 준용하여 5년간 면세해주기를 청하며, 입지立旨[44]를 해서 백성들에게 경작하도록 하는 것이 옳다.

『균역사목均役事目』[45]에 이렇게 나와 있다. "원장元帳[46]에 진전 및 10년 이상 진전으로 기록된 것은 수령이 직접 현장 답사를 하여, 경작할 만한 것이 있으면 응당 등급을 하향 조정하되, 원장에 3·4·5등전의 토지는 내려서 4·5·6등전으로 하고, 원장에 6등전은 낮추어 속전의 6등전으로 할 것이다. 속전은 결부 수를 감해주되, 그 초년의 세는 『속대전』에 따라 반으로 줄인다. 그리고 결미結米[47] 두 말은 3년간 징수하지 않는다." 案 이는 영조 신미년(1751)에 내린 교시이다. 이 교시를 따라서도 경작하기를 원하는 자가 없으면 홍권紅券[48]을 주어 3년 내에는 세안稅案에 등록하지 말도록 허용할 것이다.

진전으로 강등이 되어 자호字號가 바뀌면 후일 백성의 송사가 많아지게 된다. 무릇 자호가 바뀌면 필히 전패田牌[49] 한 장을 지급할 것이다.

---

44 입지立旨: 관에 제출한 신청서 혹은 청원한 그 사실을 관에서 인정한다는 뜻으로 문서 말미에 붙인 증명. 즉 증명서에 해당한다. 입안立案과 비슷한 말.

45 『균역사목均役事目』: 영조 28년(1752)에 홍계희洪啓禧 등이 『양역절목良役節目』을 보충하여 작성한 균역법의 시행 규정을 실은 책.

46 원장元帳: 기존의 양안.

47 결미結米: 영조 26년(1750) 균역법의 실시에 따라 군포 2필을 1필로 감하고, 그로 인한 세입의 감소를 보충하기 위하여 서북 양도를 제외한 6도에 대하여 토지 1결당 연해의 군현은 쌀 2두, 산간의 군현에서는 돈 2전씩을 징수하였는데 전자를 결미, 후자를 결전結錢이라고 한다. 그리고 양자를 결작結作이라 통칭한다.

48 홍권紅券: 붉은 종이로 작성한 문권.

49 전패田牌: 토지의 소유권을 증명하기 위하여 관청에서 발급하는 증명서.

『속대전』에 이렇게 규정하였다. "진전이나 시기전을 막론하고 5결이 되면 하나의 자호【천天·지地·현玄·황黃 등의 글자】를 부여한다." ○ 또 규정하였다. "무릇 토지에는 사표四標[50] 및 주인의 이름을 현록懸錄[51]하며, 진전도 역시 모두 주인의 이름을 현록하고, 주인이 없는 토지는 무주無主라고 현록한다." ○ 무릇 진전이 본래 3등전 70부였는데, 등급이 낮아져 5등전이 되면 40부에 불과하고, 6등전으로 낮아지면 25부에 불과하게 된다. 만약 이렇게 되면 다음의 토지를 끌어들여서 한 결을 이루게 되니, 차례로 바뀌어 자호의 순서가 다 뒤바뀌게 된다. 이런 경우에는 응당 전패 한 장을 주어서 토지를 매매하는 때에는 다음으로 전해주게 해야 할 것이다.

전패 양식

기묘년 개량에서 모 현縣 모 촌 모 평坪 현자玄字 제3전田 25부는 경자년의 구 양안에는 본래 황자黃字 제2전田 70부였다. 원래 제3등이었으나 묵어서 황폐되었기 때문에 등급을 낮추어 제6등으로 한다. 변동이 일어나서 자호 및 지번의 순서가 바뀐 것이 이와 같다. 뒷날 송사가 있으면 이 전패로 증거를 삼을 것이다. 연월일年月日 행 현령 수결手決 날인.

이 양식은 당판唐板[52]의 조그마한 책장과 같은 크기로 하되 목판으로

---

50 사표四標: 사지四至. 양안에 토지의 위치를 표시할 때 동서남북의 토지나 지형지물로 나타내는 것을 가리키는 말. 예를 들면 동 모某 답畓, 서 모 산山, 남 모 천川, 북 모 전田으로 나타낸다.

51 현록懸錄: 원주에 "이문吏文으로 현懸은 주註와 같은 말이다"라고 나와 있다. 즉 현록은 기록한다는 뜻.

찍어두었다가 빈칸에 써넣기를 조흘첩照訖帖과 같은 방식으로 한다. 나머지는 「전제고」에 자세히 나와 있으니 여기서는 생략한다.

요컨대 양전하는 법은 「어린도魚鱗圖」[53]로 방전方田을 만드는 것보다 좋은 방식이 없다. 이는 모름지기 조정의 명이 있어야만 행할 수 있는 것이다.

방전설方田說[54]은 본래 장횡거로부터 시작되었으며, 주자가 작성한 「어린도」 역시 방전법이었다. 명나라 홍무洪武(1368~1398) 초에 칙령으로 이 법을 썼고 오늘에 이르러는 더욱 정비되었으니 이 법 말고 더 좋은 법은 없다. 그러나 일개 현의 수령이 혼자 이 법을 시행하면 노력과 비용만 많이 들고 폐단을 고치는 데는 별 이로움이 없을 것이다. 필히 전국에 걸쳐 대대적으로 실시해야 좋은 법이 될 수 있다.

주자는 장주漳州에 있을 때 토지를 구획하고 갑두甲頭[55]를 파견하는 일을 다음과 같이 공시했다. "양전을 함에 있어 「어린도」를 하나하나 작성하되 한 도都[56]에 사람은 20여 명 이상 들지 않을 것이요, 길어야 수개월

52 당판唐板: 근대 이전에 중국에서 목판으로 발간한 책. 책 모양이 우리나라 책보다 훨씬 작아 요즘 책으로 대략 사륙판 정도 크기였다.

53 「어린도魚鱗圖」: 『어린도책魚鱗圖冊』에 실려 있다. 어린도책은 토지의 소유권 및 부세의 기초를 얻기 위해서 작성한 장부로 그 모양이 고기비늘과 비슷하게 생겼다 해서 붙여진 명칭이다. 중국에서는 송대 이후로 고안, 사용이 되었다.

54 방전설方田說: 방전균세법方田均稅法을 뜻함. 중국 송대 왕안석의 신법에서 사방 1000보를 1방전으로 하고 토지의 비옥도에 따라 조세를 5등급으로 나눈 제도이다. 다산은 방전설을 장횡거에게서 비롯된 것으로 말하고 있다.

55 갑두甲頭: 중국의 향촌 조직에서 100호戶의 장을 가리킴.

56 도都: 여기서는 지방행정의 단위. 중국 송나라 이후 도입된 제도로 보保가 합해져서 도

이상 걸리지 않아 일이 곧 마무리될 것이다. 이 일의 대상이 되는 민호民戶들은 노력과 비용이 들어가겠으나 일이 끝난 후에는 토지의 좁고 넓음, 생산액의 많고 적음이 조목조목 분명히 밝혀져서 모든 사람들이 그 효과를 보게 될 것이다. 백성들에 있어서는 토지가 없는데 생산물은 있다고 하는 폐단이 없어질 것이요, 관에 있어서는 도망한 자를 장부에 그대로 두어 부세가 포흠되는 일이 없을 것이요, 토호와 대성大姓들에 있어서는 요행수가 용납되지 않을 것이요, 가난한 백성들에 있어서는 불공평하게 고통을 받는 데 이르지 않을 것이다. 마땅히 지방을 나누어 장부를 만들되 「어린도」와 침기부砧基簿【침기부는 우리나라의 가좌책家坐冊[57]과 같은 것이니, 토지와 재산을 기록한 것이다】를 만들도록 할 것이다"

송나라 장흡張洽[58]이 송자현松滋縣[59]의 위尉로 있을 때, 호수 주변의 토지 경계가 바르지 못해 폐단이 날로 심해졌다. 장흡이 추배법推排法[60]을 행할 것을 청하자 현령은 그에게 일을 위임하였다. 이에 장흡은 백성들에게 토지의 경계와 면적을 각자 보고하도록 하여, 궤짝 속에 넣어두고 낱낱이 조사해 등급을 정했다. 그래서 아전이 농간을 부릴 여지가 없었

都가 되고, 도가 합해져서 향鄕이 되며, 향이 합해져서 현縣이 되었다.

57 가좌책家坐冊: 침기부, 즉 가좌책은 가좌부家坐簿와 같은 것으로, 호구별로 제반 상태를 파악, 정리한 문서이다. 호주의 성명·신분·직업·직역職役, 전답·노비·우마, 가족사항 등을 상세히 기록했다.

58 장흡張洽, 1161~1237: 중국 남송대 인물. 자는 원덕元德이다. 벼슬은 직비각直秘閣에 이르렀다. 저서로 『춘추집주春秋集注』가 있다.

59 송자현松滋縣: 중국 안휘성에 있는 지역으로 현재 명칭은 숙송현宿松縣이다. 중부에 용감호龍感湖·황호黃湖·대관호大官湖·백호泊湖라는 네 개의 큰 호수가 있다.

60 추배법推排法: 중국 송나라 경정景定 5년(1264)에 처음으로 시행한 전세법. 이 법은 현縣으로 도都를 통솔하게 하고, 도로 보保를 통솔하게 하는데, 재능 있고 공정한 자를 임명하여 전세를 바로잡자는 취지였다.

다. 10여 년이 지난 후에도 송사하는 사람들이 이것을 인용해 증거를 삼았다고 한다. 案 추배법이란 지금의 「어린도」이다. 본래 이것은 주자가 마련한 법인데 이 법을 사용한 뒤에라야만 양전을 의논할 수 있을 것이다【장흡은 주자의 문인이다】.

홍무洪武 20년(1387)에 국자감國子監[61]의 학생들을 각처로 파견해서 논밭에 나아가 토지의 면적을 측정하되 그 토지의 모나고 둥근 모양을 그려내고 사실에 의거해서 토지 주인의 이름과 토지의 사표를 모두 써 넣었다. 이를 가리켜 『어린도책』이라 하였으니, 백 가지 폐단이 비로소 근절되었다. ○ 성호 선생은 이렇게 말하였다. "「어린도」는 토지의 형태를 두루 그린 것이니 오늘날의 방역도邦域圖와 유사하다. 모든 벌판과 계곡이 작은 것은 큰 것에 통합이 되도록 하니 크면 전도가 되고, 작으면 분도分圖가 된다. 구릉과 물가의 평지, 천택川澤 및 갈아먹지 못하는 땅이나 황폐하여 개간하지 않은 땅까지 다 빠뜨려서는 안 된다. 계산법에 의해서 넓고 좁고, 길고 짧은 것이 그려지며, 총도總圖 위에는 어디서부터 어디까지가 몇 척임을 적고 또 사지(四至, 사표)에 반드시 제 몇 번의 전지 혹은 산, 혹은 계곡이라는 사항을 적어서 다음날에도 상고할 수 있게 한다. 이렇게 작성하면 어찌 숨기거나 누락이 될 우려가 있겠는가." 案 『주례·소사도小司徒』에서는 "무릇 백성들의 송사는 지비地比[62]로 판정하며, 토지에 대한 송사는 도圖[63]로 판정한다"라고 하였다. 가의賈誼[64]는 "양전을 시

61 국자감國子監: 천자의 나라에 설치한 학교. 일명 태학太學. 우리나라의 경우 성균관이라고 일컬었다.

62 지비地比: 원주에 "지비란 등급에 비추어 조세의 차등을 적어놓은 문적文籍을 가리킨다"라고 나와 있다. 즉 토지에 대한 조세장부에 해당하는 것이다.

63 도圖: 원주에 "정현이 이르기를 도는 방국본도邦國本圖이다"라고 나와 있다. 즉 나라의

행할 당초에 지도가 있어 관부에 보관하고 뒷날 백성들의 송사가 있으면 이 지도로 판정한다"라고 하였다.[65] 홍무 연간의 「어린도」는 곧 옛사람이 남긴 법이다. 진秦나라는 옛날에서 멀리 떨어지지 않아 당시에는 아직 지도가 있었기에 패공沛公이 진나라에 들어갔을 때 먼저 승상부丞相府의 도적圖籍을 접수해서 산천과 도리道里, 호구의 다소를 두루 파악할 수 있었던 것이다.

『동국문헌비고東國文獻備考』[66]에 이렇게 나와 있다. "숙종 35년 기축년(1709)에 강원도의 토지를 개량할 때, 평천군平川君 신완申琓[67]이 상소하여 기왕의 양전법이 좋지 않음을 강력히 거론하고 끝에 이렇게 말했다. '작년 경연 중에 병조판서 김구金構[68]가 유집일兪集一[69]의 방전법을 우선 황해도 네 고을에 시행해보기를 청하였는데 신은 당시 거기에 대해 미처 잘 알지 못하여 다만 하문하실 적에 다른 사람들과 함께 대답하였던 것입니다. 네 고을이 양전을 마친 후 농민들은 그 공평함을 일컬었고 토호

지도를 뜻하는 것이다.

64 가의賈誼, B.C. 200~B.C. 168: 중국 한나라 문제 때의 인물. 벼슬이 태중대부太中大夫에 이르렀는데 정치개혁을 주장하다가 미움을 받아 장사왕長沙王의 태부太傅로 좌천되었다. 저서에 『신서新書』 등이 있다.

65 "가의賈誼는 ~라고 하였다.": 이 대목이 본래 원주로 되어 있는데 전후 문맥을 고려해 원문으로 처리했다.

66 『동국문헌비고東國文獻備考』: 우리나라 고대로부터의 문물제도를 분류·정리한 내용이다. 왕명에 의해 1770년에 홍봉한洪鳳漢 등이 편찬했고, 1782년에 이만운李萬運 등이 보충하였다. 1908년에 『증보문헌비고增補文獻備考』가 발간되었다.

67 신완申琓, 1646~1707: 자는 공헌公獻, 호는 경암絅庵, 본관은 평산平山이다. 벼슬은 영의정에 이르렀다. 평천군은 그의 봉호이다.

68 김구金構, 1649~1704: 자는 사긍士肯, 호는 관복재觀復齋, 본관은 청풍이다. 우의정에 이르렀다.

69 유집일兪集一, 1653~1724: 자는 대숙大叔, 본관은 창원昌原이다. 공조와 형조의 판서를 역임했다.

들은 불편하다고 하여 그 사이에 비방과 칭송이 엇갈렸습니다. 호조에 올려보낸 구정량법丘井量法[70]을 보고 또 계본도장啓本圖帳을 살펴보고 나서 그 절목이 상세하고 주밀해서 부담의 분배가 지극히 균등하며, 돈대墩臺[71]를 만들고 사방 범위를 정해서 각자 측량하게 하니 열흘 동안에 일을 끝마칠 수 있었습니다. 이전의 양전법에 비해 일은 반밖에 되지 않고 성과는 두 배나 되는 데다가, 그 구정丘井에 따라 길의 이수里數를 계산하면 한 고을의 동서남북의 원근 및 산천과 전야의 형세가 마치 손바닥 들여다보듯 선명해서 일단 도장圖帳을 펼쳐놓으면 몸소 일일이 둘러보지 않아도 실로 눈앞에 명료합니다. 그래서 이 방법이 간편하여 팔도에 시행할 수 있음을 확인할 수 있었습니다. 또 어사가 올린 서계書啓를 보니, 방전을 시행하는 법은 정전법의 유제遺制에서 나왔는데 그 규모가 섬세하고 주밀하여 털끝만큼도 빠뜨림이 없는 것입니다. 종전의 양전법은 다만 다섯 가지 형태로 구분지어 땅의 길고 짧고, 넓고 좁음에 따라 계산하는 방식이 바뀌게 되니, 기왕에 양전을 마친 후에 그 결과가 좋고 나쁜 것을 살피기도 쉽지 않습니다. 그렇기 때문에 측량을 하고 등급을 나눌 때 면적의 증감과 등급의 고하가 단지 감관과 색리色吏의 손에 맡겨집니다. 그래서 뇌물이 행하기 쉽고 간사한 꾀를 막기가 어렵습니다. 이번 이 양전법은 돈대를 만들어 표지를 세우니 잘 정돈되어 문란함이 없으며, 산림과 천택 모두 그 범위에 들어 있고, 한 돈대 내의 사람은 각자 도지를 가

70 구정량법丘井量法: 구정丘井은 전제의 단위로 1구는 16정이다. 1정은 900묘畝에 해당함. 곧 정전법에 의거해서 양전하는 법을 구정양전이라 한다.

71 돈대墩臺: 흙무더기란 뜻인데 토지를 측량할 때 돈대를 세워놓고 관측의 기점基點으로 삼았다.

지고 있어서 등급의 고하와 결부의 다소를 제각기 분변해서 바로잡아 마침내 공평하고 균일하게 됩니다. 등급의 고하와 결부의 경중이 여러 사람의 입에서 스스로 결정되었던 것입니다. 이로써 논하건대 방전법은 실로 농간을 방지하는 묘법이며 백성의 부담을 고르게 하는 좋은 제도입니다.' 평천군은 또 '오늘 이 양전제는 새로 창안된 것이어서 사람들의 원망을 사기 쉬웠으나, 수개월 내에 능히 세 고을에 실시할 수 있었던 것은 실로 그 방식이 엄밀하면서 농간과 거짓이 용납되기 어려웠기 때문입니다. 양전하는 법은 황해감사의 방식을 따르고 재실災實의 등급은 호전戶典의 해당 법규를 준수하는 것이 가장 간단하고 요령이 있는 것이기는 하나, 오늘날 논의가 분분한 때에 만약 성상께서 단연코 마음속 깊이 뜻을 굳혀 행하지 않으면 아무리 좋은 법과 아름다운 제도가 있다고 하더라도 신은 진실로 끝내 행하여질 수 있는 날이 없을 것이라고 여겨집니다'라고 하였다." 案 유집일은 숙종 26년 경진년(1700)에 황해도 관찰사가 되었고 바로 다음 해인 신사년(1701)에 세 고을의 토지를 개량하였다【『동국문헌비고』에 "강령康翎·옹진甕津·은율殷栗 세 고을의 토지를 개량하였다"라고 나와 있다】. 그리고 8년 후인 기축년(1709)에 평천군의 이 상소가 있었다. 유집일은 호가 정헌貞軒이다. 그의 양전 장계에 조례가 전부 들어 있다. 「전제고」에서 상세하게 밝혔으므로 여기서는 생략한다.

『동국문헌비고』에 또 이렇게 나와 있다. "영조 11년 을묘년(1735)에 황해도 감사 유척기兪拓基[72]가 장계를 올리자, 서너 고을에 먼저 개량하도록 명령하였다. 이에 좌의정 서명균徐命均[73]이 '황해도는 밭이 많고 논이 적

72 유척기兪拓基, 1691~1767 : 자는 전보展甫, 호는 지수재知守齋, 본관은 기계杞溪이다. 벼슬은 영의정에 이르렀다.

어서 토지라고는 두메와 바닷가에 있을 뿐이며, 안악安岳과 같은 몇 고을은 옛 양안이 있으나 그 밖의 다른 고을들은 양안이 없기 때문에 매년 답험踏驗을 한다지만 대략 헤아려서 마무리 짓는 데 불과했습니다. 전에 고故 판서 유집일이 새끼줄로 그물 치듯 하는 방식으로 비로소 서너 고을을 양전하였던바 그때 헐뜯고 방해함이 심해 중지하지 않을 수 없었습니다. 그러나 양전을 마친 고을에서는 백성들이 오늘에 이르도록 그 이로움을 일컫습니다'라고 하였다." 案 '새끼줄로 그물 치는〔藁索結網〕' 것은 먼저 사방을 새끼줄로 두른 다음, 그 안에 가로세로로 줄을 치는데 5간 5간으로 하거나 혹은 9간 9간으로 하는 방식이다. 처음 시행할 때에는 비난이 많았으나 그렇게 양전을 한 후로는 백성이 좋다고 칭송하였다. 그 방식이 좋은 법이고 훌륭한 제도임을 이에 알 수 있다.

「전제고」에서는 이렇게 말하였다. "숙종 무자년(1708)에 유집일이 양전의 일로 탄핵을 받자 상소하여 스스로 변호하기를 '신이 명을 받들어 양전한 것이 세 고을뿐인데 대신臺臣들은 한 도의 백성이 욕하기를 그치지 않아서 마치 사람이 물이나 불속에 빠져 있는 것처럼 한다고 말합니다. 새끼줄을 이용해서 양전하는 법은 전해오는 사목事目에 실려 있는바 신은 그때에 이 방법이 편리하지 않은 줄 알고 새 사목에서는 뺐기 때문에 이후 세 고을도 이것으로 양전한 일이 없었습니다. 그럼에도 지금 저 마음대로 새끼 그물 하나를 만들어 들판을 온통 측량한다고 말을 하여, 억지로 망전網田이라 일컫는다고 합니다. 그래서 심지어 집을 헐어 표지를 세우고 약간의 토지를 조각조각 나누어 결복結卜 또한 나누어지고 부역

---

73 서명균徐命均, 1680~1745: 자는 평보平甫, 호는 소고嘯皐, 본관은 달성達城이다. 벼슬은 좌의정에 이르렀다.

도 번다해졌다고 말을 만들어냅니다. 이 어찌 해괴하지 않습니까. 이른바 방전법은 신이 창안한 것도 아니며, 특별히 신기한 법도 아닙니다. 이는 실로 송나라 학자 장재張載와 주희朱熹가 정했던 제도입니다. 우리나라의 종래 양전법에 방위方圍 한 가지를 첨가하고 농부로 하여금 각자 새끼줄을 이용해서 측량하도록 하여 감관과 색리의 농간이 끼어들 여지가 없게 한 것에 불과합니다. 돈대를 설치해서 표지를 세운 곳은 서로 거리가 360보로 표준을 삼았으니, 곧 4방 1리가 1정이 되는 성현의 법입니다. 돈대의 높이와 넓이는 대개 2척이어서 한 방석의 땅에 불과한데 이 때문에 민가를 헐었다고 하다니 과연 이치에 가까운 말입니까'라고 하였다."

진전을 조사하는 일은 전정의 큰 항목이다. 진전에 세를 징수하는 데 억울함이 많으니 진전은 조사하지 않을 수 없다.

『속대전』에는 이렇게 규정되어 있다. "해마다 진전이 개간되는 곳을 일일이 기록하여 본 조曹에 보고하면 전세의 반을 감해준다【『대전통편』에는 "3년의 전세를 감해준다"라고 나와 있다】. 이미 개간되었다가 다시 묵게 된 것은 전세를 매기지 말라." ○ 무릇 진전의 조사에는 두 가지가 있는데 곧 위사僞査와 진사眞査이다. 위사란 이런 것이다. 진전은 반드시 오래 묵는 것은 아니므로 흉년이 들어 우연히 한 번 묵더라도 내년이 지나면 그대로 경작할 텐데 무엇 때문에 묵었다고 보고할 것인가? 경솔하게 묵었다고 보고하면 경작하면서도 인색한 백성들은 와서 보고하지 않을 것이요, 아전들은 사적으로 긁어모으기를 바라거늘 외로운 수령이 어떻게 이것을 알겠는가? 다시 경작하는 것이 기록에 오르지 않으면 은결이 되는데, 은결이 불어나는 것은 나라의 손실이다. 이를 조사하지 않으면 안 된다. 진사란 이런 것이다. 촌락이 쇠퇴하여 토지가 척박해져서 조세는 무겁고 소출이 적은 경우에 한 번 묵게 되면 다시 경작하지 않게 되는 곳이 많다. 혹 처음 묵게 된 해에 면세를 받지 못하여 계속 조세를 바치게 되면 끝내 면세를 받지 못하는 것이다. 혹 실제로 경작하는 토지는 아전이 사리사욕을 채우고, 그 대신 진전을 경작하는 것으로 무고를 하는 경우 끝내 세를 바치게 된다. 고가故家의 유족이 여지없이 패망하는 것은 대개 이 때문이다. 이는 조사하지 않을 수 없는 것이다. 저 위진僞陳을 밝혀내서 이 진진眞陳에 충당하면 또한 좋지 않겠는가. ○ 진전을 조사하려면 먼저 진진을 조사해야 한다. 매양 한 향【향은 면이다】에서 충실하고 신중하여 일을 잘 보는 사람 두 명을 뽑아 진전을 조사하되 지극히 정밀하고 지극히 신실하게 하여 장부를 만들어 보고하도록 할 것이다. ○ 여러 면의 장부가 다 도착하였을 때, 수리와 노리老吏를 불러 "이 장부만 가지고는 전부 다 믿기가 어렵다. 진결陳結[74]이 많아 은결로 축이 날 우려가 있으니【은결로서 진결에 들어가게 되는 것을 가리킨다】 너희들의 손실이다. 풍수설에 현혹되어 묘역을 넓게 점령한 것은 비록 묵었더라도 인정해주지 말 것이요【시속에서는 묘입진墓入陳이라 하는 것이다】, 소나무·대나무나 대추·밤·배·감 등속의 과일나무를 심은 것은 비록 묵었다 해도 인정해주지 말 것이다. 너희들은 오직 백성이 떠나고 토지가 척박해져서 황폐한 것만을 기록해오도록 하라"라고 한다. ○ 아전의 기록이 다 도착하여 대조해서 마을의 기록과

74 진결陳結: 진전의 결수結數.

서로 다른 경우에는 양쪽 사람을 불러서 따져 물으면 그 옳고 그름을 가릴 수 있다. 혹은 마을의 기록을 따르고 혹은 아전의 기록을 따르면, 거기서 '진진'을 조사하는 일 또한 끝날 것이다【그 실상을 파악하게 된다】. ○ 이에 수리와 노리를 불러 "진진이 이와 같으니 법에 따라 마땅히 보충해야 할 것이다. 갑술년 이래 묵은 토지들 중 다시 경작되는 토지가 역시 적지 않을 듯하다. 너희들이 진적眞籍[75]을 가지고 나가서 들을 순시하여 진전이었다가 다시 경작되는 것을 전부 기록하여 빠진 것이 없도록 하라. 갑술년·을해년·병자년·무인년 사이의 마을 전감田監[76]은 아마 이것을 알 것이니 너희들은 읍내에 앉아서 이 사람들을 불러들여 실상에 대한 자백을 받도록 하라. 자백하기를 꺼려하면 너희들이 나가서 순시하되 만약 묵은 토지로 다시 경작된 것이 적으면 장차 은결에서 축이 나게 될 것이니 너희들의 손실이다"라고 한다. ○ 아전이 들을 순시하고 돌아와서 확인이 된 환기전을 계산해보아 진진을 충당할 수 없으면 아전을 불러 "천하의 일은 공평하게 할 뿐이다. 백성이 유독 무슨 죄가 있기에 진전의 세를 공연히 해마다 바쳐야 하며, 아전은 유독 무슨 복이 있어서 은결의 수입이 매년 증가할 것인가. 채우고도 부족한 것은 몇 결 몇 부가 되든지 너희들이 납부하라. 만약 납부하지 않겠다면 모름지기 별도의 방안을 마련할 것이요, 별도의 방안이 없다면 빨리 납부해야 할 것이다"라고 지시한다. ○ 이에 그 납부하는 바를 정리해서 환기부還起簿[77]를 작성한다.

---

75 진적眞籍: 원주에 "대개장에 실린 금진今陳·구진舊陳 같은 소소한 명목이다"라고 나와 있다. 즉 진전의 문서.

76 전감田監: 원주에 "별유사別有司이다"라고 나와 있다. 실무 담당자를 가리킴.

77 환기부還起簿: 진전을 시기전으로 환원시킨 농지 대장. 즉 경작하지 않아 묵었던 땅을 다시 경작하게 된 것을 의미하며, 그렇게 되면 세수의 대상이 된다.

끝으로 상사에 이렇게 보고한다. "본 현의 예전부터 내려온 진전이 아직 세를 면제받지 못해 촌락이 쇠퇴하고 백성이 떠나 이웃에서 징수하게 되어 한 면내에까지 미쳐서 백성들에게 뼈에 사무친 폐단이 된 것이 230결【가정한 수치】인데 현령이 직접 조사하여 그 실상을 파악했습니다. 가만히 생각하옵건대 나라의 쓰임은 날로 감소되고 조정의 명령이 날로 엄해지는 즈음, 진전에 대해 이처럼 갑작스럽게 조사 보고를 올리니 극히 미안하고 재가해주시기 어려울 줄로 알고 있습니다. 지금 고을의 경내에서 기사년과 갑술년 이래 진전으로서 환기還起된 토지를 조사해본바 그 수량이 220결입니다. 오직 10결은 채울 수 없었기 때문에 다시 여러 면, 여러 리里의 땅을 조사해보니 혹 새로이 개간한 밭과 새로이 일군 논 중 아직 조세를 내지 않는 것이 또한 10결이 되기에 구래의 진전 몇 결, 환기 몇 결, 신기 몇 결을 장부로 작성하여 보고합니다. 바라옵건대 이 신기전과 환기전으로 구래의 진전에 충당하고 전적田籍을 바로잡으며, 대개장에 실어서 백성들로 하여금 백세白稅[78]의 고통이 없게 하고 상납이 날로 감소하는 폐단이 없게 하면 실로 이치에 타당하겠습니다."【은결의 세는 드러내 말해서는 안 되며 응당 사신私信을 보내서 그 실상을 알게 해야 할 것이다】

『속대전』에 이렇게 규정되어 있다. "이쪽 물가의 땅이 떠내려가서 이미 탈頉이라 주기註記하면[79] 저쪽 편의 흙이 쌓인 곳을 찾아내서 추가로 기록한다. 모래로 덮인 곳은 그해에는 재災로 처리하고 다음 해에 모래를 파낸 후에 세를 거둔다." 案 이편 땅이 떠내려가서 쌓인 곳은 비옥한 평

78 백세白稅: 과세 대상이 아닌데도 억울하게 내는 세.

79 원주에 "재災라고 기록한 것을 가리킴"이라고 하였다. 탈頉은 이두어로 사고가 생긴 것을 뜻함.

지일 것이요, 저편에 흙이 생겼다는 곳은 모래와 돌이 어지러이 쌓였을 것이다. 상전桑田이 벽해碧海가 되는 것은 능히 1년에 변경될 수 없는 일이다. 이 법은 천리에 공정한 바가 아니다. 별도로 다른 곳에서 신기전을 얻을 수 있다면 가능하겠지만, 저편에 땅이 생겼다는 것으로 기록해서는 안 될 것이다. ○ 매양 보매 냇가의 토지로 그 벼랑이 높다란 것은 해마다 침식되는 것이 끝이 없다. 어리석은 백성은 지혜가 적어서 환란을 방지할 줄 모르니 심히 딱하다. 물이 흘러드는 형세의 변화는 으레 충격으로 인한 현상이니, 상류 수백 보 내에 물결이 굽이쳐 흐르는 곳으로 올라가서 적당한 곳에 한대捍臺[80]를 쌓되 그 밑바탕에는 모두 큰 돌을 사용하여【기중기 법을 이용함】 충격을 받게 하면 금년의 큰 빗물이 이 한대에 이르러 반드시 부딪혀 비껴 흘러서 다시는 이 언덕을 파손하지 않을 것이다. 수령은 전야田野를 순행할 때 무릇 벼랑을 보면 마땅히 그 지세를 살펴서 한대를 쌓도록 명령할 것이요, 관에서는 장정을 징발해주어 그 농토를 보존하도록 하여야 할 것이다.

송나라 효종 때에 황제의 측근인 양준언梁俊彦[81]이 회민淮民[82]의 모래땅에서 조세를 거두어 군량에 보태도록 청하였다. 섭자앙葉子昂[83]이 "모래땅은 강물이 드나드는 곳이어서 물이 동쪽을 부딪치면 서쪽에 모래가 쌓이고, 물이 서쪽을 부딪치면 동쪽에 모래가 쌓이니 백성들이 동쪽이나 서

80 한대捍臺: 흐르는 물의 힘을 분산시키기 위해 설치하는 삼각형 모양의 대형 수중 구조물.

81 양준언梁俊彦: 미상.

82 회민淮民: 회하 유역에 거주하는 백성이라는 뜻. 회하는 중국 하남성에서 발원하여 강소성, 안휘성 지역으로 흐르는 강이다.

83 섭자앙葉子昂, 1107~1195: 중국 송나라 때 사람인 섭옹葉顒. 자앙子昂은 그의 자이다. 광주廣州와 소흥紹興에서 지방관을 역임하였고 상서랑尚書郎을 지냈다.

쪽으로 모래가 쌓이는 곳을 따라 농사를 짓습니다. 이런 땅은 항구적인 것이라고 할 수 없습니다"라고 상소를 올렸다.

도어사都御史 고명高明[84]이 마침 황하의 물길이 남쪽으로 옮겨져서 새로 생긴 땅에 백성들이 경작을 하자 세로 몇 곡을 징수했다. 논하는 자들이 실제 지역을 조사해서 과세를 해야 한다고 하니 고명이 반대하며 "황하의 물길은 무상하여 옮겨 다니는데 세액은 정해지면 바뀌지 않는다. 평평한 육지가 홀연히 다시 물이 되고 세는 옛 장부에 의거해서 받아들이면 백성들이 장차 어떻게 견딜 것인가"라고 하였다.

진전을 개간하는 일은 백성들에게만 의지할 수 없으니, 수령은 마땅히 지성껏 경작을 권하고 도와줘야 한다.

옛날의 어진 수령은 반드시 소를 빌려주고 양식을 도와주어 백성들에게 개간하도록 권하였다. 어리석은 백성들은 법의 뜻을 알지 못하고 조금이라도 발을 들어 밭을 갈면 무거운 세 부담을 지게 될까 두려워하여 쉽게 개간하지 않는다. 수령은 마땅히 몸소 마을에 가 3년간 면해준다는 법의 내용을 잘 알려주고, 관에서 결재해주어 믿을 수 있는 증거로 삼게 하며, 옛날의 어진 수령처럼 도와주면 개간하는 자가 날로 증가할 것이다.

『대전통편』에 규정하였다. "진전의 개간은 백성들이 관에 고하여 경작

84 고명高明, 1422~1485 : 중국 명나라 때 사람. 자는 상달上達, 호는 오의거사五宜居士이다. 직언으로 이름이 났다.

하는 것을 허락하며, 3년 후에 비로소 세를 납부토록 한다. 혹시 땅 주인이 와서 소송하면, 소출의 3분의 1은 땅 주인에게 주고 3분의 2는 개간한 자가 가지며, 갈아먹은 지 10년 후부터는 똑같이 나누도록 한다." 案 이 역시 백성을 이끌어 개간시키려는 뜻이다. 수령은 마땅히 이 뜻을 민간에 잘 알리고, 남의 진전을 경작하고자 하는 자에게 증명서를 주어 뒷걱정이 없게 해주어야 한다.

주자가 「권종맥방勸種麥榜」[85]에 이렇게 적었다. "이제 다행히 비가 와서 보리와 밀을 심을 수 있게 되었다. 자기 땅이 없어 경작할 수 없는 사람이나, 노동력은 많은데 토지가 부족한 사람은 관의 공한지空閑地를 찾아 자호 및 사지를 갖추어 제출하고 파종하기를 신청하면 마땅히 허가장을 주고 그에 의거해 세를 면제하여, 1년 동안의 경작권을 줄 것이다. 또한 영구히 경작할 것을 청원하는 사람이 있으면 분명한 의사를 타진해서 곧 그에게 증거서류를 주어 경작하도록 하되 특별히 5년 동안의 조세를 면제해줄 것이다." 鏞案 내가 마을과 들을 다니면서 매양 보매 묵은 땅이 한없이 많다. 그래서 물어보면 부세가 두렵다고 한다. 법전에 비록 자세히 되어 있으나 어리석은 백성들이 알지 못하고 있으니 수령은 필히 수시로 밝혀주고 개간을 권유할 일이며, 아울러 홍권을 주어서 법에 따라 면세를 허가해주면 묵어 황폐한 땅이 반드시 점점 개간될 것이다. ○ 법전에 진전을 개간한 자에게는 3년 면세를 허가해준다고 되어 있으나 그 기한이 짧다. 마땅히 주자의 방문에 의거하여 5년 면세를 해주어야 할 것이다.

---

85 「권종맥방勸種麥榜」: 보리 심기를 권장하는 방문. 본문의 내용은 「권유진시청지종맥방勸諭趁時請地種麥榜」이라는 글로 『주자대전』에 실려 있다.

진유학이 중모현을 맡아 다스릴 때 현 남쪽에 황폐한 땅이 많은데 풀이 무성하고 뿌리가 깊이 박혀서 개간하기가 어려웠다. 이에 청원문서를 제출하는 백성들에게는 필히 풀 10근을 가져오게 하였더니 얼마 지나지 않아서 풀이 다 없어져 기름진 땅 수백 경을 얻었다. 이 땅을 모두 백성들에게 나누어주었다.

은결隱結과 여결餘結[86]이 해마다 증가하고,
궁장토宮庄土와 둔토屯土도 해마다 증가하여 국가에
납입되는 원전原田의 세는 해마다 줄어들고 있다.
이를 장차 어떻게 할 것인가.

서울에서 벼슬살이하는 이들은 모두 은결이란 말을 들어보기는 했어도, 마음속으로 심심산골의 여기저기 박혀 있는 황무지를 개간한 것이 은결이 되는 정도로 알고 있다. 원전의 총수 외에 그보다 더 많은 결수가 은결이 되는 것은 모르고 있다. 잡초가 우거진 황폐한 토지, 물에 잠기고 사태가 나는 토지나 백성이 떠나서 버려진 토지가 원전의 총수로 채워지며, 정작 기름지고 온전하며 잘 가꿔진 토지는 모두 은결이 되는 줄을 알지 못하고 있다. 세를 받을 즈음에는 우선 온 고을의 토지를 파악하여 그중에 좋은 토지를 가려 뽑아서 은결의 수를 채운 연후에 거칠고 묵은 토

86 은결隱結과 여결餘結: 시기전이지만 수조안收租案에 누락된 토지를 은결·여결이라고 불렀다. 은결·여결은 불법적으로 누락시켜 부세를 포흠하는 것이기 때문에 마땅히 처벌 대상이며 공인될 수 없는 일이었다. 그러나 조선 후기에는 이러한 현상이 더 심해져 은결·여결이라도 자수할 경우 죄를 면해주고, 그 토지를 은결·여결이라는 이름으로 균역청에 소속시켜 수세하도록 하였다.

지로 왕세王稅[87]를 채우는 것이 버릇처럼 되어, 이를 마치 떳떳하고 당연한 양으로 생각하게 된 지가 벌써 수백 년이 되었다. 이 문제는 한 고을의 수령이 개혁할 수 있는 일이 아니니, 아무리 공수龔遂나 황패 같은 훌륭한 지방관이 담당하더라도 눈을 감고 수수방관할 수밖에 없다. 한마디 말이라도 입에서 튀어나오면 원망을 헤아리지 못할 것이다. 그러므로 "전정은 어쩔 도리가 없다"라고 하는 것이다. ○ 개천으로 바뀌었거나 물에 떠내려간 곳은 원전의 결수에서 빼고, 신기전과 환기전이【'기'는 개간한다는 뜻이다】 있으면 은결에 으레 집어넣고 있다. 이 형세는 필시 한 나라의 토지를 모조리 삼켜서 전부 다 아전의 목구멍에 들어간 연후에라야 끝이 날 것이다. 그러므로 "전정은 어쩔 도리가 없다"라고 하는 것이다.

유정원柳正源이 자인현감慈仁縣監으로 있을 때의 일이다. 그는 본래 총기가 아주 빼어난 인물이었다. 한번은 고을의 전결부田結簿를 받아서 벼루집 속에 넣어두고 미처 살펴보지 못했는데, 어느 날 홀연히 그 장부가 없어졌다. 그는 아전배들이 훔친 것으로 짐작하고 각 면의 서원을 불러서 중초롱中草籠[88]을 내주고 계리計吏 6~7명을 시켜 소리 내 부르고 산가지를 놓게 했다. 그는 문을 닫고 앉아서 산가지 두 벌을 책상 위에 놓고 이리저리 계산하였다. 여러 계리들이 셈을 마치고서 전결의 총수를 아뢰었다. 그는 "총수는 응당 얼마가 되어야 하는데 80여 결이 줄어든 것은 무슨 까닭이냐?" 하고 물으며 다시 계산하도록 했다. 과연 그가 말한 바와 다름없었다. 여러 아전들이 물러나자 그는 "중초롱을 보아라. 전번에

87 왕세王稅: 국세와 같은 말. 나라의 땅은 왕토王土이며, 거기에 세를 징수하는 것이 정당한 일이라는 의미에서 왕세라고 한 것이다.

88 중초롱中草籠: 장부의 초본을 보관해둔 상자. 중초中草는 초본을 뜻하는 말임.

잃어버렸던 문서가 필시 있을 것이다"라고 말했다. 찾아보니 과연 들어 있었다. 대개 여러 아전들이 그를 속이지 못할 줄 알고 장부를 다시 중초롱에 집어넣고 나간 것이다. 이때부터 아전들은 두려워 복종하고 다시는 속이려 들지 못했다.

궁장토와 둔토가 원전을 잠식해 들어가니 국가의 세입이 날로 줄어들고 있을 뿐만이 아니라, 무릇 백 가지의 부와 역이 모두 전결에서 나오는데 토지가 한번 궁장토와 둔토에 들어가게 되면 부와 역을 면제받지 않는 것이 없게 되니 1만 결의 고을에서 부와 역에 응하는 것은 3000결에 불과한 실정이다. 백성에게 부담이 치우쳐 고통스러워 떠나가는 백성들이 앞뒤로 잇따른다. 이는 한 고을의 수령이 개혁할 수 있는 문제가 아니다. 그러므로 "전정은 어쩔 도리가 없다"라고 하는 것이다.

「둔전의屯田議」[89]에서 이렇게 말했다. "옛날의 둔전은 군량을 공급하는 것이어서 국가의 이익이 되었는데 오늘날의 둔전은 사적으로 사람들을 살찌우는 것이어서 국가의 좀벌레이다. 한나라 무제는 상림원上林苑[90]의 버려진 땅으로 둔전을 삼았으며, 조조曹操는 허도許都[91]의 안쪽 땅으로 둔전을 삼았다. 그래서 숙위군宿衛軍[92]의 양식으로 공급하여 운수의 노력을 줄였던 것이다. 오늘날에는 여러 군영의 장수들이 도리어 먼 지방의 비옥한 토지를 널리 매입하여 거짓으로 둔전이라 일컫고, 이에 권세를 부

89 「둔전의屯田議」: 다산의 저작으로 추정되는데, 현재는 보이지 않음.

90 상림원上林苑: 중국 한나라 때 황제의 후원. 지금의 중국 섬서성陝西省 장안현長安縣의 서쪽에 있었다. 황제의 후원을 가리키는 일반 명사로도 쓰임.

91 허도許都: 중국 삼국시대 위나라 조조가 수도로 삼았던 곳. 일명 허하許下라고도 함. 지금의 하남성 지역에 있다.

92 숙위군宿衛軍: 궁성을 지키는 군대.

리는 집안의 서얼庶孽들과 부유한 집안의 놀고먹는 자식들을 감관으로 파견해서 세를 가혹하게 거두어들여 한 목구멍을 채우는 데 들어간다. 적으면 1000냥이요 많으면 수천 냥이 된다. 왕토王土가 날마다 감소하여 세입이 날마다 줄어들게 되니, 국가의 큰 좀벌레로 이보다 더한 것이 없다. 200년 이래 이름 높은 신하와 어진 재상들이 심각하게 우려한 뜻이 소장疏章에 나타나 있고, 정당한 말씀과 훌륭한 계책이 공거公車[93]에 쌓여 있으나【아울러 「전제고」를 보라】 둔전의 넓이는 해마다 증가하여 지금은 100년 전에 비해 이미 10배나 되었다. 한 고을의 수령이 어떻게 할 수 없는 일이니, 오직 그 경계를 지켜서 잠식해 들어오지 못하도록 할 것이다."

---

93 공거公車: 임금에게 올리는 글이나 하교를 가리키는 말. 상소를 처리하는 관서명에서 유래했다.

제2조 세법 상

稅法

전제田制가 이미 그러하니 세법 또한 따라서 문란하다. 연분年分에서 손실을 보고 황두黃豆에서 손실을 보아 국가의 세수는 얼마 되지 않게 되었다.

당초에 토지를 측량할 때 비옥함과 척박함을 살펴서 6등급으로 나누었다. 1등전은 1결(結, 1결은 100부), 2등전은 85부, 3등전은 70부로, 이처럼 차례로 체감하여 6등전에 이르게 된다【『대전통편』에 보임】. 그러니 1등전 1결과 6등전 1결은 소출이 서로 같고 따라서 그 세도 같아야 한다. 그런데 뜻밖에 연분9등법年分九等法을 덮어씌워, 하하년下下年에는 4두, 하중년下中年에는 6두, 하상년下上年에는 8두로 거슬러 올라가서 상상년上上年에는 20두의 세를 거둔다. 피차 모순이 되어 앞뒤가 맞지 않으며, 어지럽고 혼란스러워 일의 갈피를 잡을 수 없다. 아무리 이회 같은 인물이 다시 태어나더라도 이런 전제와 세법으로는 일을 처리할 수 없을 것이다.

『주례』와 한대의 법제에서는 모두 연분이 3등급으로 나뉘었으니【나의 「전제고」에 나와 있다】, 연분9등은 옛날의 법제에도 근거가 없는 것이다. 그러나 이미 이러한 법을 마련하였으면 마땅히 그 연분을 해마다 달리해야 하거늘, 연분법에서는 하하전 몇천 결은 내내 하하년이고 하중전 몇

천 결은 내내 하중년이다【고을의 대개장은 그 법식이 이와 같다】. 이는 연분이 아니라 그대로 토분土分이 된 것이다. 전분6등을 할 때 토질을 따져 등급을 나누었는데, 거기다가 연분9등하면서 또 토질에 따라 등급을 나누었으니 정말로 과중하다. 그렇지만 법이 그렇게 정해졌다면 그대로 따르는 것이 사리에 맞겠는데, 농민들로부터 세를 거둘 때에는 하하년의 토지에서 통상적으로 6두를 징수한다. 나라에서 받는 것은 연분에 따라 차이가 있는데도, 백성이 납부하는 것은 연분에 따르지 않으니 이것은 또 무슨 원칙인가? ○ 가령 나주 고을의 예를 들어보자. 하하전이 2만 결이고 하중전이 1만 결인데, 통틀어 6두씩을 거두니 그 쌀은 18만 두가 된다. 하지만 아전은 이와 같이 징수하고서, 호조에는 "하하전에서는 4두씩을 거두고 하중전에서는 6두씩을 거두어 모두 14만 두이다"라고 보고한다. 귀중한 쌀 4만 두가 중간에서 빠져나가니[1] 이것이 무슨 법인가? 또 이 3만 결의 땅은 논이 2만 결이고 밭이 1만 결인데, 밭의 전세는 세법상으로 콩을 받는다. 콩은 쌀의 절반으로 계산하는 것이 원칙이어서, 쌀 2만 3000여 두가[2] 중간에서 빠져나가게 되는 것이니,[3] 이것이 무슨 법인가? 한 고을에서 손실을 보는 것이 6만여 두이니, 삼남을 통틀어 계산하면 중간에서 빠져나가는 것이 몇 십만 두가 될 것이다. 조정은 멀어서 이를 듣지 못하고, 감사는 이를 좋아하여 조사하지 않으며, 아울러 수령도 멍하

1 이것이 하하지잉下下之賸, 즉 하하전에서 초과로 징수하여 아전이 착복하는 몫이다.

2 나주의 사례에 의하면 하중下中의 밭은 3333결이고 하하下下의 밭은 6666결이다. 밭은 전세를 콩으로 받고 콩과 쌀의 환산은 2:1이라는 규정에 비추어 볼 때 하중의 밭에서는 3333결×쌀 3두=쌀 9999두의 착복이 있고, 하하의 밭에서는 6666결×쌀2두=쌀 13332두의 착복이 있다. 양자를 합하면 쌀 23331두가 되는데 이를 2만 3000여 두라고 하였다.

3 이것이 황두지잉黃豆之賸, 즉 밭에서 초과로 징수하여 아전이 착복하는 몫이다.

니 앉아서 깨닫지 못하여 관행이 된 지도 이제 수백 년이 되었다. 이것은 한 고을의 수령이 개혁할 수 있는 일이 아니다. 그래서 공수나 황패 같은 명관이 여기에 임하더라도 눈을 감고 수수방관할 수밖에 없다고 한 것이다. 한마디 말이 입에서 튀어나오기만 하면 일어날 원망이 또 얼마나 될지 헤아릴 수 없다. 그러므로 "전정은 어쩔 도리가 없다"라고 말한 것이다.

국법에서는 본래 밭에 부과하는 전세는 콩을 징수하도록 되어 있다.[4] 그 명목은 두 가지인데 첫째는 위태位太이고 둘째는 세태稅太이다. '위태'란 메기장밭·차기장밭·목화밭·삼밭에서 콩으로 대신 징수하는 것이고 【옛 법에는 참기름이나 면포棉布로 징수하였는데 후일에 모두 콩으로 대신하게 하였다】, '세태'란 콩을 심은 밭에서 그대로 콩을 징수하는 것이다. 옛 법에서 위태는 호조에 바치게 하고 세태는 사복시司僕寺[5]에서 관장하게 하였다. 사복시의 이속이 내려와서 작전作錢하여 가져갔다. 지금의 법에서는 위태와 세태를 모두 쌀로 환산하여 콩 2석마다 쌀 1석을 징수하여 경사京司에 바치도록 되어 있다. 법제는 비록 그렇게 되어 있다지만 밭 1결에서 쌀 6두를 징수하고 있으니 논의 전세와 다를 바 없다.

집재執災[6]·표재俵災[7]는 전정의 말단에 속하는 일이다.

4 콩을 뜻하는 한자는 원래 '두豆'이며, 우리나라에서는 관문서에서 '태太' 자를 썼다. 이에 대해 원주에서 "太란 대두(大豆, 콩)를 뜻한다. 大란 글자의 아래에 점 하나를 찍으면 콩에 해당하는 글자가 된다. 이는 우리나라의 이문吏文이다"라고 밝혀 놓았다.

5 사복시司僕寺: 궁중의 마차와 마필, 목장 등에 관한 일을 관장한 중앙 관청으로 병조 소속의 당하관 정3품아문이다.

6 집재執災: 수령이 관내 전지 중에서 재해를 입은 결수를 파악하는 행정. 당시에는 서원이 전지를 돌아다니면서 재결을 파악하고 재결장부를 작성하였다.

큰 근본이 이미 흐트러지고 조리가 모두 문란하니 아무리 마음과 노력을 다 하더라도 만족하게 될 수는 없다.

군정·전정·환정還政, 이 세 가지를 수령의 삼정三政이라고 일컫는다. 이른바 전정이라는 것은 표재에 지나지 않는다. 전정에 있어서 표재는 상례喪禮의 시공緦功과 소공小功처럼 중요도가 낮은 것이지만[8] 이를 다루기는 어렵다. 오직 자신을 가다듬고 아전들을 단속하여 위엄과 명망이 평소에 분명하면 아전의 부정이 크게 심한 데 이르지는 않을 것이다. 털끝만큼도 틀리지 않게 할 방법은 없다. ○ 이른바 위재僞災란 이러한 것이다. 가을에 추수할 즈음에 서원이 간평看坪[9]【들판을 순행한다】하러 나가면 마을의 부유한 자는 곡식이 잘 익은 그의 논밭을 가리키면서 "저것이 내 땅이오. 당신과 더불어 방납을 하면 어떻소?"하고 돈 8냥【시가에 따라 혹은 7냥 혹은 9냥이 되기도 한다】을 슬쩍 주면 부유한 자의 농토는 마침내 통째 전재全災로 정해진다. 또 두리번거리며 다른 데에 가서도 모두 이런 방법을 쓴다. 가난한 농민의 땅은 혹 모내기는 했어도 이삭이 패지 않고, 혹

---

7 표재俵災: 집재에 근거하여 수령이 감사에게 재결을 보고하면 감사는 호조가 비총법比總法에 의하여 나누어준 재결의 숫자와 대조하여 일정한 수량의 재결을 그 군현에 나누어 준다. 이에 수령은 나누어 받은 재결과 자기가 집재한 재결을 대조하여 관내의 전지에 재결을 나누어 인정한다. 이렇게 재결을 나누어 인정해주는 것을 표재라고 한다. 감사가 각 군현에 재결을 나누어주는 것도 표재라고 한다.

8 『맹자·진심 하盡心下』에 "삼년상을 제대로 지키지 못하면서 시마와 소공을 살핀다〔不能三年之喪, 而緦小功之察〕"에서 나온 말. 상제喪制에서 삼년복은 친자가 입는 가장 무거운 것이며, 시마緦麻는 5개월, 소공小功은 3개월의 복이다. 경중을 따질 때 가벼운 것이지만 잘 따져보아야 한다는 의미.

9 간평看坪: 농작물의 상태가 어떤지 들판에 나가서 직접 조사하는 것을 이르는 말.

이삭은 팼어도 영글지를 않아 그 농민이 자기 전지를 가리키고 울먹이며 "부디 내 땅을 재결장부에 올려주시오" 하고 하소연해도 서원은 "너의 농사가 비록 흉작이기는 하나 막대기로 휘저으니 소리가 난다【벼줄기가 자라서 비록 알이 영글지는 않아도 막대기에 닿는 것이 있음을 말한 것이다】. 그러니 재결로 정할 수 없다"라고 한다. 이 농부의 농토 중에서 10부만 재결로 올리는데 이를 일러 내재內災라고 한다【한 농부의 경작지 전부를 재결로 올리는 것을 일러 전재, 한 농부의 농토 중에서 몇 부만 취해 재결로 정하는 것을 내재라고 이른다】. 그리고 두리번거리다가 다른 데 가서도 이러한 방법을 쓴다. 수령에게 복명함에 수령은 "너의 면은 초실稍實[10]【흉년에 어느 곳이 자못 농사가 잘된 것을 일러 초실이라고 한다】하거늘 어찌하여 재결이 이렇게 많은가?"라고 말하고는, 재결을 줄여서 깎고 깎고 재삼 깎고 나면 가난한 농민의 흉작 든 땅은 모두 깎이어 재결 속에 남아나는 것이 없다. 반면에 부유한 자의 곡식이 잘된 땅은 털끝만큼도 깎이지 않는다. 이를 일러 위재라고 하는 것이다. ○ 큰 면은 농토가 많아 부유한 사람이 많은데 이런 면에서 신실하다고 알려진 아전일수록 위재 또한 더 많기 마련이다【백성이 그 아전의 힘을 믿어 방납으로 주는 사례가 많기 때문이다】. 작은 면은 농토가 적어 가난한 농민이 많으니 이런 면에서 허랑하다고 알려진 아전은 위재 또한 적기 마련이다【백성들이 그를 믿지 않기 때문이다】. 또한 혹은 아전이 미리 백성과 약속하지 않고 자작으로 재결에 올려놓고 마감을 기다렸다가 나중에 팔아먹기도 하는데 이를 허집虛執이라고 한다.

10 초실稍實: 감사가 재결을 인정받기 위하여 호조에 재실분등장계災實分等狀啓를 올릴 때 사용하는 용어이다. 즉 농사의 작황 상태를 4등급으로 구분하여 상을 초실, 중을 지차之次, 하를 우심尤甚, 최하를 최우심最尤甚이라고 하는 등이다.

○ 수령이 이런 폐단을 막아보려고 나서서 간평하는 아전을 시켜 무릇 재해를 입은 논에 배미(畓)[11] 마다 푯말을 세우고 자호와 부수負數[12] 및 시작時作[13]의 이름을 기재하도록 하고 수령이 몸소 현지에 간평을 하겠다고 나간다. 서원이 재결로 정한 장부를 가지고 논배미마다 푯말을 조사하여 그 허실을 살피면 혹 풍작을 재결로 하거나 혹 재결로 되어야 할 것이 장부에 누락된 것을 일일이 적발할 수 있다고 생각한다. 하지만 이는 천하의 어리석은 짓이다. 이른바 '시작'으로 이름이 오른 것이 오유선생烏有先生[14] 아님이 없다. 사비私婢 복단卜丹이니 사노私奴 상득尙得이니 하는 것들은 본래 허명이며, 이미 토지장부에 올라 있는 기존 이름도 아니거니와 또한 현재 농사짓는 사람의 실명도 아니다. 혹은 동향東鄕[15]에 올라 있는 이름이 서면西面으로 옮겨지고, 혹은 남면 농지의 시작이 북면에 가 있어 홀연히 갔다 왔다 하는 것이 마치 구름과 안개가 변하듯 한다. 사람은 본래 땅에 고정되어 있는 것이 아닌데 시작의 이름을 조사한다는 것은 각주구검刻舟求劍[16]이 아니고 무엇이겠는가? 또 그 이른바 몇 부

11 배미(畓): 원주에 "열畓은 논의 구획이다. 우리말에는 이를 일러 '배미'라고 한다"라고 나와 있다. '畓'이란 글자는 우리나라에서 만든 한자임.

12 부수負數: 원주에 "속칭 복수卜數라 한다"라고 나와 있다. 수확량을 표현하는 단위로 복은 한 짐을 뜻한다.

13 시작時作: 원주에 "시작이란 그해의 전부(佃夫, 농민)를 이른다"라고 나와 있다. 즉 소작인을 가리킨다.

14 오유선생烏有先生: 실제로는 없는 가공의 인물을 가리키는 말. 사마상여司馬相如의 「자허부子虛賦」에 나온다.

15 동향東鄕: 원주에 "향鄕은 혹 방坊이라고도 일컫는데 속칭 면面이다"라고 나와 있다. 행정단위로 중국의 향은 우리나라의 면에 해당한다. 여기서 동향은 동면이다.

16 각주구검刻舟求劍: 어떤 사람이 배를 타고 가다가 칼을 물속에 떨어뜨렸다. 그리고 뱃전의 그 자리에 표시를 했다. 배가 정박한 후, 표시한 뱃전의 아래서 칼을 찾았지만 칼을 찾을 수 없었다. 이 고사는 상황이 달라진 사실을 생각하지 않는 태도를 비유하는 데 쓰인다.

몇 속이라는 것도 척尺·촌寸·보步·인仞[17]으로 그 실적實積을 구할 수 있는 것이 아니다. 실상대로 한 것인지 마구잡이로 한 것인지를 어떻게 구별하겠는가? 농부에게 물으면 짐짓 속이는 말 아닌 것이 없고 전감田監에게 물으면 모조리 윗사람을 농락하는 말뿐이다. 패거리를 지어 농간하는 자들의 말에는 착오가 없고 그렇지 않은 자는 알고 있어도 말하지 않으니 수령은 천하에 외로운 사람이다. 다만 재결로 정한 푯말을 재해를 입은 논배미에 세워 놓기만 하면 따질 말이 없으니 장차 그것이 무슨 소용이 있겠는가. 바야흐로 수령이 들을 순시하러 나갈 적에는 뭇 관속이 옹위하여 따르며 논머리에 떼지어 서 있고 초라한 유생과 늙은 농부들은 울타리 밑에서 이를 비웃으며 앉아 있다. 수령의 위엄과 명망의 실추됨이 이보다 더할 수 없다. 또 친히 순행한 후에 수령이 재결을 깎으려고 하면 아전들이 나서서 "논배미마다 푯말을 세워 조사해서 하나도 어긋남이 없었거늘 장차 무엇을 깎겠습니까?"라고 말할 것이다. 수령은 대답할 말이 없을 것이다【역시 「전제고」에 자세히 나와 있다】.

정언황丁彦璜이 인천부사로 있을 때 일이다. 연분을 정함에 서원을 내보내지 않고 백성들로 하여금 개간한 전지를 자진 신고하게 하고 때때로 몸소 나아가 살펴 확인했다. 백성들에게는 음식 대접하는 낭비가 없게 되었고, 아전들은 농간질을 못하게 되었으며, 전결은 전보다 줄어들지 않았다. 백성들이 아주 좋게 여겼다.

무릇 들판을 순행하는 방법은 이렇게 할 것이다. 수령이 말 한 필에 시동 둘만 데리고 경내를 돌아다니면서 대체의 작황만 살펴서 아무 면의

---

17 척尺·촌寸·보步·인仞: 모두 길이의 단위. 1촌은 10분의 1척, 보는 6척, 인은 8척임.

아무 마을은 재해가 더욱 심하고, 아무 면의 아무 마을은 평년작이라는 등의 사실만 알면 그만이다. 가다 때로는 나무 그늘에 앉아서 부로들을 불러 그해의 작황을 물어보고 이런저런 한담을 나누는 것도 좋을 것이다. 분위기를 부드럽고 자애롭게 하여 한집안의 식구처럼 대하면 자연히 말하는 사이에 그 면내 어느 마을이 재해가 더 심하고 마을 안에서 어느 골짝이 초실한지를 알아낼 수도 있다. 돌아와서 그것을 기록하여 대강을 파악해두면 아전의 위재는 저절로 아주 심하게 되지 않을 것이다.

또 무릇 집재하는 방법은 이래야 한다. 망종芒種[18] 열흘 전부터 풍헌과 약정에게 명을 전달하여 닷새마다 한 번씩 보고하도록 하되 "이 면 안에서 아무 마을은 이앙을 거의 반이나 하였고 아무 마을은 이앙을 거의 마쳤으며 아무개 농민은 이앙을 반도 못했고 아무개 농민은 이앙을 전혀 하지 않았다"라는 식으로 하게 한다.

대서大暑에는 각 면의 보고를 모두 모아서 그중에 중요한 내용을 추려 조목으로 구분해 책자를 만든다. 풍헌이나 약정에게서도 평상시에는 대개 진실하고 솔직한 말이 나올 수 있으니 추수할 즈음에 이르러 그 책자와 조사·대조해보면 늦게 이앙하여 결실이 좋지 못한 것인지 끝내 가물어서 이앙을 채 하지 못한 것인지 진위를 알 수 있는 것이다. 또 충해·수해·풍해·상해霜害 및 홍수나 우박의 피해 등등을 닷새마다 올리는 보고에 자세히 기록하도록 주의를 주면 조사·대소에 노움이 될 것이다.

주자는 「상시전단첩相視田段帖」에서 다음과 같이 일렀다. "대체로 곡식이 잘된 농토에도 그중에는 이삭이 패지 않은 것도 있고 이삭은 팼으나

18 망종芒種: 24절기의 하나로 양력 6월 5일 무렵이다. 이때쯤에 보리를 베고 모를 심는다.

영글지 않은 청공青空도 있고 이삭은 팼으나 말라 죽은 백사白死도 있다. 이들은 모두 흉작으로 인한 손실에 속하는 것이다. 그런데 그 벼 포기는 곡식이 잘 익은 땅의 것과 다르지 않아 보인다. 장차 추수한 뒤에 잘된 농토의 범위에 잘못 들어가 조사 대상에서 누락되어 더욱 곤란하게 될까 심히 우려된다. 바라건대 벼 포기를 적당히 남겨두어 검한관檢旱官이 도착하기를 기다려 따로 진정을 할 것이다." 鏞案 청공·백사라는 네 글자는 기발한 표현이다. 수령이 재해를 조사하여 보고할 때에 이 말을 인용하는 것 또한 좋지 않겠는가. 무릇 청공·백사의 벼는 결과적으로 보면 애초에 이앙을 못한 것과 다를 바가 없다. 요즈음 사람들은 으레 청공·백사에 대하여 "볏짚이 있으니 소의 먹이로 쓸 수 있다"라고 하며 재결에 올리기를 허용하지 않는다. 참된 마음으로 백성을 생각하기를 주자와 같이 한다면 어찌 차마 이런 말을 할 수 있겠는가?

서원이 들에 작황을 조사하러 나갈 때에는 직접 불러 부드러운 말로 타이르고 위엄을 세워 겁을 주기도 하되 지성스럽고 간절하게 하여 감동시키면 일에 도움이 없지 않을 것이다.

부드러운 말로 이렇게 타이를 것이다. "한 도의 아전이 온통 부정을 하는데 한 고을의 아전만 유독 충직하다 하여 국가에 보탬이 될 수 없고, 한 고을의 아전이 온통 부정을 하는데 한 아전만 유독 충직한들 고을의 경비에 보탬이 될 수 없다. 나 자신이 사실대로 따르기를 확실히 하려는 까닭은 다른 것이 아니다. 떳떳한 도리를 지키려는 마음은 모든 사람이다 같이 타고난 것이다. 나라의 신하 된 자로 뻔히 도적질인 줄 알면서도 네가 직접 범한다면, 천지귀신이 환하게 보고 있는데 끝내 귀신에게 화를 입는 일이 없겠는가? 너는 조세 대상에서 누락된 은결을 가지고 있어 이미 열 식구를 먹여 살리고 있다. 그리고 서원청書員廳[19]의 잡비가 한 군데서 나오는 것도 아닌데 만약 재결에 함부로 농간질한다면, 이는 중죄를 짓는 행위다. 필묵 값 정도라면 용서할 수도 있겠으나 지나친 협잡질[20]은 내 기필코 들추어낼 것이다. 각자 마음과 생각을 고쳐 옛날 버릇을 답습하지 말도록 하라. 아주 심한 재해를 입은 경우, 부유한 사람은 그래도 괜찮지만 가난한 사람들은 불쌍하기 이를 데 없으니[21] 가난한 농민의 쇠잔한 땅은 응당 더욱 마음을 써서, 혹시 재결에서 빠뜨려 백성의 원한을 사는 일이 없도록 하라." ○ 서원의 재결장부가 다 모이면 수령은 수리와 도서원을 불러서 이렇게 이를 것이다. "너희는 서청에 가서 조용히 여러 서원들을 타일러 함께 의논하고 아울러 조사하여 지나치거나 허위가 들어간 것들을 깎아내도록 하라. 만약 위재가 전혀 없다고 하거든 억지로 깎아내지는 말아라. 내 마음이 지성스런 것은 너희들도 다 아는 바이다. 두 번 다짐하고 세 번 다짐해도 위재가 없다고 대답한다면, 내가 별도로 조사하여 부정행위의 증거를 잡아낼 것이고, 또 내가 표재할 때에 가서 저절로 적발되게 하는 방법도 있다【그 방법은 다음의 표재에 나와 있다】. 그 방법을 지금 모두 너희들에게 일러두니 너희들이 끝내 감출 수 있

19 서원청書員廳: 서청書廳. 세무를 담당하는 서원들이 모여 사무를 보는 처소.

20 원문에는 "부유지람缶庾之濫"이라고 되어 있다. 부缶는 4곡斛, 유庾는 16두斗를 가리키는 용량의 단위이다.

21 원문은 "哿矣富人, 哀此煢獨"이다. 『시경·소아·정월正月』에 나오는 구절로 나라가 어려운 시기에는 누구보다도 가난하고 외로운 백성들이 가장 불쌍하다는 의미를 담고 있다.

겠는가? 그때에 당해서 10부 이상이 되면 응당 엄벌에 처할 것이요, 또 내년에는 정직 처분하여 임용하지 않을 것이다. 이러한 뜻을 여러 아전들에게 알리도록 하라. 너희들 수리와 도서원은 나의 눈과 귀인 셈인데 패거리를 지어 부정을 저지르고 윗사람을 속여서 오로지 감추고 꾸미기를 일삼다가 내가 만약 증거를 잡아내면 너희를 먼저 쫓아낼 것이다. 너희들은 이 점을 명심하라." 그리고 또 "너희들은 스스로 생각하기를 '우리가 패거리를 지어 농간하는 것을 누가 밝히랴!'라고 할 것이다. 그러나 수석의 자리는 뭇사람들이 시기하는 바라. 너희들의 옳지 못한 행위를 나는 쉽게 알 수 있다"라고 말한다. ○ 수일이 지나서 수리가 들어와서 보고하는데 그가 깎고 줄인 것이 과연 내 생각에 들어맞거나, 혹은 그 스스로 밝힌 바가 진정에서 우러나온 것이면 우선 그를 믿고 속임이 있다고 지레짐작하지는 말 것이다. 만약 그가 말하는 것이 오로지 교묘히 꾸미기로 일삼아 변명만 늘어놓는다면 별도로 염탐해서 알아보는 일을 그만두어서는 안 된다.

○ 이청吏廳에는 필시 한통속이 아닌 아전이 있을 것이다. 몰래 이 사람을 시켜서 재결에 대해 찬찬히 조사하되, "아무 면의 모 갑의 전지에서는 몇 냥을 받았고, 아무 마을의 모 을의 전지는 몇 부가 재결에 올랐고, 아전 아무는 위재가 몇 결이고 아전 아무는 몇 냥을 미리 받았고" 하는 등을 조목조목 기록하여 가져오게 한다. "만일 모함하는 내용이 들어 있을 것 같으면 너를 벌주리라"라고 단속을 할 것이다. ○ 이 사람의 보고를 받고 나서는 또 다른 길로 그 마을을 조사해본다. "모 갑의 전지는 실제 곡식이 누렇게 잘 익었는데도 몇 부가 재결에 올라 있고, 모 을의 전지는 실로 다른 아무 사단이 없는데도 분명히 몇 냥을 주었다"라는 등의 말이

나오면 이는 한통속에서 나온 말이 아니므로 거짓이 아닐 것이다. 이에 부정을 발각할 수 있다. ○ 이제 수리와 도서원을 불러서 소리를 가다듬고 다음과 같이 꾸짖는다. "여러 아전이 재결을 농간질한 것에 대해서는 내 그동안에 확실한 증거를 잡았다. 너희의 거짓됨이 어떻게 이 지경에까지 이르렀는가? 잠시 너희의 죽음을 늦추어 사흘의 말미를 줄 터이니 너희는 사적으로 조사하거나 탐문하여 위재를 들추어내서 사실대로 보고하라. 내가 조사·파악한 바와 그대로 부합될 것 같으면 너희의 죽을 목숨을 내 용서해주겠노라. 만약 또다시 꾸며대서 끝내 나를 속이려고 든다면 '믿는 데가 있어 개과改過하지 않는 자는 죽인다'[22]라는 옛말이 너희 말고 누구에게 해당되겠느냐?" 이와 같이 하면 사실대로 고하지 않을 자가 거의 없을 것이며, 혹 그가 폭로하는 부정이 한통속이 아닌 아전의 보고보다 많을 수도 있다. 만약 그럼에도 계속 무리지어 농간하면서 실토하지 않는 자는 들추어내 징치하되 하나둘을 징치하여 점차 여러 아전에게 미치도록 하고, 그들로 하여금 자백하게 하면, 또 혹은 그 여세에 의해 더 좋은 결과를 얻을 수도 있을 것이다. ○ 사소한 농간질을 하여 필묵의 비용이나 충당한 경우에는 눈감아주는 것도 좋다. 법이 본래 완비되지 않아 그 때문에 아전이 농간하는 것이니 나 홀로 심하게 다룬다고 해서 국가에 도움이 될 것도 아니다. 크게 심한 부정만 제거하고 자질구레한 것들은 따지지 않는 편이 좋을 것이다.

무릇 재결을 삭감하는 법은 이러하다. 아전이 수령의 책망을 듣고 스스로 몇 결을 깎았다면 그 깎여진 재결은 본래 진재眞災에 속하는 것이니

22 원문은 "호종적형怙終賊刑"인데 『서경書經·순전舜典』에 나오는 말이다. '호종'은 믿는 곳이 있어 개전하지 않음을 뜻하는 말이며, '적형'은 벌을 내린다는 의미이다.

깎여진 것을 그대로 재결장부에서 제거하지 말 것이다. 아전으로 하여금 다시 깎게 하되 깎여진 것이 진재에 속할 것 같으면 이에 수령은 "이것은 위재에 속하는 것인가?"라고 묻는다. 아전이 "위재입니다"라고 하면 믿을 만한 사람을 따로 보내 그 재결에서 깎여진 전지를 돌아본다. 과연 곡식이 누렇게 잘 익은 농지에 속할 것 같으면 곧 위재가 깎여진 것이요, 만약 재해를 입은 농지에 속할 것 같으면 곧 진재가 깎여진 것이다. 아전이 충직한지 어떤지 여기서 알 수 있는 것이다.

재결을 장차 마감할 즈음에는 각 면의 망사望士[23]에게 다음과 같이 첩문을 보낼 것이다. "지금 재결을 보고하려고 하는바 본 면에서 전재에 속하는 곳이거나 한두 사람이 재해를 아주 심하게 입었는데도 서원의 재결 파악에서 누락된 것은 중론을 들어서 뽑아 열거할 것이다. 만일 안면에 구애되어 열거하는 곳이 너무 많을 것 같으면 소용이 없게 될 것이다. 오직 극히 억울하다고 알려진 곳만을 추려서 보고하도록 하라." ○그 보고가 들어오면 서원이 작성한 장부와 대조하여 재결에 새롭게 추가될 것이 있으면 충직하여 믿을 수 있는 사람을 따로 보내서 자세히 살펴보고 오게 한 다음 추려 재책을 보충해 넣을 것이다. ○이럴 때에 수령은 매양 노리老吏[24]를 보내는데 전체를 통틀어 재차 살피더라도 작당·농간하는 행위는 변함이 없어 유해무익할 뿐이다. 결코 그런 식으로 해서는 안 된다.

주자의 「시행민소장施行民訴狀」에서 다음과 같이 일렀다. "예전부터 한

---

23 망사望士: 원주에 "한 면의 훌륭한 선비이다"라고 나와 있다. 일반적으로는 명망이 높은 인사를 지칭하는 말이다.

24 노리老吏: 원주에 "별색리別色吏라고 일컫는다"라고 나와 있다.

해旱害를 실사하는 데 있어서의 폐단은 그 명목이 한둘이 아니다. 무릇 한장旱狀[25]을 결재함에 관부에서 거두어들이는 것을 초식전醋息錢이라 하고, 일직日直하는 관리가 요구하는 것을 접장전接狀錢이라 하며, 안리(案吏, 담당 아전)가 요구하는 것을 매지전買紙錢, 한장旱狀을 내어줄 때 받는 것을 투장전投狀錢이라 한다. 그리고 관원이 향촌에 나가 실사함에 있어, 공장供帳[26]을 담당하는 곳에서 요구하는 것을 착자전著字錢, 수종하는 구실아치가 보정保正[27]의 이름으로 요구하는 것을 표부전俵付錢, 관사가 영을 내려 세미를 감면함에 있어 사사社司[28]가 말질을 하는 데 따라 요구하는 것을 묘두전苗頭錢이라고 하는데 무릇 이와 같은 따위는 모두 백성을 좀먹는 것 중에서도 더욱 심한 것이다. 엄하게 약조를 하여 현아의 문에 방문을 붙이기를 '종전 같이 요구하는 경우에는 본 현에서 구속하고 범한 자는 약속대로 처벌한다'라고 할 것이다." (鏞案) 우리나라 전리田吏가 실사하는 때에도 이른바 줄전苗錢[29]이라는 것이 있다. 비록 1속 2속이라도 각기 자호가 있는 것은 모두 줄전을 거둔다. 큰 흉년에 미처 이앙하지 못한 것도 실사할 때에는 역시 줄전을 거두는데 이와 같은 따위는 반드시 금할 것은 아니다.

25 한장旱狀: 가뭄으로 재해를 입은 땅에 대해 제출하는 감세 신청서.

26 공장供帳: 연회석·휴식소 등에 자리이나 장막을 치는 일. 상급 기관에서 나온 관원을 접대하는 일을 뜻하기도 한다.

27 보정保正: 관청의 자잘한 업무를 담당하던 사람. 하나 혹은 몇 개의 마을을 담당하면서 지방 관청과 백성들 사이에서 일종의 중개자 역할을 수행하였다.

28 사사社司: 사창司倉에 저장한 양곡을 관리하는 관리.

29 줄전苗錢: 원주에 "苗이란 줄이다. 한 줄을 쓸 때마다 돈 1푼을 거둔다"라고 나와 있다. 아전이 장부를 쓸 때 농민의 청탁을 받아서 글씨 한 줄을 쓸 적마다 돈 한 푼을 받는다는 의미이다.

큰 흉년이 든 해에 이앙을 하지 못한 논을 실사할 때는 응당 적임자를 골라서 맡길 것이다.

가경 기사년(1809)과 갑술년(1814)에는 가뭄이 더욱 심하여 미처 이앙하지 못한 것이 거의 3분의 1이나 되었다. 가을에 관에서 사람을 보내 재결에 관련한 농간을 조사하였다. 당시 나는 민간에 있으면서 직접 목도하게 되었다. 처음에는 전리와 전감이 일차 순행하고 그 뒤에 별리別吏와 별감別監[30]을 파견하여 또 한 차례 순행하였다. 이른바 별리와 별감은 수리·수향首鄕으로 명망이 있는 자들이지만, 이들이 혹 10결을 훔치기도 하고, 혹 20결을 훔치기도 하며, 많으면 50~60결이나 된다. 별리와 별감 두 사람이 1속도 훔치지 않았다면 이는 우연에 속할 따름이다. ○ 이 일은 결코 아전이나 향임에게 맡겨서는 안 된다. 마땅히 별도로 적임자를 직접 골라야 할 것이다. ○ 각 면의 향로와 사민들에게 다음과 같은 첩문을 내려보낸다. "행 현령은 간절히 바라노라. 애달프다! 이 극심한 가뭄에 농사가 크게 흉작이 들었으니 안타깝다. 우리 백성들을 장차 어찌할 것인가? 밤낮으로 걱정하여도 어찌할 바를 모르겠도다. 이앙하지 못한 논을 이제 실사할까 하는데 곰곰이 생각하니 국가의 재정은 이미 고갈되고 세입은 얼마 되지 않으니 상사에서 허락할 재결은 충분하지 않을 것이다. 만일 허실이 서로 엇갈리고 진위가 뒤섞인다면 상사에서 재결을 깎는 사태를 당하더라도 어떻게 따질 수 있겠는가? 각 면에는 상하를 막론하고, 의관을 갖추고 문자를 알고 청렴 신중하며 사리에도 밝고 재

---

30 별리別吏·별감別監: 다른 전리, 다른 전감을 가리킴.

물을 탐내지 않는 사람으로 이런 절실한 뜻에 부응할 사람이 얼마나 있겠는가? 향로는 사민 10여 명을 모아 공론으로 두 사람을 천거하여 그로 하여금 이 일을 맡게 할 것이다. 만일 천거한 사람이 적임자가 아니어서 실사가 끝나고 난 뒤에 말이 나올 것 같으면 천거해 보낸 사람 또한 면목이 서겠는가? 각기 조심하고 생각을 깊이 하여 천거인 명단을 속히 바치도록 하라." ○ 천거장이 올라오면 수령은 천거된 두 사람을【각 면에 2명】 불러 대면하여 지극한 뜻으로 설명하고 그들로 하여금 성심껏 바르고 깨끗하게 일을 완수하도록 할 것이다.

이앙하지 못한 논의 조사장부 서식

모 면 모 리 모 산 옆의 논 7배미 5두락 내의 5배미 3두락 미이앙未移秧.

전주田主 이득춘李得春, 전부佃夫 김상동金尙東, 호명戶名[31] 복단福丹.

현玄자 제12답畓 17부 내 미이앙이 10부. 제1은 작은 배미 정방형, 제2는 중간 배미 사방형斜方形, 제3은 작은 배미 횡장형, 제4는 큰 배미 정방형, 제5는 작은 배미 위가 뾰족한 모양.

각 면의 실사장부가 다 모이면 수령은 한두 곳을 뽑아서 몸소 현지조사를 나간다. 수령의 일가친척 중에 농촌에서 성장하여 농사일을 잘 아는 사람이 있으면 수령이 나갈 때 대동한다. ○ 한 마을에 도착할 때마다 먼저 궁벽한 지역을 골라 살펴보되 조사장부와 논밭을 대조하여 그 두락의 수와 결부의 수가 거의 맞으면 그 장부를 믿어도 좋을 것이다.

---

31 호명戶名: 이 호의 이름을 가리키는 것으로 추정된다. 몇 개의 자연호를 합하여 법정호를 만드는 것이 당시의 제도였다.

무릇 재전災田을 집재함에 있어서도 각 면에서 천거한 두 사람을 써서 조사하게 할 것이요, 서원이 들에 나가서 조사하는 것은 폐지하더라도 무방하다. ○ 각 면에서 올라온 사람 중에서 청렴하고 분명하며 근실하여 이 큰 일을 능히 완수한 사람이 있으면 상례에 구애받지 말고 이후에 발탁해 써도 좋을 것이다.

상사에는 마땅히 실제의 숫자대로 재결을 보고해야 하고, 혹시 삭감을 당할 것 같으면 스스로 허물을 지고 다시 보고해야 한다.

속된 수령은 상사에 보고할 때 마치 장사꾼이 물건을 팔 때 미리 예비豫備【우리나라 말로는 에누리라고 한다】를 두듯이 반드시 여분을 두어 상사의 삭감을 기다리는데, 이는 상인의 술법이니 절대로 본떠서는 안 된다. 혹시 거짓 숫자를 예비해두었는데, 상급 관청이 사실이라고 믿고 그대로 표재할 것 같으면 나는 장차 어떻게 하겠는가? 도로 반납하면 죄가 있으니 오직 '삼킬 탄呑' 한 자뿐이다. 끝내 허물이 없을 것인가? 상사의 삭감이 보고를 불신함에서 나온 것이라면 당연히 두 번 세 번 다시 보고하여 거취를 결정할 것이고, 조정에서 각 도에 나누어준 재결의 숫자가 원래 적어 부득이 각 고을마다 통틀어 깎는 것이라면, 반드시 인책할 일은 아니고 삭감된 재결에 따라 나누어 배정하면 된다.

유현劉絢[32]이 수안현壽安縣 주부로 있을 때 일이다. 큰 가뭄이 들어 관부

32 유현劉絢, 1045~1087: 중국 송나라 때의 학자. 자는 질부質夫.이다. 벼슬은 태학박사에 이르렀다.

에서 사람을 파견해서 피해 상황을 조사하도록 하였는데, 면제받은 부세가 10분의 2정도였다. 유현이 힘껏 다투었지만 더 이상 면제되지 않으므로 게첩(揭帖, 게시문)을 그대로 돌려보내 변경해줄 것을 다시 요청하였다. 부필富弼[33]이 감탄하여 "참다운 지방관이다"라고 말하였다.

정택경鄭宅慶은 강진 출신의 무관으로 언양현감이 되었다. 그 고을의 재결을 보고하였는데 "스스로 삭감하라"는 퇴짜를 받게 되었다. 정택경이 다시 처음의 보고서를 올렸더니, 감사가 판결하기를 "비록 옥당玉堂 출신으로 보임된 자일지라도 감히 이처럼 하지 못할 것이다. 더구나 무과 출신의 현감이 감히 이럴 수 있는가?"라고 하였다. 정택경은 분노하여 이렇게 항의하였다. "문신과 무신은 비록 하늘과 땅의 차이가 있다 해도 이 백성과 저 백성은 다 같이 농사짓는 백성이다. 소중한 것은 백성이거늘 어찌 수령의 귀천을 논하리오." 그 언사가 엄준함에 감사는 사과하고 보고한 재결 액수대로 마감하여 내려보냈다. 연말이 되자 감사【당시 감사는 판서 홍억洪檍[34]이었다】는 고과에 "강직하고 흔들리지 않아 처음과 끝맺음이 한결같다"라고 썼다. 왕이 춘당대春塘臺[35]에 거둥하여 각 도의 업무평가서를 살피다가 언양에 이르러 "정택경이 누구인가?"라고 물었다. 승지가 "강진의 무과 출신입니다"라고 대답하자, 왕은 "업무평가의 문구로 보건대 필시 상사와 다투어 굴하지 않은 것이로다. 변두리 고을의 한미한

---

33 부필富弼, 1004~1083 : 중국 송나라 때 어진 재상으로 손꼽힌 인물. 자는 언국彥國이다. 정국공의 봉을 받아서 부정공富鄭公으로 일컬어졌다.

34 홍억洪檍, 1722~1809 : 자는 유직幼直, 본관은 남양이다. 실학자인 홍대용洪大容의 숙부이다. 홍억이 나주목사로 있을 때 천문학에 조예가 깊었던 나경적을 만나 학문적으로 영향을 받았고, 나경적이 중국사절단으로 갔을 때도 수행하여 중국의 일류학자들과 교유하였다.

35 춘당대春塘臺 : 창경궁 안에 있는 시설 이름.

무변이 이 같은 업무평가를 받았다면, 반드시 쓸 만한 재목일 것이다"라고 말하고, 전조銓曹에 명하여 등용하게 하였다. 며칠 후 정택경은 안동 토포사討捕使[36]에 임명되었다.

표재 역시 어려운 일이다. 만일 상사로부터 허용된 재결이 고을에서 집재한 것보다 적으면 비례에 따라 균등하게 각기 얼마씩 삭감을 하도록 한다.

재결을 신청한 대로 얻은 경우라면 표재가 어렵지 않지만 삭감을 당하면 고르게 나누어야 한다. 가령 본래 고을에서 집재한 것이 500결인데 허용되어 내려온 것이 400결이라면 5분의 1의 비율로 감해야 한다. 50부는 감하여 40부로, 40부는 감하여 32부로, 32부는 감하여 24부 16속으로, 이처럼 비례하여 고르게 삭감한다. ○ 만일 내가 집재한 것에 원래 정도의 차이를 두었다면, 가령 혹재酷災와 경재輕災[37]는 정도가 아주 다른 것이니 경재는 완전 삭감을 하고 혹재만 표재하는 것도 무방하다. 세상에서 혹재를 전재全災라 일컫고 경재를 내재內災라고도 일컫는다. 그런데 전재란 본깃本衿[38] 1결의 전지에 1결이 통째로 재해를 입은 것이요, 내재란 본깃 한 섬지기〔苫落〕[39]에 10두락은 곡식이 잘 익었고 나머지 10두락

36 토포사討捕使: 각 진영에 도적을 잡는 일을 주 임무로 한 무관직으로 대체로 영장이 겸임했다.

37 원주에 "경재輕災는 손실이 있지만 전혀 거둘 것이 없는 상태에 이른 것은 아니다"라고 나와 있다. 즉 혹재는 재해의 정도가 심한 상태, 경재는 그 정도가 가벼운 상태를 뜻한다.

38 본깃本衿: 재산을 분배함에 있어 원래의 몫이라는 뜻. 곧 그가 소유한 재산을 의미한다. 상속하는 재산의 몫을 정해 기록한 문서를 깃기衿記, 유산으로 받은 것을 깃득衿得이라 한다. 모두 이두어이다.

은 결실이 없는 것이다. 따라서 혹재·경재와 전재·내재는 그 실상이 똑같은 것이 아니다. 이른바 내재에도 혹재가 있을 수 있으니 이런 점이 응당 구별되어야 할 것이다.

수령이 표재하는 법은 이러하다. 재결장부 3부를 만들되 모두 해서로 쓰게 하고 본체本體[40]로 쓰지 못하게 할 것이다. 문서의 1건은 수령이 보고, 다른 1건은 아전이 보고【장차 이것으로 수세를 한다】, 나머지 1건은 백성에게 돌려보게 하는 용도이다. 글자 하나하나를 대조하여 틀리고 어그러짐이 없도록 할 것이다. 백성에게 돌려보게 하는 문서는 별도로 얇은 종이를 사용하고 더욱이 해서로 써서 한 면마다 각각 한 권卷【권이란 자리를 말 듯이 만다는 뜻이다. 두루마리라고 하는 것이다】씩 배포하며 책자로 매지는 말 것이다【책자로 만들면 농간하기 쉽다】. 도장을 찍을 적에는 필히 인주로 선명하게 찍고 종이를 붙여 이은 곳에도 도장을 찍으며, 고친 곳에는 아인牙印[41]을 찍는다. 매미 날개 같이 얇은 종이로 풀칠해 봉하고 또 상하에 도장을 찍는다. 이에 술자리를 마련해 각 면의 망사들을 불러 자리를 함께하고 그 두루마리를 친히 나누어주되 각기 자기 면으로 돌아가서 대소 민인들을 불러 모은 다음, 풀칠해 봉하고 도장 찍은 곳을 확인시키고 나서 두루마리 문서를 펼치도록 한다. 별도의 한 책자에다 한 통을 베껴서 면에 비치하며, 여러 사람들 중에서 위재를 조사, 적출하되 적출된 곳에 다 점을 찍는다. 수령이 나누어주었던 두루마리는 다시 얇은 종이로 풀칠해 봉하

---

39 섬지기(苫落): 논의 면적 단위. 볍씨 1섬의 모를 심을 만한 면적. 20마지기에 해당함.

40 본체本體: 지방 아전들이 관용적으로 쓰던 글씨체. 원주에 "아전이 전결문서 등에 쓰는 글씨는 덩굴이나 가는 모래 같아 형상이 기괴하여 분별할 수가 없다"라고 나와 있다.

41 아인牙印: 원주에 "도서圖書인데, 우리나라에서는 음이 잘못되어 투서套署라고 한다"라고 나와 있다. 여기서 도서는 인장을 가리킨다.

고 겉에 사인私印을 찍어 수령에게 반납하도록 한다. ○큰 면은 한 면을 네다섯 구역으로 나누어 따로 두루마리를 만들어 각기 망사를 불러 그 두루마리를 나누어줄 것이다. ○이와 같이 하면 위재는 1부 1속도 숨길 수가 없다. 그러나 위재 중에 부유한 백성이 값을 치르고 재결을 산 경우는 그대로 점이 찍힐 이치가 없으며【아무리 망사라도 역시 주변의 안면이 있다】 허집虛執만 하고 아직 팔리지 않은 것은 아마도 간혹 점이 찍힐 것이다. 그러나 서원의 재결 농간은 원래 모두 비밀에 속하는데 이날에 이르러서는 만인이 주시하는 상황에서 여지없이 드러나게 될 터이니 뭇사람의 입을 막을 수가 없어 수령에게 알려지게 되고 말 것이다. 이는 좋은 방법이다. 이날 전리의 형이나 동생은 반드시 향회鄕會[42]에 따라 나아가 제발 점을 찍지 말아 달라고 요구할 것이다.

망사를 불러 면접하는 날 다음과 같이 말할 것이다. "강류석존江流石存[43]이라 아전은 본래 두려운 것이고 이웃에 살아 집이 가까이 있는 백성 또한 돌봐주어야 할 것이니 내가 그 일을 당하더라도 점을 찍기 어렵다. 그러나 만인이 이미 눈으로 본 사실이라면 뭇사람의 입을 막을 도리가 없는 법이다. 내 비록 깊숙이 들어앉아 있더라도 마침내는 들어서 알 날이 있을 것이다. 만일 모든 사람이 다 알고 있는데도 그대들이 점을 찍지 않

---

42 향회鄕會: 한 면의 민인民人이 모여 어떤 안건을 가지고 회의하는 모임. 그 결정 사항을 수령에게 보고하는 임무를 대개 풍헌과 약정이 담당하였다. 여기서는 면에서 추천되어 재해 조사의 임무를 맡은 두 사람이 면에 돌아가 백성들을 모아놓고 위재를 조사해서 가려내는 모임을 가리킨다.

43 강류석존江流石存: 강물은 흘러가도 강 속의 돌은 그대로 박혀 있다는 말. 수령은 임기에 따라 부임했다가는 떠나기 마련이지만 아전들은 그 고을에서 움직이지 않는 바위처럼 그대로 남아 있다는 의미. 원래 두보杜甫의 "강은 흐르지만 돌은 구르지 않는다[江流石不轉]"라는 구절에서 유래한 것이다.

았다가 필경 내 귀에 들리게 되는 경우 무슨 면목이 서겠는가? 이런 사정을 아전들에게 고하면 아전인들 무엇을 원망하겠으며, 이것으로써 백성들에게 고하면 백성인들 무엇을 노여워하겠는가? 또 비록 그대들이 점을 찍더라도 내 마땅히 선처하여 중하게 다스리지는 않겠으니 그대들은 마땅히 이 점을 유의하여 사실대로 점을 찍어야 할 것이다." ○ 점 찍은 두루마리가 들어오면 각 면의 두루마리를 모두 모아서 계산해보고 검토하되 만일 농간질한 것이 필묵의 비용에 지나지 않는 경우에는 덮어두어 불문에 부치고, 훔친 것이 큰 경우에는 즉시 모두 빼앗아 억울하게 누락된 농민들【재해를 입었음에도 재결에서 누락된 자】에게 주되 협잡질한 재결을 빼앗을 때에는 모름지기 비례대로 고르게 빼앗을 것이다. 예컨대 동면의 원전原田이 500결이고 서면의 원전이 300결이면 필묵의 비용 또한 차이가 나서 동면이 2결 50부라면 서면은 1결 50부가 된다【원전의 100분의 1을 다시 반으로 나누는 것이다】. 각 면에 소요된 비용을 피차간에 비례가 되도록 하며, 나머지는 모두 빼앗을 것이다【소소한 차이까지 가혹하게 살필 것은 없다】. ○ 이날 꼭 형벌로 다스릴 것은 없다. 오직 수리와 도서원을 불러서 죄를 따져 말하되 "너희가 끝내 나를 속였으니 나는 너희를 용서할 수 없다"라고 할 것이다. 이에 그 죄과를 기록해두었다가 연말 고공考功 때에 그 두 아전을 처음 약조한 대로 내쫓는다. 그리고 수령을 믿고 죄를 두려워하여 조금도 잘못을 저지르지 않은 아전이 있으면 그의 공적을 기록해두었다가 신년에 발탁하여 요직에 임명할 것이다.

또 무릇 표재하는 법에 있어서 1속도 되지 않는 것은 굳이 나누어 표재할 것이 없다. 대개 1파, 2파나 1리, 2리까지 계산하는 것은 한갓 비용만 낭비할 뿐 백성에게 돌아갈 혜택이 없기 때문이다. 표재장부에서는 속 자나 파 자는 모두 없애버리되 근소한 것들을 모아서 혹 1결이나 2결이 되는 것은 일단 보류하여 표재하지 말고 억울함을 호소하는 농민을 기다릴 것이다. 만일 끝내 그런 농민이 나오지 않으면 도리에게 주어 유망流亡에 대비하며, 끝내 쓰일 데가 없으면 내가 관여할 것은 아니다.

표재가 끝나면 작부作夫하는데 이래移來[44]·이거移去[45]는 일체 엄금하되 징미徵米장부에서는 편의에 따르는 것을 허용한다.

작부란 100부負가 1결이고 8결이 1부夫인데 영세한 것들을 모아서 한 호수戶首[46]를 세우고 그에게 세를 거두도록 하는 것이다. ○ 작부장부를 반포하고 나면 징미장부【이름하여 미도록米都錄이라고 한다】를 이어 반포하니 백성에게 반포하는 것이 둘이 있는 것이다. ○ 무릇 이래·이거란 것은 뭇 농간의 소굴이다. 동리東里 사람이 서리西里 사람에게 전지를 팔면 전지는 동쪽에 있는데도 결結[47]은 서리로 옮겨가니 이것이 이른바 이리里移이고 동면東面의 사람이 서면西面 사람에게 전지를 팔면 전지는 동쪽에 있는데도 결은 서면으로 옮겨가니 이것이 이른바 면리面移이다. 대체로 일

---

44 이래移來: 전지는 저곳에 있는데 이곳의 작부장부에 옮겨 기재함.

45 이거移去: 전지는 이곳에 있는데 저곳의 작부장부로 옮겨 기재함.

46 호수戶首: 토지의 실결實結 8결을 1부夫로 삼아 그에 속한 여러 전부佃夫 중에서 부유하고 근실한 사람 1명이 호수가 되어 부 내의 전부들로부터 부세를 받아서 관에 바치는 책임을 맡았다. 지방의 토호 중에는 많으면 수십 부, 적으면 십여 부의 호수를 겸하여 전부로부터 1결당 정조正租 100두씩을 징수하는 자도 있었다. 8결작부에 호수 제도가 처음으로 조문화된 것은 1744년 반포된 『속대전』에서였다.

47 결結: 작부장부에 기재되는 결복結卜.

컫기를 "전부佃夫[48]는 대부분 가난하고 전주田主[49]는 부유하여 수령이 징세하려면 마땅히 부유한 자를 주 대상으로 해야 하기 때문에 전주가 사는 곳으로 결을 세안(稅案, 결세장부)에 올리는 것이다"라고 한다. 그러나 전지는 움직이지 않고 사람은 돌아다니며 정착하지 않는다. 나라에서 세를 징수함에 있어 어찌 전지를 버리고 사람을 따라갈 것인가? 전지가 여기에 있으면 전부도【경작자는 멀리 있어도 전지에서 3리를 넘지 않는다】 여기에 있고 곡식도 여기에 있으니 어찌 이것을 버리고 저것을 따라가야 할 이유가 있겠는가? 아전이 농간함에 있어서 혹은 집 가까운 곳에서 쌀을 징수하여 집으로 운반하고, 혹은 바다 가까운 곳에서 쌀을 징수하여 판매를 하는데 이것이 이래·이거가 일어나는 까닭이다. 수령은 마땅히 이를 일체 엄금하고 작부하는 날에 한결같이 전안대장을 따라서 그 마을의 전지는 모두 그 마을의 작부에 속하도록 해야 한다. ○ 만일 징미장부에서 아울러 이록移錄[50]을 금지할 것 같으면 세를 납부하는 백성들이 다들 불편하다고 할 것이다. 한 사람의 소유지가 여러 면에 산재하여 여러 전부가 경작하는데 그 1부 2부를 여러 전부의 이름으로 나누어 기재하면 조창漕倉에 갖다 바치는 날에 잡비 지출이 많아질 것이다. 고로 여러 면에 흩어져 있는 한 사람의 소유지는 필히 소유주 한 사람의 이름에 묶어서 소유주가 전부 거두어 납부하게 해야만 잡비가 크게 줄어들 것이다. 그런즉 징미장부에서는 마땅히 편의대로 하는 것을 허용하여, 동리에 있는 전지

48 전부佃夫: 여기에서는 시작時作, 즉 소작인을 가리킨다.
49 전주田主: 전주란 넓은 뜻에서는 토지 소유주란 말이고(따라서 지주와 자작농을 다 포괄한다) 좁은 뜻에서는 지주란 말인데 여기서는 후자의 경우이다.
50 이록移錄: 이래하거나 이거함.

의 세미를 서리에 기재할 수 있고 동면에 있는 전지의 세미를 서면에 기재할 수 있도록 허용할 것이다. ○ 이래·이거에는 또한 아징丫徵【우리말로 갈오무리葛吾無哩라고 한다】하는 법이 있다. 아징이란 예컨대 이사李四가 전지 8부를 장삼張三에게 팔았다면, 원래 8부의 결복은 규정에 의해 장삼에게 옮겨갔는데도 이사에게도 8부가 그대로 계속 남아서 그럭저럭하는 사이에 밝혀지지 않아 변경할 수 없는 철칙이 된다. 그래서 전지를 판 자와 산 자가 한 전지에 중복 납세를 하지만 장기掌記[51]가 작성되고 나면 벗어날 수 없게 되는데, 이것이 아징이다. 또 갑면의 전지는 그 전부를 따라서 을면으로 이록하고 병리丙里의 전지는 그 전주를 따라서 정리丁里에 이록하였는데 이록이 밝혀지지 않아 드디어 이중으로 징수되는 것이 앞의 경우와 마찬가지가 된다. 이 또한 아징이다.

호태초는 다음과 같이 말하였다. "전산田産은 없어졌는데 세가 그대로 있는 경우를 살펴보지 않을 수 없다. 백성이 전산을 넘겼다는 보고가 들어오면 관에서는 바로 공문을 조회하여 전산을 넘겨받은 집으로 세를 넘겨서 귀속시켜야 한다. 그런 뒤에야 전산을 넘긴 자에게 종전과 같이 세가 부과되어 원망을 사는 폐단이 없어질 것이다." 案 중국에도 이러한 폐단이 있었다.

간활한 아전이 민결民結[52]을 몰래 취하여

51 장기掌記: 일반적으로는 물목物目 명세서·거래 명세서이지만 여기에서는 징미장부를 가리키는 것으로 보인다.

52 민결民結: 일반적으로는 백성이 소유·경작하는 전결이라는 뜻이지만 여기서는 구체적으로 실결에 해당되어야 할 전결을 가리킨다.

제역촌除役村으로 옮겨 기재하는 일은 분명히 조사하여 엄금할 것이다.

『속대전』에는 다음과 같이 규정되어 있다. "민결을 빼앗아 역가役價[53]를 강제 징수하는 자는【속칭 양호養戶라고 하는 것이다】 훔친 것의 경중을 헤아려 도형徒刑·유형流刑으로 죄를 다스린다."[54] ○ 이것이 오늘날의 이른바 양호이다【옛날에는 토호가 잔호殘戶[55]를 은폐해 사사로이 사역을 시키고 공역에 응하지 않게 하는 것을 양호라고 일컬었다】.

방결防結이라는 것은 이속吏屬이 복호復戶·은결·위재·잉미賸米【하하조下下條와 황두조黃豆條[56]가 잉미가 된다】 등으로 전지 몇 결로 환산하여【혹 수천 결이 되기도 한다】 백성으로 하여금 방납하게 하는 것이다. 전지 1결마다 혹은 돈 12~13냥【평년작의 경우】을 징수하고 혹은 쌀 45두【적은 경우에는 혹 30두까지 내려간다】를 징수하고 한 푼이건 한 톨이건 관에는 일절 납부하지 않고 아전이 통째로 삼켜버린다. 그리하여 방납하는 백성에게는 전결에 부과되는 모든 부세를 면제받게 한다. 이를 일러서 방납이라 한다.

○ 양호란 간활한 아전이 작부할 때에 민결을 거저 취하여 제역촌으로 옮겨 기재하고 그 백성에 대해서는 쌀을 바치게 하기를 방납의 경우와

---

53 역가役價: 직역職役 또는 어떤 역할에 대한 보수란 뜻으로 쓰이는 경우가 많지만 여기서는 전결에 부과된 부세를 가리킨다.

54 『속대전·호전戶典·수세收稅』에 나오는 구절이다. 여기서 도형徒刑은 복역하는 것이고, 유형流刑은 유배 가는 형벌이다.

55 잔호殘戶: 영세한 민호民戶를 가리키는 말. 더 영세한 민호에 대해서는 잔잔호殘殘戶라고 표현했다.

56 하하조下下條와 황두조黃豆條: 아전들이 착복하는 몫. 하하조는 하지하전下之下田에서 초과 징수하는 쌀이고, 황두조는 밭에서 초과 징수하는 쌀이다.

같게 한다. 이에 그 아전이 양세【전세와 대동】를 바치고 나머지를 착복하는데 이것이 양호이다. 예를 들어 민결 1결에서 쌀 45두를 거두면 20여 두를 양세로 납부하고 나머지 25두는 자신이 착복하는 것이다.

제역촌의 종류로는 ①읍내邑內, ②계방촌契房村【이속들이 사적으로 하는 것】, ③점촌店村【유점鍮店·철점鐵店·자기점瓷器店·와기점瓦器店 등】, ④학궁촌學宮村,[57] ⑤서원촌書院村, ⑥역촌, ⑦원촌院村,[58] ⑧사촌寺村【절 입구에 있는 마을】, ⑨창촌倉村【외창外倉이 있는 곳】, ⑩궁전촌宮田村【궁방전宮房田이 있는 곳】, ⑪둔전촌屯田村【경사京司와 경영京營의 둔전이 있는 곳】, ⑫포촌浦村【포보전浦保錢이 감영으로 들어가기 때문이다】, ⑬도촌島村【진보鎭堡에 소속된 곳】, ⑭영촌嶺村[59]이 있다. 또 병영兵營·수영水營이 있는 곳이면 그 영하營下 사방의 동네는 모두 제역촌이 된다. ○ 제역촌이 이와 같이 많으므로 옮겨 기록한 것을 빠짐없이 살피기는 어렵다. 작부하는 날에 수리와 도서원을 불러서 다음과 같이 지시할 것이다. "이 고을 원전의 총액이 9500결인데 잡탈雜頉[60]로 제역되는 것이 3200결이고 금년에 재감되는 것이 300결이니 실결實結[61]로 응역

57 학궁촌學宮村: 고을에 있는 여러 마을 중 향교가 있는 마을을 지칭하는 말.

58 원촌院村: 원주에 "즉 야참野站이다"라고 나와 있다. 원은 역과 역 사이에 있는 숙박시설을 가리킨다. 원이 있는 마을을 원촌이라고 하였다. 『신증동국여지승람新增東國輿地勝覽』에 의하면 당시 전국에 1255개의 원이 있었다고 한다.

59 영촌嶺村: 원주에 "견여肩輿 때문이다"라고 나와 있다. 조령鳥嶺과 같이 큰 고개에는 공적인 일로 내왕하는 관료들이 많기 때문에 조령 아래 있는 마을 사람들이 가마를 메는 데 동원이 되었다.

60 잡탈雜頉: 각 묘廟·능陵·원園·묘위전墓位田, 궁방전宮房田, 아문둔전衙門屯田, 영문둔전營門屯田, 죽전竹田·저전楮田·완전莞田·칠전漆田·서원전書院田 등의 각양잡위전各樣雜位田, 구진전舊陳田 등 부세가 면제되는 전지. 잡탈에 시기전을 합한 것이 원장부전답이다.

61 실결實結: 한 고을의 경작지는 부세를 거둠에 있어서 크게 잡탈과 시기로 구분되며 시기는 다시 재결과 실결로 구분된다. 따라서 실결이란 부세를 호조에 납부하는 경작지를 의미한다.

應役하는 것은 6000결이다. 이 6000결은 다시 더 축나지 않아야만 백성의 부담이 공평해지니 너희는 작부장부에서 마을마다 그 끝에 총수를 쓰고 또한 면마다 그 끝에 총수를 쓰도록 하라. 한 고을을 총계하여 그 실결 응역이 모두 6000결이 되어야만 농간이 없었다는 것을 알겠고 또 너희들이 양호를 하지 않았다는 것도 믿을 수 있다. 지금부터는 전역을 할당할 때 나는 응당 6000결로 기준을 삼을 것이다. 너희는 그렇게 알아라."

○ 제역에는 두 가지가 있는데 하나는 국제國除이고 또 하나는 읍제邑除이다. 국제에 해당하는 것은 궁결宮結·둔결屯結·학전學田[62]·역전驛田 등이다. 이는 대개장에 결수가 명백히 나와 있으니 알기 어렵지 않다. 읍제에 속하는 것은 계방촌·점촌 등이다. 이는 모름지기 전안대장을 가져다가 그 원수原數[63]를 알아내고 그중에서 금년의 재감 결수를 빼면 그 실결의 액수를 알 수 있다【이에 제역촌에 옮겨 기록하는 것이 있을 수 없게 된다】.

또한 양호보다도 더 심한 것이 있는데 이른바 속무망束無亡이라고 한다. ○ 속무망은 빚을 지고 파산한 아전이 이서들과 공모하여, 민결을 강탈하고 거짓으로 호戶 이름을 제역촌으로 옮겨 기록해놓고 제역촌 사람들로 하여금 수령에게 "이 마을의 아무 호는 금년에 전 가족이 몰사하여 이 호의 세미稅米는 징수할 곳이 없습니다"라고 보고하도록 한다. 수령이 측은하게 여겨 차마 납부기한을 각박하게 잡지 못하여 아전은 징수한 세미 35두를 한 뱃속에 통째로 삼켜버린다. 그리고 전세와 대동 모두 시일을 끌며 납부하지 않고 있다가 추대동秋大同【흉년이 들면 혹 조정의 명이 내

62 학전學田: 성균관·사학四學·향교·사액서원賜額書院 소속의 경지.
63 원수原數: 이 말은 특정 용어가 아닌데 여기에서는 시기전답時起田畓을 가리킨다.

려와 대동 징수를 추수까지 연기하는 것】으로 기한을 물리거나 혹은 저치미儲置米[64]라고 거짓 기록한다. 이처럼 미루고 돌려서 고질이 되고 드디어는 포흠이 된다. 이것은 강도짓이니 엄금하고 용서하지 말 것이다. ○ 속무망은 혹은 탁호托戶 혹은 추결抽結이라고도 일컬어지는데 이름이 같지 않다. 작부할 때에 수리와 도서원을 불러 묻기를 "너희 고을에도 추결의 법이 있는가? 만일 범하는 자가 있으면 그 본인은 물론이고 너희 두 사람을 함께 형률대로 엄벌에 처하겠다. 모름지기 이 뜻을 모든 아전에게 알리도록 하라"라고 거듭거듭 영을 내리고 주의를 주면 아무도 감히 범하려 들지 않을 것이다. ○ 몇 년 앞서 포구의 어느 마을에 세액 5결이 홀연히 사라졌다. 어디로 갔는지 알 수 없어, 마을 백성이 수령에게 호소하였더니 수령은 "나라의 전세에는 아무 탈이 없고 너희들 전지에 징수가 없었으니 너희들의 이익이다. 무엇 때문에 굳이 찾아내려고 드는가?"라고 말하였다. 수령의 우매함이 이와 같아서, 온 고을 사람들이 비웃었다. ○ 남쪽 지방의 어떤 고을에서는 사람들이 서로 전하는 이야기가 있다. "옛날에 이 아무개가 있었는데 수령 노릇을 귀신같이 밝게 해서 아전들이 감히 속이지 못하였다. 교체되어 돌아감에 미쳐 그 수령이 말채를 들어 서원청을 가리키며 '다른 일은 다 알 수 있었으나 저곳의 일은 알 도리가 없었다'라고 했다 한다." 다른 고을들에도 대개 이런 비슷한 이야기가 있다. 이속은 법이 본래 애매하여 농간을 밝힐 수 없는 것을 좋아하니 전정

64 저치미儲置米: 유치미留置米 중의 일부를 지방 군현 지출용으로 설정해두는 양곡. 고을의 대동미는 선혜청에 올려보내는 상납미와 군현에서의 지출인 관수물가官需物價, 제반제향諸般祭享 및 진상물가進上物價, 각영수물가各營需物價, 선강船杠, 군기조비가軍器措備價, 쇄마가刷馬價, 선마가船馬價 등에 충당하기 위하여 고을에 남겨두는 유치미로 나누어진다. 유치미 중에서 관수물가 이외의 것이 저치미에서 충당되었다.

은 실로 어려운 일이 아니겠는가?

남쪽 지방의 습속은 표재하는 날에 서원이 마을에 나가 작결(作結, 작부)하는데 전부가 갈린 것은 고쳐서 작부하고 전부가 분할된 것은 분할하여 작부하고 묵은 것은 작부에서 빼고【잡탈로 인정된 것은 작부에서 빼는데 잡탈로 인정이 안 된 것은 세를 매긴다. 서원은 잡탈의 장부를 가지고 있다】 시기전에 세를 매기는데【모두 작결하는 것이다】 이를 고결考結이라고 일컫는다. 서원이 마을에 나갈 때 수령은 양호와 방결의 금령을 거듭거듭 밝히고 주의를 주어 범하지 않도록 해야 할 것이다.

장차 작부를 하려고 할 때에는 먼저 부호富戶[65]를 취해 따로 장부를 하나 만들어 국세에 충당할 것이다.

입추 날 방문을 붙여서 방결을 금지하는 일을 백성들에게 알릴 것이다. 입추에는 서원청이 설치되어 마을 사람들의 방결하는 돈이 슬슬 들어오니 수령은 이를 막으려면 응당 이날부터 움직여야 한다. ○ 방문에 다음과 같이 이를 것이다. "행 현령은 방문으로 알리노라. 금년 농사가 잘못 되었으니 내년 봄 세액을 염려하지 않을 수 없다. 그런데 부호들의 비옥한 땅이 실제로 많이 방납으로 귀속되어 국세를 채우지 못하는 형편이다. 나라의 법이 시행되지 못하나니 천하에 이럴 수가 있겠는가? 이 고을은 국세와 대동이 그 선가船價·잡비雜費[66]까지 포함해서 총계 쌀

65 원문은 "실호實戶"이다. 여기서 실호는 부실富實한 호를 뜻하는 말이 된다. '실實' 자가 '부富' 자의 오자일 가능성도 있다.

66 잡비雜費: 여기에서는 부가미(浮價米, 1두)·가급미(加給米, 8승)·인정미(人情米, 2승)를 통합

4800석인데 배당되는 재감이 있더라도 800석을 넘지 않을 것이다. 대략 4000석이 내년 봄에 조운漕運해야 할 실제 수이다. 전지 1결마다 2석을 징수하면 대략 2000결이 되어 4000석을 얻을 수 있게 된다. 이 고을의 전총田總은 6000여 결이지만 궁방전·둔전 등 잡탈을 제하면 실결은 4000여 결이 된다. 이 4000결 중에서 우선 부호의 기름진 전지 2000여 결을 선택하여 국세 4000석을 충당하는 것이 또한 좋지 않겠는가. 이 2000여 결을 할당하면 각 면에서 맡아야 할 분량이 응당 200여 결이다. 이에 '선갑先甲의 영令'[67]을 내리니 각자 확실히 알도록 할 것이다. 추분날에 여러 마을의 사민들이 각기 마을에 모여 부호의 비옥한 땅으로 먼저 본 마을에 할당된 액수를 충당하도록 하며, 전주·전부의 이름 및 세안稅案에 거짓으로 올린 호명, 자호와 부속負束의 수를 쭉 기록하여 별도의 책자를 만든다. 다음 날에는 본 마을의 공원公員으로 신중하고 법을 두려워하는 사람을 각각 뽑아, 관아에 그 문서를 바쳐서 국세의 액수를 충당할 것이다. 만약에 혹시 아전이 있는 줄만 알고 국가가 있는 줄을 생각하지 못하고 사사로이 아전과 약속하여 종전대로 방결을 할 것 같으면 수령은 응당 철저히 빗질하듯 조사하여 기필코 적발해내고, 세미를 다시 징수하고, 국세를 충당하여, 끝내 법전에 비추어 규정된 그대로 시행할 것이다. 법에 '토호로 방납하는 자는 장杖 100대, 유流 3000리에 처한다'[68]라고 되어 있다. 만일 온 고을 사람이 명을 따르는데 한두 사람이 법을 범한다면 응당 법대로 처단하려니와 만일 법을 범한 자가 너무나 많아서 모두

한 것을 의미한다.

67 선갑先甲의 영令: 명령을 하달하기 전에 우선적으로 내리는 것.

68 『대전통편·호전·수세』에 나오는 조문. 이는 『속대전』에서 처음으로 조문화되었다.

다 처벌할 수 없으면 몹시 가난하거나 떠돌아다니는 가구여서 징수할 수 없는 세를 응당 법을 범한 백성에게 옮겨 기록하고 평균 할당하여 국세를 충당하게 하여, '장 100대, 유 3000리'의 죄를 속죄토록 할 것이다. 나라에는 일정한 형률이 있는바 나는 식언하지 않으니 모름지기 이 뜻을 알아서 무릇 부호의 비옥한 땅으로 방납하려는 그런 일은 감히 생각조차 내지 말 것이다." ○ 각 고을의 세미 액수는 고을마다 다르다. 남쪽 변방의 몇 고을을 두고 말해보자면 나주는 전지 1결마다 쌀 45두, 강진은 전지 1결마다 쌀 30두【방납의 경우 35두이다】, 해남은 전지 1결마다 쌀 25두【방납의 경우 30두이다】, 영암은 전지 1결마다 쌀 24두, 장흥은 전지 1결마다 쌀 28두를 바친다. 대체로 요역徭役[69]의 많고 적음에 따라서 그 액수가 오르내리지만 경사京司에 상납하는 세미 액수는 여러 고을이 모두 같아서 1결마다 20여 두이다【전세가 6두이고 대동이 12두이고 선가·잡비가 또 2~3두이다[70]】. 그러므로 아무리 전지가 1만 결이 되는 고을이라도 1만 결의 세미가 모두 국세로 올라가는 것은 아니다. 고로 그중에서 부호의 비옥한 땅 몇천 결을 택해 국세에 충당하고, 그다음 몇백 결로 관수官需[71]에 충당하고, 또 다음 몇백 결로는 영주인진상가미營主人進上價米에 충당하고, 그다음 몇백 결로는 경주인역가미京主人役價米·영주인역가미營主人役價米[72]에 충당한다.

---

69 요역徭役: 국가가 백성의 노동력을 수취하는 것을 요역이라고 하는데 대개 전세를 기준으로 부과했다.

70 선가船價와 잡비雜費를 고을의 모든 전결에 할당하면 1결당 2~3두가 된다는 것을 의미한다.

71 관수官需: 원주에 "즉 수령의 월름(月廩, 월급)이다"라고 나와 있다. 대동미 중에 유치미는 크게 관수미와 저치미로 구분된다. 관수미는 세 가지 의미로 쓰이는데 첫째는 수령의 봉급, 둘째는 수령의 봉급에 제반 집물가什物價, 포진비鋪陳費 등까지 합한 것, 셋째는 앞의 두 가지에 기름과 꿀, 종이, 감사나 사객使客에 대한 접대비 등까지 합한 것을 의미한다. 세 번째 의미가 일반적으로 통용되었는데 원주는 첫째 의미로 풀이하고 있다.

그다음 몇백 결로는 여결·은결 및 '하의 하'전에서의 가징미加徵米【설명은 앞에 있다】와 밭에서의 황두조가징미黃豆條加徵米【앞과 같음】로 돌려, 저리·수리·전리·대동리大同吏 등의 착복에 맡겨두어도 무방할 것 같다. ○ 만일 1결에서 24두만 바치고 전세액이 4000석이라면 모름지기 4000결을 확보해야만 관수·진상가미·역가미 등까지를 충당할 수 있다. 그러나 여결·은결이 본래 적지 않으니 골라 취하지 않았다 하여 걱정할 것은 없다. ○ 아전은 필시 이에 대해 "표재가 아직 마감되지 않아서 그 실수를 알기 어렵습니다"라고 말할 것이다. 그러면 나는 다음과 같이 말한다. "표재는 대략 800석으로써 표준이 되니 이 800석을 여러 면에 나누어준 연후에 여러 면의 국세의 액수를 잠정적으로 정할 것이다. 만일 재감이 더 늘어나면 여분은 관수로 돌리고 재감이 줄어들면 부호의 비옥한 땅을 더 뽑아 넣을 것이니 모두 어렵지 않다. 요컨대 부호의 비옥한 땅에 너희들이 혹시라도 손을 대서 전처럼 방결할 것 같으면 내가 그 여결까지 함께 조사, 적출하여 진전의 세에 충당하겠다. 너희들은 십분 조심하라." ○ 만약 크게 풍년이 들어 세를 거두는 데 염려할 것이 없으면 굳이 이렇게 할 필요가 없다.

「균역윤음均役綸音」에서 "나라에 법이 없다면 그만이려니와 비록 균역청均役廳이 없더라도 은결은 결단코 조사해야 할 것이다"라고 일렀다【영조 신미년(1751)】. 案 은결을 적발하지 못한 것에 대해서는 그 형률이 지극히 엄한데 『대전통편·호전·수세收稅』에 자세히 나와 있다.[73] 한결같은 마

---

72 이상 여러 가지는 다음 '제2조 세법 하'의 '읍징의 계정'에 밝혀져 있다.

73 "여결과 은결은 자수하는 것을 용인하여, 자수한 고을은 전·현직 수령을 모두 처벌하지 않는다. 숨기다가 드러난 자는 전직 수령과 함께 본 율律로 적용하되 10결 이상은 3년,

음으로 법을 지키려는 사람이라면 오직 이를 적발해야 할 것이다. 조정의 특별한 관심이 없어 고식적으로 구습에 젖어 있으나, 이 유령의 소굴은 파헤치지 않으면 안 된다.

방법이 하나 있다. 입추 날에는 다만 방납을 엄금한다는 취지로 백성들에게 공고하여 알리고 국세가 몇 석인지는 밝힐 필요가 없다. 추분날에 이르러 간평하는 전리를 시켜서 부호의 비옥한 땅 중에 금년에 농사가 잘된 곳을 택하여 국세의 액수를 책정하도록 한다. 이를 별건의 장부로 작성해 돌아올 때 관장에게 바치게 한다. ○ 전리가 간평하러 나갈 때에 주의를 주어 "부호의 기름진 땅은 1파 1속이라도 장부에서 누락이 되면 너를 형률대로 처벌할 것이다. 나머지 빈호의 척박한 땅은 여결로 돌리더라도 나는 관여하지 않겠다"라고 말한다. ○ 전리는 이에 재감의 수량을 헤아려 제하고 나서 재감이 되지 않는 전지 중에 부호의 비옥한 땅을 택하여 국세의 액수를 충당하고 빈호의 척박한 땅은 여결로 돌린다. ○ 대체로 국세와 대동은 기한이 심히 촉박하니 부호의 비옥한 땅으로 정하는 것이 사리에도 마땅하다. 관수 이하는 그 기한을 마음대로 조절할 수 있으니, 빈호의 척박한 전지를 취하더라도 일에 지장될 것이 없다. 이는 하늘이 내린 떳떳한 도리일 뿐 아니라 나라에 충성하는 방법이기도 하다.

이에 작부할 때가 되면 수리와 도서원을 물러서 먼저 작무상무를 앞에 놓고 다듬어 정본을 만들되 부호의 비옥한 땅을 낱낱이 열거해서 전세와 대동 4000석의 액수를 충당할 것이다. 이 장부를 책상 위에 놓아둔다. ○

50결 이상은 5년, 100결 이상은 10년 금고형으로 처벌한다."

세미를 거두는 날에 혹 부호의 비옥한 땅 중에서 기일을 어기는 자가 있으면 그 내막을 조사할 것이다. 만일 그것이 빈호의 척박한 땅에 속하는 것이라면 애초의 선택이 공정하지 못했음을 알 수 있다. 마땅히 그 죄를 추궁하여 다스릴 것이다.

작부장부는 허액虛額이 그 속에 섞여 있으니 조사, 확인해보지 않으면 안 된다.

『속대전』에 "감관監官[74]·서원들 중에 허부虛負를 조작하여 민결에 붙여 징수하는 자는 장杖 100대, 유流 3000리에 처하고 수령으로 그것을 적발하지 못한 자도 죄를 준다"[75]라고 규정되어 있다. ○ 허액의 명목은 몇 가지가 있다. 첫째는 걸복乞卜이고 둘째는 조복助卜이며 셋째는 첨복添卜이니 복卜이란 부負이다【우리나라 제도에서는 100부가 1결이다. 우리말에 부를 짐任이라 하며, 짐을 복이라 한다. 그래서 '부'를 '복'이라 하는 것이다】. 걸복이란 각 마을의 작부장부의 끝자리에 문득 10부나 20부를 덧붙여놓고서 그 마을의 전부【경작자이다】들에게 평균적으로 추가해 바치도록 하여 서원의 사무비에 충당하는 것을 가리킨다. 이를 일러 걸복이라고 하는데 '걸'이란 구걸한다는 뜻이다. 경기 지역에서는 걸복, 남쪽 지역에서는 조복助卜이라고 일컫는데 내용은 같다. ○ 첨복이란 은결이 발생하게 되는 원인이다. 가령 유천柳川 마을에 이사李四의 전지가 세액이 본래 7부였는데 금년 작부에서

---

74 감관監官: 이 경우에는 전감(田監, 별유사)인 듯함.

75 『속대전·호전·수세』 매팔결위일부每八結爲一夫의 항項에 주註로 규정되어 있다. 『대전통편』에서도 이 규정은 그대로 살아 있다.

는 문득 9부가 되고, 송곡松谷 마을에 장삼張三의 전지가 세액이 본래 6속이었는데 금년 작부에서는 문득 8속이 되니, 이를 일러 첨복이라고 한다. 무릇 첨복이 발생하는 데는 다음 여러 가지 꼬투리가 있다. 첫째 그 마을 안에 원래 간사한 토호가 전감【별유사를 말한다】과 결탁하여 자기의 2부를 이사에게 옮겨 놓는 것, 둘째 이사가 가지고 있던 전지 12부 중 5부를 떼어 다른 사람에게 팔았는데 새로 산 사람이 전리田吏【면서원面書員을 말한다】와 결탁하여 5부 중의 2부를 이사에게 도로 옮겨 놓는 것, 셋째 전리가 농간하려는 마음을 품고 어리석고 무력한 백성을 능멸하여 1~2 부를 까닭 없이 첨가하는 것, 넷째 이사의 친척이 원래 같은 마을에 살다가 지금 전 가족이 사망하거나 혹은 먼 곳으로 떠나가서 그 가대家垈[76]와 텃밭의 세액이 공백이 되면 전감과 호수戶首【그 마을의 세금 걷는 일을 주관하는 자를 호수라고 한다】가 아전과 짜고 의논하여 이사에게 옮겨놓는 것 등이다. 처음에는 이록이라고 일컬어지지만 세를 거둠에 있어서는 유망호流亡戶의 세를 인징隣徵·이징里徵하는 것이니 사실상 가록加錄[77]이다. ○ 무릇 첨복의 횡액을 당한 자가 수령에게 소장을 제출하면 수령은 "조사하는 일을 전리에게 맡긴다"라고 판결한다. 전리는 소장을 보고 그것을 전감에게 넘겨서 소장을 낸 농민과 같이 들어오게 한다. 전감은 소장을 보고 구기舊記[78] 핑계를 대니 구기에 농간이 있음을 농민이 어떻게 들추어내겠는가.

---

76 가대家垈: 원주에 "대垈란 속자로 터〔墟〕, 즉 터전이라는 뜻이다"라고 나와 있다. 대지垈地의 의미이다.

77 가록加錄: 첨가해 기록한 것. 이 부분은 대부분 농간에 의한 부정이 개입된 것으로 보고 있다.

78 구기舊記: 원주에 "예전의 깃기임"이라고 나와 있다. 깃기는 이두어로 재산 목록이라는 의미이다. 여기서는 면 단위로 현재 경작하는 농지, 즉 시기전의 자호에 따라 결부를 쭉 기록하고 끝에 그 합계를 기록한 문서를 가리킨다. 양안은 부세를 책정할 때 실효성이 적

다시 호소하면 수령은 또 전리를 부르는데 전리는 "저 사람은 본래 간사합니다. 지금 구기를 조사해보니 분명히 9부로 되어 있는데 의외로 간교한 계책을 내서 2부를 줄이려 하는 것입니다"라고 한다. 수령은 "허허, 백성의 버릇이 고약하구나"라고 하고 끌어내 쫓아버려, 감히 더 호소하지 못하게 된다. 이 농민은 오고가고 하느라 닷새의 품을 헛되이 버렸고 술·밥·담배·신발 등의 비용으로 이미 한 꿰미 돈을 썼으니 설혹 이긴다 해도 이득이 손실을 메우지 못할 것이다. 하물며 패소하였으니 그 손해가 어떠한가. 이웃 동리 사람 중에 마찬가지 경우를 당한 자가 이를 보고 거울삼아 애초에 관청에 들어와 호소조차 하지 않고 조용히 추가로 납부하는 것을 현명한 처사로 삼는다. 작은 티끌이 쌓여서 마침내는 태산을 이루고 가는 물줄기가 모여서 드디어는 큰 강을 이루니 이것이 해마다 은결이 늘어나게 되는 이유이다.

걸복·조복은 모름지기 미리 엄히 경계하여 잘못을 본뜨지 못하게 할 것이다. 그런데 혹 도서원이나 전리가 수령의 명령을 받들고 지시에 순종하여 실제 1결도 속이지 않은 경우에 걸복·조복은 비록 눈감아 주더라도 괜찮다. ○ 첨복에 대해서는 가장 신경을 써야할 것이다. 대개장을 올린 날에 수령은 도서원에게 지시하여 전안대장 및 9년 이래의 깃기【각 전부의 이름 밑에 결부를 기록한 것이다】와 마상초馬上草[79] 등을 모두 동헌으로 가져다가 큰 궤 속에 넣어 자물쇠를 채워 보관한다. 농민이 와서 첨복을 호

기 때문에 각 면의 서원이 따로 깃기를 작성했다. 구기는 바로 이 깃기를 말한다.

79 마상초馬上草: 원주에 "서원이 간평한 것을 기록한 것이다"라고 나와 있다. 깃기 작성의 자료가 되는 것으로 일부 군현에서 작성되고 있었다. 전감 또는 서원이 3년마다 한 번씩 전지를 실제 답사하면서 자호의 번호에 좇아서 결부와 전주를 기록한 것으로 간단한 양안이라고 할 수 있다.

소하면 수령은 곧 전승田丞[80]【즉 전결도감田結都監이다】과 전리를 불러서 자기의 면전에서 문서를 조사 대조하도록 하는데 만일 금년에 추가로 기록한 것에 속할 것 같으면 전리를 신문하고 만일 전리가 전감에게 떠넘길 것 같으면 곧 자기의 면전에서 농민의 소장을 취해 그 주요 내용을 간추려 한 책에 기록할 것이다. ○ 이에 농민의 소장에 제사하기를 "지금 구안舊案을 조사해보니 추가 기록이 분명하다. 이제 곧 조사해 처리할 터이니 너는 잠시 물러나 기다릴 것이다"라고 할 것이다. ○ 농민의 호소가 있을 때마다 이와 같이 간추려 기록하여 한 책을 만들 것이다. ○ 이에 전감을 불러서 타이르기를 "첨복의 근원을 너는 알고 있을 것이다. 네가 만일 사실대로 자백하면 나 또한 관대히 하겠지만 네가 만일 술수를 부린다면 법대로 처리하겠다"라고 할 것이다. 이에 그 간추려 기록한 책을 놓고 일일이 빗질하듯 조사하여 근거 없이 더 기재한 것은 삭제하고, 옮겨 붙인 것은 원래대로 돌려놓는다. 그리고서 그 농민을 불러 첨복의 근원을 알려주고 그로 하여금 다시 소장을 제출하게 하고 증명서를 만들어주어 뒷날 증빙자료가 되도록 할 것이다. 이에 전감을 처벌하되 범한 죄의 정도에 따라 태형이나 장형에 처할 것이다【시속에서는 형문刑問이라 하는 것이다】.

---

80 전승田丞: 전감의 우두머리를 가리키는 듯함.

제2조 세법 하

稅法

작부가 끝나고 나면 계판計版을 작성하는데 계판의 실제 내용은 면밀하게 살피고 엄격하게 밝힐 일이다.

계판이라는 것은 도서원과 여러 아전들이 금년도 세액의 대략을 의론하여 산출하는 것이다. 거기에는 세 가지 구분이 있는바 1)국납國納, 2)선급船給, 3)읍징邑徵이다. 이 세 가지는 각각 결렴結斂·쇄렴碎斂·석렴石斂이 있다. 이를 열거해보면 다음과 같다.

국납의 계정

1결마다 전세미田稅米 6두, 대동미大同米 12두, 삼수미三手米[1] 1두 2승, 결미結米[2] 3두이다【지금 결전結錢으로 할 때는 5전錢에다 이전(耳錢, 귓돈) 1푼을 낸

1 삼수미三手米: 훈련도감 소속의 포수砲手·살수殺手·사수射手, 즉 삼수군三手軍의 방료(放料, 급료)로 사용하기 위하여 걷은 부세. 선조 35년(1602)부터 전라·충청·경상·강원·황해·경기 6도의 전답에 대하여 1결당 쌀 혹은 좁쌀로 2두 2승씩을 징수하였다. 인조 12년(1634)부터는 삼남의 삼수미를 전답 구별 없이 쌀 1두 2승으로 징수하면서 경기도의 삼수미 부과를 면제하였다.

2 결미結米: 균역법에서는 결미가 2두로 규정되어 있으나 그 뒤에 불법적으로 첨가되어 3두로 증액하는 것이 관행이었다.

다】. ○ 해서 지방에는 별수미別收米[3] 3두가 있다【이상은 모두 결렴結斂이다】. ○ 또 창작지미倉作紙米[4] 2석, 호조작지미戶曹作紙米[5] 5석, 공인역가미貢人役價米[6] 5석이 있다【이상은 모두 쇄렴碎斂이다】. ○ 또 1석마다 가승미加升米[7] 3승, 곡상미斛上米[8] 3승, 경창역가미京倉役價米[9] 6승, 하선입창가미下船入倉價米[10] 7홉 5작이 있다【이상은 모두 석렴이다】. ○ 결렴은 1결마다 앞의 세목과 같이 거두는 것이다. 쇄렴은 창작지미 2석을 수천여 결에 배당하여 부과하고 호조작지미 5석과 공인역가미 5석을 각각 수천여 결에 배당하여 부과하는 것이니, 그 액수를 나누어 부과하는 것이다. 석렴은 상납할 세곡의 원래 석수石數를 잡아 1석마다 앞의 세목과 같이 거두는 것이다.

---

3 별수미別收米: 별도로 징수하는 미곡이라는 의미. 인조 초기에 중국 명나라 장수 모문룡毛文龍이 후금과 싸우다가 패전하고 평안도로 들어와서 잠시 주둔하고 있었다. 조선 정부는 평안도와 황해도에서 이들에게 양곡을 지원하게 했는데 모문룡 부대가 떠난 이후로도 이것이 관행이 되어 별수미란 이름으로 남게 되었다.

4 창작지미倉作紙米: 경창京倉에서의 세곡 수납의 수납에 쓰이는 종잇값 명목으로 받아낸 일종의 수수료였다. 청작지미廳作紙米라고도 하였다.

5 호조작지미戶曹作紙米: 호조에서의 세곡 수납의 사무에 쓰이는 종잇값 명목으로 받아들인 것. 창작지미와 호조작지미는 『속대전』에 처음으로 조문화되었는데, 한 고을의 전세가 쌀 60석, 콩 100석이 되지 않으면 창작지미와 호조작지미를 면제한다고 규정되어 있다(이하의 세목들은 모두 『속대전』에서 법조문화된 것임).

6 공인역가미貢人役價米: 경창 소속 공인의 구실아치에 대한 보수 명목으로 설정된 것. 호조역가미라고도 한다.

7 가승미加升米: 용기가 새거나 쥐가 먹는 등의 손실을 보충한다는 명목으로 설정된 세목.

8 곡상미斛上米: 세곡 자체의 부패나 건조 등으로 의한 손실을 보충한다는 명목으로 설정된 세목. 가승미는 전세곡田稅穀에 합치지 않고 따로 꾸려서 전세곡과 함께 경창으로 보내며, 곡상미는 처음부터 전세곡에 합쳐서 받았다는 점도 다르다.

9 경창역가미京倉役價米: 경창에서 일하는 원역員役에 대한 보수 명목으로 설정된 세목. 청역가미廳役價米라고도 한다. 경창의 공인 이외의 원역이 차지하는 몫이었다.

10 하선입창가미下船入倉價米: 이가미二價米라고도 하는데 하선가下船價와 입창가入倉價로 나누어진다. 세곡을 조선漕船에서 내려 경창의 창고에 넣는 데에 세곡 1석당 인부 2명이 필요하다고 하여 그 각가脚價, 즉 품삯을 충당한다는 명목으로 설정된 세목. 선원들이 차지하는 몫이었다.

○ 결렴에 농간질이 있으니 왜 그런가? 국법에 하하전下下田의 세미는 4두인데 지금은 6두를 거두고 있으며【이미 앞에서 나왔다】 국법에 한전세旱田稅는 법제상 콩으로 거두게 되어 있고 콩 2두는 쌀 1두에 해당하는데도 지금에 와서는 쌀 2두를 받고 있다【역시 앞에 나왔다】. 이것이 결렴에서 일어난 농간질이다. 하지만 일개 수령의 권위로는 이를 졸지에 뜯어고칠 수 없으니 맡겨둘 따름이다.

○ 쇄렴에 농간질이 있으니 왜 그런가? 쇄렴하는 쌀은 12석이니 12석은 180두요, 180두는 1800승이다. 이에 쇄렴을 묶어 결렴에다 나누어 붙이면 5홉짜리가 3600번이나 된다. 가령 고을의 전총田總[11] 이 3600결이면 매 1결당 쇄렴미가 5홉에 불과하다. 그런데 1결의 세가 삼분오열하여 부負다 속束이다 하는 것이 수십여 줄이나 되어 이 5홉을 수십 조각으로 쪼개야 하니 누가 어떻게 나눌 수 있겠는가. 이에 1홉 미만의 것들은 모두 1홉을 거두고, 1홉을 거둘 것은 반 되(5홉)를 거두니, 이는 호수戶首의 이득이 되는 것이다. 호수의 이득을 아전이 알기에 걸복·조복으로 이 이득을 나누어 먹으니 또한 아전의 이득이 된다. 법대로 거두는 양은 12석인데 백성이 바치는 양은 수백여 석이나 되고 있다. 법 제정의 허술함이 딱하기도 하다. 그런데 전총 또한 본래의 실결實結이 아니다. 대개장의 응탈(應頉, 잡탈) 이외에도 은결·여결과 방납결이 많으면 수천 결이요, 적어도 1000여 결이다. 이것이 모두 까닭 없이 쇄렴에서 빠져나가니 이는 무슨 이치인가? 국가가 전결을 잃어버리는 것도 통탄할 일인데 아울러 백성이 바치는 쇄렴에 들어야 할 것까지 빠져서 달아나버리니 이 무슨 이

11 전총田總: 여기에서는 실결의 총수를 가리킨다.

치란 말인가? 의당 수리와 도서원들을 경계할 일이다. 무릇 여결과 방결에도 모두 쇄렴을 부가하고 그것을 선결羨結이라고 부르면 쇄렴의 액수는 1결에 5홉도 되지 않을 것이다.

○ 석렴에 농간질이 있으니 왜 그런가? 매 1석이라고 하는 것은 경창京倉[12]에 들어가는 1석을 말한다【실제로 상납하는 수치】. 경창에 들어가는 실제의 수량을 알고자 하면 연분대개장年分大槩狀의 끝에 넉 줄에 적힌 것이 있다.

하하전은 콩이 평두平斗로 몇 석 하중전은 콩이 평두로 몇 석	이를 쌀로 환산하면 반의 분량이다.
하하답은 메벼[糙米]가 평두로 몇 석 하중답은 메벼가 평두로 몇 석	이는 그 전체 수치이다.

이 넉 줄을 합산하여 모두 전세미 1234석을 얻었다면【가정이다】, 여기에 석렴을 배당하면 세미 1석마다 1두 2승 7홉 5작을 더 거두는 것이 맞다. 지금은 이렇지 않다. 경창에 들어가는 세곡의 수량을 수령이 원래 상세히 알지 못하여 하하지잉下下之賸과 황두지잉黃豆之賸과 선가·잡역 등 앞에서 말한 선급미船給米·읍징미邑徵米와 뒤섞어서 도합 3567석이 된다. 이에 석렴으로 배정하니, 아! 어찌 억울하지 않은가.

12 경창京倉: 서울의 서강에 있었던 광흥창廣興倉·군자창軍資倉·풍저창豐儲倉 및 각 사司의 창고를 일컫는 말. 여기에서는 광흥창을 가리키고 있다.

	1천	2백	3십	4石	전세미 / 석렴
	1	2	3	4	1두
1천	2	4	6	8	2승
5백	7	1 / 4	2 / 1	2 / 8	7홉
7십	5	1 / 0[13]	1 / 5	2 / 0	5작
	3두	3승	5홉	0	

지금 의당 이 석렴을 묶어서 결렴에 배당해야 한다. 위의 도표처럼 1234석에 매 1석마다 1두 2승 7홉 5작을 사산斜算[14] 하면, 도합 쌀 1573두 3승 5홉을 얻게 된다. ○ 그리하여 이 쌀 1573두 3승 5홉으로 본 고을의 전결에 배정한다. ○ 가령 본 고을의 전결이 9876결일 경우에 매 1결마다 쌀 1승 5홉 9작 3촬撮[15] 을 거둔다면 쌀은 1573두 2승 4홉 6작 8촬이 된다. 그러고 나면 배정되지 않은 석렴은 1승뿐이다. 이는 작은 일이지만 세 번의 변통을 거쳐서 이루어진다. 먼저 경창에 바치는 실제 납부 액수를 조사하여【대개장에 적혀 있다】 석수石數를 정하는 것이 1변이요, 다음은 실제 징수하는 세액을 조사해서 결수를 정하는 것이 2변이다【작부도록作夫都錄으로 결수를 정하면 은결 및 방납결은 계정에 들어가지 않는다. 응당 수리에게 주의를 주어

13 원문에는 공란 또는 비어 있는 자릿수를 표시하기 위해 ○이 들어가 있다. 번역문은 계산 방식을 선명하게 보이게 하기 위해 원문과 달리 0을 추가하거나 ○를 삭제하였다.

14 사산斜算: 격자 곱셈법(겔로시아 곱셈법)으로 알려진 계산법. 큰 자릿수의 곱셈값을 간편하게 구할 수 있다. 곱하는 두 수의 자릿수에 맞추어 격자를 그리고 격자를 사선으로 분할한 뒤, 해당 자릿수끼리의 곱셈값을 적는다. 그리고 이를 사선에 따라 합산하고, 그 결과를 왼쪽에서부터 읽어서 답을 구한다.

15 촬撮: 세 손가락으로 집어들 수 있는 정도의 적은 양. 자밤.

서 별도의 결수를 책정해야만 은결 및 방납결이 모두 그 속에 포함될 것이다】. 그다음에 이 석렴을 묶어서 결렴으로 배정하는 것이 3변이다. ○ 무릇 이와 같은 농간의 소굴을 수령은 응당 샅샅이 조사해서 밝혀낼 것이요, 남전현승藍田縣丞[16]처럼 문서 말미에 서명이나 하고 그만두어서는 안 된다【무릇 일 처리를 구름이 가듯, 물이 흐르듯 빠르게 하는 자는 필시 백성에게 해를 끼치게 된다】.

선급의 계정

매 1석에 선가미船價米[17]는 3두 5승이며, 부가미浮價米[18]는 1두이며, 가급미加給米[19]는 8승이며, 인정미人情米[20]는 2승이다【읍례가 각각 다르다】. 案 선가미 3두 5승은 통례가 아니다. 『대전통편』에서 규정하기를 "조선漕船에는 본래 선가船價가 없으며, 대동미를 실은 경우는 선가를 전액 지급하고, 위미태位米太[21]를 실은 경우면 선가의 3분의 1을 지급한다"라고 나와

---

16 남전현승藍田縣丞: 중국 당나라 때 문학가인 한유韓愈가 쓴 「남전현승청벽기藍田縣丞廳壁記」(『고문진보古文眞寶·후집後集』)에 나온다. 남전현승은 자기의 주견으로 일을 처리하지 못하고 아전이 제출한 문서에 오직 공손히 서명할 뿐이었다고 나와 있다.

17 선가미船價米: 여러 도의 세곡을 조운할 때에 거리의 원근을 헤아려 뱃삯 명목으로 설정한 세목. 인조 27년(1649) 경상도에서 시행되기 시작하였고 영조 36년(1760) 무렵부터 일반화되었다. 결국 조정에서 전세 운반의 부담 일체를 농민들에게 전가시킨 셈이다.

18 부가미浮價米: 법전에 규정되지 않은 불법적인 세목이지만, 중앙정부의 승인하에 공공연히 관행으로 부과되었다. 선원들의 수입이 되었다.

19 가급미加給米: 법전에 규정되어 있지 않은 세목으로 『경세유표·지관수제地官修制·전제田制 7』에 의하면 부가가급미浮價加給米라고도 하는 것으로 보아, 부가미에 가급하는 것임을 알 수 있다.

20 인정미人情米: 각종 세를 바치거나 공문서를 접수하는 일을 하는 담당자의 수고를 위로하고 인정을 표한다는 명목으로 거둔 것. 일종의 수수료인데 이를 인정미 혹은 인정전이라 하였다. 여기서는 세곡 검사 차 조창에 파견 나온 관리들의 수고를 위로한다는 취지로 관행화된 세목을 가리킨다.

21 위미태位米太: 원주에 "곧 전세田稅이다"라고 나와 있다. 대동법을 시행하기 이전에는 공물을 각종 물품으로 상납하였는데 그 이후로 개혁하여 미米·태太로 바치게 하였다. 이

있다. 이것은 조선과 조군漕軍[22]이 있는 지방에 해당하는 것이다. 『대전통편』에서 규정하기를 "조선이 아닌 경우[23]는 모두 선가를 지급한다"라고 하였는데 이는 조선과 조군이 없는 지방에 해당한다. 남쪽 변방의 연해 고을에서 조운에 사용하는 것은 모두 조선이 아니기 때문에 전세와 대동을 물론하고 모두 선가를 지급하는데 매 1석에 선가가 3두 5승이다【전세의 경우에는 별도로 선가를 거두고 대동의 경우는 그 원래 수량에서 제감除減 한다】. ○ 그리고 석렴은 마땅히 먼저 경창에 바치는 실납實納의 액수를 조사하며【앞의 방법과 같다】, 석렴을 결렴으로 배정하는 것은 앞의 방법과 같이 할 것이다. ○ 매 1석에 선가가 3두 5승이면 매 1두 5승의 선가는 3승 5홉이 된다. 전세가 6두면 매 1결의 전세에서 선가로 바치는 것은 1두 4승이다【15두의 선가가 3두 5승이니 6두의 선가는 1두 4승이 된다】. 아울러 소비小費[24]의 선가도 몇 홉은 된다. 그러나 여기에는 그렇지 않는 점이 있다. 작부도록에 포함된 것 이외에 분명히 은결과 방납결이 있으며 이들 땅의 세미는 현지에서 녹아버리고 본래 조선에 싣지도 않는데 어찌하여 선가를 징수한다는 말인가?【계판과 원결原結[25]이 같다면 선가는 다 그 속에 포함되어 있다】 아전은

것이 위미태이다. 위미태는 일반 전세와 사실상 다름이 없게 되었으므로 원주에서 전세라고 한 것이다. 다만 일반 전세는 호조 관할이지만 위미태는 선혜청 소관인 점이 달랐다.

22 조군漕軍: 조졸漕卒. 수로를 이용하여 조세로 거둔 곡물을 운송하던 인력이다. 처음에는 조졸의 신분을 가진 모든 이가 순번에 따라 근무하던 양역의 일종이었는데, 뒤에는 사공沙工·격군格軍 등이 맡는 고정된 직역으로 되었고 나머지 조졸은 1년에 2필의 포를 바쳤다.

23 조창에 소속되지 않는 군현에는 조선이 없기 때문에 해당 군현의 공유선인 지토선地土船을 이용하거나, 지토선조차 없는 경우에는 개인의 배를 빌려 조운하였다. 따라서 이는 지토선이나 개인의 배를 빌리는 경우를 가리킨다.

24 소비小費: 전세미·대동미·삼수미 이외에 역시 경창으로 조운되는 결미·창작지미·호조작지미·공인역가미·가승미·곡상미·경창역가미·하선입창가미 등을 통틀어 이르는 말.

25 원결原結: 여기에서는 마땅히 실결이 되어야 할 전지를 가리킨다.

"백성의 부세는 마땅히 균평해야 하므로 유독 면제시킬 수 없습니다"라고 말하겠지만, 백성의 부세는 균평해야 하고 유독 면제시킬 수 없다면 선가의 원액을 모든 전결에 고루 배정하는 것보다 좋은 법이 어디 있겠는가?【마땅히 수리를 신칙하여 선결羨結을 별도로 정하고 그 속에 은결과 방납결을 포함시킬 것이다】 ○ 가령 본 고을의 전세로 경창에 실제 납부하는 액수가 소비를 합하여 1200석이 된다고 하면 그 선가미는 4200두이다. 은결과 방결까지를 합쳐 4200결 내외가 된다면 1결마다에서 바쳐야 할 선가는 1두에 불과하다. 앞서 1결의 선가미가 1두 4승에 해당했으나, 지금 본 고을 전체의 전결로 통산하면 1두를 바치게 되니 백성들에게는 그 이득이 적지 않다. 따라서 은결과 방결은 조사해내지 않을 수 없는 것이다. ○ 또한 계판에서는 삼세三稅[26]와 소비의 여러 조목을 마땅히 각각 열거해야 하는데 지금은 몇 조목으로 생략하니 크게 잘못된 일이다.

부가미·가급미란 또 무슨 명목인가? 『대전통편』에 실려 있는 가승미 3승, 곡상미 3승도 이미 과외科外의 것인데, 게다가 법규 이외에 제멋대로 3배나 거두고도 무한한 욕심을 다 채우지 못하고 있다. 혹은 말질을 할 때 교목橋木【말 위에다 막대기를 가로 얹어놓고 말질을 한다】을 설치하기도 하고, 혹은 잠철鐕鐵【말의 가장자리에 두른 쇠】을 높이기도 하여 거두는 세미가 사실상 달마다 해마다 늘어난다. 대개 주교사舟橋司[27]에 선박들이 소속된 뒤로 뱃사람들의 부정과 교만함이 갈수록 심해져서 이처럼 된 것이다.

---

26 삼세三稅: 전결에 포함된 세 가지 세稅로 전세·대동·삼수를 가리킨다. 전삼세田三稅라고도 한다.

27 주교사舟橋司: 정조 13년(1789)에 설치된 관청으로 왕의 거둥 때 한강에 부교를 놓는 일과 전국의 조운을 관장하였다.

이것은 한 고을의 수령이 고칠 수 있는 일이 아니며, 왕의 교시가 있어야만 다소간 고쳐질 것이다. 옛날에 서산西山 진덕수眞德秀가 담주潭州를 다스릴 때 말[斛]을 덜 깎아서 쌀을 남기는 일을 없게 하였으니 이것이 이른바 부미浮米였다. 매양 봄에 수령이 조금이라도 사리에 맞게 하려고 약간 제재를 했다 하면, 뱃사람들은 발악하고 독기를 품으며 향승(좌수)이나 도서원을 배에 태우고 가기를 요청한다. 향승이나 도서원이 동승을 해도 이들은 선상에 누워 있고 도둑질은 배 밑에서 이루어지니 귀신처럼 감쪽같아 흔적도 남지 않는다. 경창에 상납하는 날에 가서 으레 400~500석의 결손이 발생하는데 이 결손 또한 민결民結에서 거둔다. 본래 백성에게 이롭게 하고자 한 것이 도리어 해를 끼치게 되는 일이 많다. 무릇 뱃사람들은 아주 교활한 자들이어서 사람다운 도리는 사라지고 도적의 체질로 숙련이 되었다. 한 때의 나그네 같은 수령이 어떻게 이 폐해를 바로잡을 수 있겠는가. 오직 관례에 따를 뿐이다. ○ 선급의 관행은 고을마다 다르다. 앞에서 든 것은 강진의 예이다. 강진 아전들은 필시 뱃사람들을 은밀히 사주하여 선급을 해마다 증가시켰던 까닭에 그 비율이 가장 높다.

읍징의 계정

1결마다 본 현의 치계시탄가미雉鷄柴炭價米[28]가 4두요【이른바 잡역미雜役米

28 치계시탄가미雉鷄柴炭價米: 수령의 필요로 소비하는 꿩·닭·땔나무·숯 등의 비용 명목으로 영조 27년(1751)경에 설정된 세목. 원래 군현에는 이러한 물품의 조달을 위하여 아록전衙祿田·공수전公須田·관둔전官屯田 등이 배정되어 있었다. 또한 유치미 중 일부인 관수도 이러한 수요 때문에 세목이 계정된 것이다. 그러나 이렇게 책정된 비용들은 이미 수령들이 사적인 용도로 사용하여 유명무실하게 되었기에 치계시탄가미가 새로 설정된 것으로 여겨진다.

이다】, 부족미不足米[29]가 몇 승이요【치계미 雉鷄米의 부족분】, 치계색락미雉鷄色落米[30]가 1승 6홉이다【이들 모두 결렴이다】. ○1석마다 간색미看色米[31]는 1승이요, 낙정미落庭米[32]는 4승이요, 타석미打石米[33]는 1승이다【이상은 모두 석렴이다】 ○ 전세기선감리양미田稅騎船監吏糧米[34] 20석, 대동기선감리양미大同騎船監吏糧米[35] 20석, 경주인역가미京主人役價米 60석, 영주인역가미營主人役價米 90석, 진상첨가미進上添價米[36] 90석【우첨가미又添價米[37] 200석이 있다】, 병영주인역가미兵營主人役價米[38] 14석, 호방청전관미戶房廳傳關米[39] 130석이다【이상

---

29 부족미不足米: 치계시탄가미를 달로 나누어 배정하는데 부족한 것을 메운다는 명목으로 설정된 세목. 불미不米라고도 불렀다.

30 치계색락미雉鷄色落米: 치계시탄가미의 간색미와 낙정미란 이름의 세목으로 역시 수령의 몫이었다.

31 간색미看色米: 세곡의 품질을 알아보기 위하여 견본으로 빼내어 보는 쌀이라는 이름의 세목.

32 낙정미落庭米: 세곡을 말질할 때 땅에 떨어진 것을 보충하기 위한 쌀이라는 이름의 세목.

33 타석미打石米: 세곡을 거두어 섬〔石〕으로 만들 때에 축나는 것을 보충하기 위한 쌀이란 이름의 세목. 간색미·낙정미·타석미는 수령을 따라 조창에 나간 창노들이 거두어서 아전·군교들과 나누어 먹었다.

34 전세기선감리양미田稅騎船監吏糧米: 전세를 조운할 때 조선에 같이 타도록 규정되어 있는 군현의 감관과 색리에게 지급한다는 이름의 세목.

35 대동기선감리양미大同騎船監吏糧米: 대동미를 조운할 때 조선에 같이 타도록 규정되어 있는 군현의 감관과 색리에게 지급한다는 이름의 세목.

36 진상첨가미進上添價米: 대동법 실시 이후 각 군현에서 공물과 진상품을 직접 현물 형태로 중앙에 바치는 것은 원칙적으로 폐지된 반면 감사가 특수공물과 진상품을 삭선朔膳의 명목으로 왕에게 현물 형태로 상납하는 제도가 시작되었다. 게다가 17세기 말경부터는 감사가 임시에 가족을 데리고 가는 관행이 시작됨으로써 생활비와 중앙의 세도 대신들에게 상납해야 할 뇌물이 필요하게 되었다. 이들 부담을 메운다는 명목으로 관행된 세목이 진상첨가미이다.

37 우첨가미又添價米: 진상첨가미 위에 다시 첨가되는 세목인 듯하다.

38 병영주인역가미兵營主人役價米: 병영주인兵營主人에 대한 보수. 군현은 행정구로는 감영에 예속되지만 진관체제鎭管體制의 군관구軍管區로서는 병영에 예속되었다. 이에 병영에 거주하면서 병영과 본 군현의 연락을 맡은 자가 병영주인이었다.

39 호방청전관미戶房廳傳關米: 군현의 호방戶房에는 전관색傳關色과 승발색承發色이 있었

은 모두 쇄렴이다】. [案] 치계시탄가미 4두란 것은 국가에서 전세와 대동 외에 수령에게 허가하여 1결마다 4두씩 거두어 치계雉鷄와 시탄柴炭의 비용으로 충당하도록 한 것이다. 경기도·충청도·경상도·전라도는 비율이 다 같으니 풍년과 흉년을 물론하고 1결 4두에 가감이 없다【영조 신미년에 균역법을 제정하고 나서 감사에게 명하여 이같이 정하였다】. 그러므로 재감이 있는 해에는 거두어들이는 쌀이 약간 줄게 될 것이다. 그러나 쌀은 조금 준다 해도 그 값이 4배여서 이득이 있고 해는 없을 것이다. 그럼에도 10여 년 이래로 따로 새로운 법을 만들어서 재해를 당한 해마다 그 고을 최고 수확의 총량【풍년에 수확한 총수】을 기준으로 잡아 재해를 당하지 않은 전결에 덧붙여서 부과한다. 가령 전총이 4000결일 경우에 1결에 4두를 거두면 1만 6000두이다. 이에 최고 수확의 해를 기준으로 잡아 항상적인 수입으로 정하고 재해로 1000결이 감해진 해에는 나머지 3000결에서 1만 6000두를 나누어 거두니 1결당 각기 쌀 5두 3승 3홉 3작이 된다. 따라서 본래의 규정인 4두보다 더 거두는 쌀이 1두 3승 3홉 3작이다. 흉년에 쌀값이 1두에 100전錢이라면 이 수령은 1결에서 134전을 거저 거둔 셈이니 참으로 엄한 형벌에 처할 대상이 아니겠는가. 전세미 6두, 대동미 12두, 치계시탄미 4두는 모두 1결에서 거두는 본래의 규정인 것은 마찬가지다. 전세와 대동은 상례대로 거두는데 치계미만 유독 더 부가해서 거두니 위에 임금이 있는 줄 알면서 감히 그럴 수가 있겠는가? 부족미를 더 거두

다. 그들이 영문營門에 문서를 보고하는데 전관색에게는 매월 9석씩, 승발색에게는 매월 2석씩 지급하기 위하여 각가脚價라는 명목으로 거둔 세목이다. 이를 계산하면 132석이다. 여기에서는 130석으로 되어 있으나 『경세유표·지관수제·전제 7』에서는 호방청부족미戶房廳不足米 132석이라고 명기되어 있다.

는 짓은 아무리 엄벌에 처하더라도 괜찮다. ○ 또한 색락미色落米[40]·타석미打石米는 모두 석렴이다. 석렴미는 계판에 조목조목 나열해서는 안 된다. 다만 창고 마당에서 쌀을 받아들이는 날에 이처럼 더 거두면 백성들이 스스로 알아서 여유를 두어 가져올 것이다. 나라에 납부하는 것은 석렴이라도 계판에 기재하는 것이 좋으나【실제로 배 위에 싣는 것은 의당 되로 모은 쌀이 말쌀을 이루어야 한다】 읍징하는 물종에서 석렴에 해당하는 것은 계판에 기재할 수 없다. 계판에 나열하면 석 수가 불어나서 장차 거두는 것이 한이 없게 된다. ○ 무릇 읍징의 쇄렴물碎斂物은 모두 앞의 방법에 비추어서 은결·방결의 전지에 고루 부과하게 하면【의당 수리를 신칙하여 선결羨結을 따로 정하고 은결과 방결을 그 가운데 포함시키도록 해야 한다】 아마도 1결의 부세가 과중하게 되지는 않을 것이다.

경주인과 영주인은 나라의 큰 폐단이다. 경주인역가미는 달마다 해마다 불어나고 있는데 거기에 두 가지 까닭이 있다. 하나는 조정의 권귀들이 저리 자리를 사기 때문이요, 다른 하나는 수령이 몰래 저리로부터 뇌물을 받기 때문이다【모두 「전제고」에 상세히 나와 있다】. 조정의 권귀가 저리 자리를 사면 비변사에서 공문을 보내 항시 저리를 비호하여 이들을 살찌게 하니 이 때문에 경주인의 역가가 불어나는 것이다. 수령이 임지로 내려간 뒤에 저리들이 가만히 돈 500~600냥을 수령의 본가에 바치고 또 진귀한 물건을 들고 수령의 임지로 가서 내사內舍에 바치고 좌수와 수리에게도 보내 역가 올리기를 도모한다. 이에 향회를 열어 고을 안에서 아전들과 한 무리가 된 양반의 못된 자식 수십 명을 불러 돼지 잡고 술을 차

40 색락미色落米: 간색미와 낙정미.

려서 객관客館에 모아 공론을 구하면 모두들 "올리는 것이 옳다"라고 찬성하게 된다. 그래서 역가가 올라가는 것이다【「전제고」에 상세히 나온다】. 전임 수령이 이미 돌아가고 나서도 신임 수령이 이를 계승하여 늘상 증가하기를 그치지 않으니, 이것이 모두 전결에 부과되기에 이른다. 역가가 불어나는 이유다. ○ 영주인역가미와 진상가미가 달마다 해마다 불어나는 까닭은 두 가지가 있다. 하나는 감사가 공물을 마련하는 일이요, 또 하나는 수령이 감사의 염문을 두려워하는 일이다【모두 「전제고」에 상세히 나와 있다】. 우리나라 제도에 감사의 직책은 본래 일정한 거처가 없어 가족을 임지에 데려갈 수도 없었다. 여러 고을을 순행, 시찰하는 것이니 지금의 위유어사慰諭御史[41]와 다를 바 없다.

숙종 중년에 처음으로 감사가 임지에 가족을 데리고 가는 법이 세워졌는데 이로부터 각종 폐단이 어지럽게 일어났다. 그런 중에도 유독 호남 지방이 폐해가 심하다. 생활용품이며, 산과 바다의 진귀한 물건들을 척리戚里[42]나 권문權門에 뇌물로 바치는데, 이 모두 여러 고을의 저리에게서 징수하고 헐값으로 보상한다. 가령 큰 전복 1접(貼, 100개)의 본값은 1000전인데 쌀 4두를 지급하니 쌀 4두는 겨우 100전에 해당한다. 그리고 유자 1접은 본값이 500전인데 쌀 2두를 지급하니 쌀 2두는 겨우 50전에 해당한다. 모든 물종이 이러하여 요구하는 것이 한정이 없다. 이 제도가 국가의 공물과 비슷하나 감사에게는 선혜청宣惠廳[43]이 없기에 공인貢人을

---

41 위유어사慰諭御史: 풍해·수해·한해·병충해 등의 재해를 입은 지역에 특별히 파견되어 실정을 살피고 민심을 위무하는 임무를 띤 어사.

42 척리戚里: 임금의 친척이나 외척을 가리키는 말. 원래 중국 장안에서 황제의 외척이 살던 동네의 명칭이었다.

43 선혜청宣惠廳: 대동법 실시와 함께 대동미·대동포大同布·대동전大同錢의 수납과 공가貢

비호하지 못하므로 이에 오직 역가를 증가시키는 일로 저리의 환심을 사려고 한다. 수령은 이 바람을 받들어서 감사에게 아첨을 하니 이것이 역가가 불어나는 이유다. 또 대개 감사가 고을을 순행할 때 모두 영속營屬들을 끌어들여 심복으로 삼는데 영속으로 유력한 자는 다 저리이다. 수령이 저들을 조금이라도 제어해보고자 하여 고분고분하지 않으면 곧 저리들이 모여 의론해서 그 수령을 힘써 제거하려고 한다. 저들의 뭉쳐진 저주가 굳어지고 헐뜯는 말이 들끓게 되면 혹은 고과에서 하고下考에 놓이거나 혹은 욕을 보여 수령을 자리에서 쫓겨나게 된다. 강진현감 이 아무는 남당南塘[44]의 돈을 독촉하지 않은 것으로 저리에게 밉보여서 결국 하고下考에 떨어졌고 해남현감 장 아무는 귀신 장부에 오른 자의 빚을 독촉하지 않은 것으로 저리에게 미움을 사서 쫓겨났다. 한 사람을 징벌하여 여러 사람을 겁주니 온 고을이 겁내어 떨고, 저리를 감사보다도 두려워하게 되었다. 저리가 하는 말이면 율령律令처럼 받드니 이것이 역가가 불어나는 이유이다【「전제고」에 상세히 나온다】. 진상가미는 본래 환자미還上米로 회감會減[45]을 하는데 사납고 간사한 자들은 혹 전세미田稅米를 받아먹고 환자로 대신 회감하기도 한다. 대개 세미는 정결하고 환자미는 거칠어서 값이 3배나 차이가 난다. 저리들은 나라에 바칠 세미를 훔쳐 먹고 백성들이 그 축난 것을 메우고 있다. 이 한 가지 일만 보아도 나머지를

價의 지출을 관장하기 위해 설치한 아문. 국초에는 상평창과 진휼청이 선혜청에 예속되었고 균역법이 실시된 후에는 균역청까지 통속하여 그 기능이 확대되었다. '감사에게 선혜청이 없다'라고 한 것은 선혜청과 달리 각 지방에서 필요한 물품을 구해 바치는 임무를 수행하는 사람이 없다는 뜻이다.

44 남당南塘: 전라남도 강진군 강진읍에 있는 남당포를 가리킨다. 탐진강이 바다로 들어가는 지역인데 항구로 발달했던 곳이었다.

45 회감會減: 회계상으로 감함. 또는 받을 것과 줄 것을 상쇄하여 회계 처리하는 일.

다 유추할 수 있다. 왕비가 새로 들어서면 선가膳價가 불어나는데【진상가미가 불어나는 것이다】 대비가 승하해도 선가는 감해지지 않는다. 암행어사 이면승이 일찍이 이 일을 아뢰어서 조정의 명이 내렸으나 저리들은 끄떡도 하지 않는다. 동궁을 책봉한 지 이미 10년이 되었는데도 갑자기 금년에 선가 올리기를 도모하여, 혹은 쌀 70~80석을 증가시켜 민결에서 거두고, 혹은 돈 500~600냥을 증가시켜 민호에서 거두고, 혹은 보인保人을 새로 만들어 매년 수백 냥의 돈을 거두어들인다【병영兵營에서 하는 일이다】. 대소의 수령들은 모두 벌벌 떨며 오로지 저리에게 아첨하여 관직을 보전하고 몸을 안전하게 하는 방책으로 삼는다. 아! 나라가 이 지경에 이르렀는데 무슨 말을 더 하겠는가.

강진의 늙은 아전 손 아무가 "내가 젊었을 때는 강진의 영주인 자릿값이 300냥에 불과하였고 영속營屬 중 잔약한 자가 이를 맡았는데 지금 불과 30년 사이에 영주인 자릿값은 1만 냥이 되었고 영속 중 유력한 자가 맡고 있다"라고 하였다. 이를 미루어 보아도 백성의 부담이 날로 늘어났음을 알 수 있다. 대체로 쌀을 더 거두자고 주장하는 자들은 으레 '십시일반이니 백성들을 병들게 할 정도는 아니다'라고 말하지만 그것이 오랫동안 쌓이고 쌓여 300냥이 1만 냥으로 불어났으니 33배나 된다. 백성의 부담이 33배로 증가했기 때문에 영주인 자릿값이 33배가 된 것이다. 이것이 이른바 형체를 보지 못하거든 그림자라도 살펴보라고 한 그것이다. 경상도는 저리들의 이런 횡포가 없어도 감사가 춥고 굶주림을 면하는데 하필 전라도의 저리만이 꼭 두터이 거두어야 한단 말인가. 이 폐단이 고쳐지지 않으면 전라도 전체가 필경에는 저리들의 탕목읍湯沐邑[46]이 되고 말 것이다. ○ 폐단이 아무리 이렇다고 하지만 수령으로서 어찌할 도리가 있는가? 관례에 따를 뿐이니, 다만 내 손으로 더 늘려주어서는 안 될 것이다.

계판이 다 작성되면 조목을 나열해서 책자로 만들어 각 면에 배포하여 후일에 상고할 자료가 되도록 할 것이다.

수령의 마음가짐은 허식을 꾸며 명예를 구하고 눈앞의 책임을 때울 뿐이어서는 안 된다. 백성에게 그 혜택이 영구히 미칠 것을 생각하여 매양 굳건한 법을 세울 것이며, 아무리 내일 도로 무너지게 되더라도 나의 마음가짐은 의당 그러하여야 한다. 세미 몇 말 몇 되라도 백성들은 막연하여 살펴 알지 못하고 오직 명령만을 따를 뿐이다. 백성만 그런 것이 아니고 수령도 또한 그러하다. '계판'이라는 이름을 백성들이 비록 듣기는 하였지만 실제로 한 번도 눈으로 보지 못하였으니 책자로 만들어 배포하지 않을 수 있겠는가. 국납이 몇 말, 선급이 몇 말, 읍징이 몇 말인가? 무엇이 결렴이고 무엇이 석렴이고 무엇이 쇄렴이며, 또한 원결原結[47] 이 얼마이고 면결免結[48] 이 얼마이며, 선결羨結[49] 이 얼마인지, 백성들이 그 조리를 환히 이해하도록 하는 것이 옳지 않겠는가. 죄를 따진 뒤에 매질

---

46 탕목읍湯沐邑: 탕목은 목욕과 같은 말로 휴양을 취한다는 의미. 중국 고대에 천자가 신하에게 휴양을 취하도록 하는 의미에서 내려준 지역을 탕목읍이라 일컬었다.

47 원결原結: 여기에서는 실결實結을 가리킨다.

48 면결免結: 원주에 "잡탈雜頉이다"라고 나와 있다. 관방전官房田·아문둔전衙門屯田 등의 면세결免稅結을 말한다.

49 선결羨結: 원주에 "즉 은결과 방결이다"라고 나와 있다.

해야만 백성이 자기 죄를 알 것이고 용도를 헤아린 뒤에 거두어야만 백성이 그 쓰임을 알 것이다. 이들 백성으로 하여금 사용될 곳이 어디인지 막연하여 알지 못하게 해놓고 쌀만 거두어들이는 것이 어찌 도리이겠는가.

지금 남쪽 변방의 여러 고을이 계판에 실려 있는 것이 24~25두밖에 되지 않는 것은 그 부세 이외의 잡세를 선결에까지 고루 부과했기 때문이다【해남·영암 등 고을이다】. 그 계판에 실려 있는 것이 30~40두나 되는 것은 부세 이외의 잡세를 모두 원결에만 부과하였기 때문이다【나주·강진 등 고을이다】. 지척에 있는 고을 사이에 세율이 판이하게 다르다. 이러고도 나라에 법이 있다고 하겠는가.

계판에 실려 있지 않은 전결 부담도 아직 많다.

영납營納[50] 으로는 규장각책지가奎章閣冊紙價[51] 3푼이 있다【이는 결렴이다】. ○ 관납官納[52] 으로는 신관쇄마가新官刷馬價[53] 300여 냥【많으면 400냥】, 구관쇄마가舊官刷馬價[54] 600여 냥, 신관아수리잡비전新官衙修理雜費錢[55] 100여 냥이

---

50 영납營納: 감영과 병영에 납부하는 세금.

51 규장각책지가奎章閣冊紙價: 규장각의 용지대라는 명목으로 관행으로 걷는 세목. 규장각은 1776년 정조가 즉위하면서 직제를 갖춘 독립 기구로 설치되었다. 역대 국왕의 어제御製와 어필御筆을 보관하는 기능, 국립 도서관 겸 연구소의 기능, 도서 편찬의 기능을 가지고 있었다.

52 관납官納: 수령에게 납부하는 것을 가리킴.

53 신관쇄마가新官刷馬價: 신영新迎에 드는 쇄마刷馬의 비용이라는 명목으로 걷던 관행적 세목. 신관쇄마가는 유치미 중에서 쓰도록 법제화되어 있었는데도 다시 군현의 전결에서 쇄렴으로 거두었다.

54 구관쇄마가舊官刷馬價: 구관을 보내는 데 드는 비용으로 거두는 세목. 원주에 "구관은 공

있다【이상은 모두 쇄렴이다】. ○ 이징吏徵으로는 매 1결에 서원고급조書員考給租[56] 4두, 방주인근수조坊主人勤受租[57] 2두가 있다【이상은 모두 결렴이다】. ○ 혹 토지에서 거두고 혹 호구에서 거두는 것으로 민고전民庫錢·표선전漂船錢[58]이 있다. 토지에서 거두면 민고전은 1결에 해마다 1냥 2~3전을 거두거나 또는 조租 30~40두를 거둔다【20년 전에는 많아도 3~4두에 지나지 않았다】. ○ 표선잡비漂船雜費는 매 1결에 돈 30~40푼 내지 50~60푼을 거둔다. ○ 환자還上를 전결에 따라 분배해 해마다 1결당 조 2~3석을 갖다 바치지만 백성들은 한 톨의 곡식도 받은 적이 없다【'환곡 장부 상'(제6부 제3조)에 상세히 나와 있다】.

○ 한번 생각해보자. 이러고도 백성이 견딜 수 있겠는가. 1결의 논에서 수확하는 곡식이 많으면 800두요, 적으면 600두, 더 적으면 400두 정도이다. 농부들은 제 땅이 없고 모두 남의 땅을 경작하는데 일 년 내내 고생해도 여덟 식구의 식량과 이웃에 품삯을 치러야 하는 데다가 추수 때가 되면 전주가 수확의 반을 차지하니 600두를 추수한 농부가 제 몫으로 가지는 것은 300두뿐이다. 게다가 종자를 제하고 빚을 갚고 설 전의 양식을 제하고 보면 남는 것은 100두도 되지 않는다. 그런데 부세로 긁어

적으로 주는 비용이 없기 때문에 배로 거둔다"라고 나와 있다.

55 신관아수리잡비전新官衙修理雜費錢: 신임 수령을 맞는 한 절차로서 관아를 수리한다는 명목으로 걷던 관행적 세목.

56 서원고급조書員考給租: 서원에게 업무 처리에 공정을 기하도록 한다는 취지에서 1결당 조 4두씩을 거두어 주던 것이 관행이 되어 걷는 세목. 서원고복채書員考卜債라고도 한다. 조에 대해 원주에 "찧지 않은 것을 조租라고 한다"라고 나와 있다. 조는 나락을 뜻한다.

57 방주인근수조坊主人勤受租: 면주인에 대한 보수라는 명목으로 걷던 관행적 세목.

58 표선전漂船錢: 외국 선박이 표착漂着하는 경우, 중앙에서 문정관問情官·접위관接慰官 등이 내려오고 조사가 끝나면 표선을 돌려보내는 것이 일반적인데 이에 소요되는 접대비, 귀환 보조비라는 명목으로 받아낸 잡세.

가고 빼앗아가는 것이 이처럼 극에 달했다. 슬프다 이 백성들이 어찌 살아가겠는가. 명색이 목민관으로서 간활한 아전들의 비방과 원망을 면하고자 아전들이 하는 대로 맡겨두고 제어하지 못한다면 반드시 후손에게 재앙이 크게 미칠 것이다.

그러므로 선결의 수는 확정하지 않을 수 없다. 결총(結總, 원장부전답)에 여유가 있으면 부세는 약간 너그러워질 것이다.

결총은 세 가지 명목으로 이루어져 있으니 1)원결原結, 2)면결免結, 3)선결이다. ○ 원결이란 본 고을의 원래 총 결수이며, 대체로 양안에 실려 있는 것이다. ○ 면결이란 대개장에 열거되어 있는 잡탈면세전雜頉免稅田인데, 궁방전宮房田·둔전屯田[59]·역전驛田[60]·아록전衙祿田[61]·이복전吏復田[62]·

59 둔전屯田: 아문둔전衙門屯田·영문둔전營門屯田을 가리킨다. 『경국대전』에 언급되어 있는 국둔전·관둔전도 이에 속하는 것이지만 국둔전은 일찍이 15세기 중엽에 폐지되었고 관둔전은 조선 말기까지 존속은 하였으나 유명무실화되어 조선 후기의 둔전에는 일반적으로 포함되지 않는다. 광의의 3둔전에는 위문둔전衛門屯田·영문둔전 이외에 내수사둔전內需司屯田·궁둔전 등이 포함되나 협의의 둔전은 아문둔전·영문둔전만을 의미한다. 이 협의의 둔전에도 사궁장토司宮庄土와 마찬가지로 무토둔전無土屯田과 유토둔전有土屯田이 있었는데 무토둔전에서는 해당 아문·영문이 1결당 쌀 23두를, 유토둔전에서는 1결당 조 200두를 거두도록 규정되어 있었다. 어느 경우에나 전세 부분은 국고에 납입하도록 되어 있는 것이 사궁장토와 다른 점이었다.

60 역전驛田: 역토驛土라고도 함. 이는 『경국대전』 이래 『대전회통』에 이르기까지 자경무세전自耕無稅田으로 규정되어 있는 마전(馬田, 마위전馬位田)을 가리킨다. 역에 관계되는 토지로는 역공수전驛公須田·장전長田·부장전副長田·급주전急走田 등도 있었으나 이는 각자 수세지收稅地로서의 민전民田으로 역전에는 포함되지 않는다.

61 아록전衙祿田: 주현의 수령들에게 녹봉의 대신으로 급여한 수조지收租地. 고려의 공해전公廨田이 조선에 이르러 아록전과 주현 관청의 제반 비용에 충당하도록 지급한 공수전公

학전學田·원전院田·관공서의 대지·사찰의 대지·진부전津夫田[63]·참부전站夫田[64] 등등 당연히 면세되는 전지와 구진전舊陳田·금진전今陳田·성천복사成川覆沙[65]·미이앙未移秧·재감전災減田[66] 등 무릇 금년의 전세가 면제된 전지가 이른바 면결이다. ○ 선결이란 새로 만들어진 이름이다. 은결과 여결은 본래 고정된 대상의 토지가 없는 것이다. 다만 결총 가운데서 국세에 충당하고 남아도는 여결을 은결이라 한다. 그러나 이 은결은 여결이라 할 수 없다. 내가 보기에는 이는 철결鐵結이고 국가에 바치는 전세가 여결이다. 왜 그런가 하면 이른바 은결이란 것은 아무리 홍수가 나서 하늘에 닿을 만큼 되어도 잠기지 않고 큰 가뭄이 들어 돌을 태울 정도가 되어도 마르지 않고, 벌레도 침식하지 않고, 서리가 내려도 작물에 피해를 주지 않는 땅이다. 본래 은결이 1000결이면 큰 흉년에도 1000결의 곡식은 모두 잘 익어서 안전하기가 태산과 같다. 이것이 철결이 아니고 무엇인가? 여기에 비변사가 재결로 정해 풀어주고 감사가 표재를 하고 아전

須田으로 분화된 셈이다. 대동법 실시 이후로는 아록전의 대동미 부분은 선혜청에 납부되었다.

62 이복전吏復田: 미상.

63 진부전津夫田: 진부津夫들에게 1인당 전지 1결 안팎으로 지급된 자경무세自耕無稅의 국유지. 도진渡津, 즉 강나루에서 나룻배를 젓는 신량역천인身良役賤人을 진부 또는 진척津尺이라고 불렀다.

64 참부전站夫田: 『경국대전』에서 『대전회통』까지의 법전에는 보이지 않는 지목地目이다. 조운에는 해운海運과 수운水運이 있었는데 수운을 위하여 수참水站이 설치되어 있었다. 수참에는 수부水夫와 이들을 감독하는 수운판관水運判官이 배치되어 있었는데 참站마다 아록전衙祿田 5결이 지급되었고 수부에게는 1인당 1결 35부의 수부전이 지급되었다. 아록전과 수부전은 수조지로서 참전站田이라고 통칭되었다. 참부전은 이 수부전을 가리킨 듯하다.

65 성천복사成川覆沙: 농토가 홍수로 인해서 개천으로 바뀌었거나 모래가 덮여버린 상태.

66 재감전災減田: 여기에서는 시기전 중에서 사목재事目災·장청재狀請災로 인해 면세된 전지를 가리킨다.

들이 재결을 도둑질하는 과정에서 축나고 깎여져서 형체가 없어진 연후에 나머지 보잘것없는 논밭뙈기만 국세로 돌려놓았으니 이것이 여결이 아니고 무엇이겠는가. 아전들이 단지 철결만을 착복하고 이 나머지 논밭뙈기에는 손대지 않는다면 그래도 나은 편이다. 부세를 거두는 날이 되어서는, 아침에 영을 내리면 저녁에 갖다 바칠 수 있는 부잣집의 비옥한 땅에서 나는 금옥 같은 쌀은 모두 아전의 수중에 들어간다. 일체의 국납·선급·읍징과 결렴·석렴·쇄렴은 쌀로 바치는 것이건 벼로 바치는 것이건 돈으로 바치는 것이건 털끝만큼도 침탈을 받지 않는다. 나머지 보잘것없는 논밭뙈기, 떠돌이 거지들, 곧 살을 깎아도 피도 안 날 부류들이 국세에 귀속이 되어 국납이건, 선급이건, 읍징이건, 결렴·석렴·쇄렴의 것들을 쌀로 바치건 벼로 바치건 돈으로 바치건 간에 털끝만큼도 빠져나오지를 못한다. 그리하여 간신히 남은 형편없는 1000결의 땅으로 감추어진 수천 결의 부담까지 아울러 짊어지게 된다. 그러니 백성이 지는 부담은 편중이 되어 그 고통에 날로 쇠약해지는 것이다. 아 어찌 원한이 없으랴! 선결은 조사하지 않을 수 없다.

장차 선결을 정하려면 수리와 도서원을 불러서 다음과 같이 이를 것이다. "금년의 전총田總[67] 이 몇천 결에 불과한데 이것으로 부세를 징수하면 백성들은 장차 어디에 의지하겠는가. 은결은 너희들의 사적인 물건이 아님에도 그 조세租稅[68] 를 착복해서 이미 소봉素封[69] 이 되었거늘 요부徭賦[70]

67 전총田總: 여기에서는 실결의 총수를 가리킨다.
68 조세租稅: 여기에서는 결렴을 가리킨다.
69 소봉素封: 봉토는 없으나 재산이 봉토를 가진 제후에 못지않은 부자라는 의미.
70 요부徭賦: 여기에서는 쇄렴과 석렴을 가리킨다.

까지도 없애다니 어찌 부끄럽지 않은가. 하물며 너희들이 방납하는 전결은 본디 세액 안에 들어 있던 땅인데 너희들이 훔쳐서 그 요부까지 면제를 받으니 이것은 또한 무슨 이치란 말인가. 지금부터는 석렴물과 쇄렴물은, 모두 여결과 방납결에도 일체 나누어 부과해 징수할 것이다. 너희들이 응당 잘 알아야 할 것이다. 여결은 모두 몇 결이고 위재는 모두 몇 결인지 너희들이 보고하라. 방결이 모두 몇 결이고 이록이 모두 몇 결인가는 내 이미 알고 있다. 무릇 대개장의 응탈 이외에 요부에서 빠진 것은 사실대로 자진 보고하라. 너희들이 명령대로 이행하면 거기에서 조세는 종전대로 너희들 차지가 되도록 허락하고 그 요부는 백성들로 하여금 고루 부담하게 할 것이다. 너희들이 순순히 따르지 않으면 법대로 상사에 보고하여 그 뿌리까지 영구히 뽑을 것이다. 깊이 생각하라." ○ 자진 보고를 받은 땅에 대해서 선결이라 이름하고 전결의 역을 부과할 때마다 여기에도 부과하여 징수할 것이다.

만약 여결이 본래 적고 나의 명령이 또 엄하여 방결 또한 적으면 반드시 여결을 조사할 필요는 없다. 다만 방납결은 그 수가 적더라도 반드시 조사하여 고루 부과할 것이다.

정월에 조창漕倉을 여는데[71], 백성이 세미를 바치는 날에는 응당 수령이 직접 받아야 한다.

71 『경국대전·호전·조전漕轉』에 "11월 초1일에 조창漕倉을 열기 시작해서 다음 해 1월에 수납을 마친다"라고 나와 있다. 『속대전·호전·조전』에는 각 도별로 조선漕船의 출발 기한이 규정되어 있다.

세미를 받아들이면서 말질을 너무 정밀하게 하지 말고 옛 관례에 따라야 한다. 그러나 만약 수령이 나가지 않으면 어지럽고 절제를 잃어서 민심이 해이해지며 바치러 오는 백성들도 태만해지기 쉽다. 수령이 나가 있는 기간을 10일로 하고, 2월 7일과 3월 5일에 또 한 번씩 나가서 수납을 독려해야 한다. ○ 수령이 조창에 나갈 때에는 말 한 필에 시동 둘만을 데리고 갈 것이다. 도서원과 세리稅吏[72]로 형방을 삼고 창노倉奴[73]와 고노庫奴로 시노(侍奴, 급창)를 삼아도 호령을 내고 명령을 시행하게 할 수 있다. 대개 수령이 조창에 나갈 때 그 일행과 말을 창노가 먹이는데, 비용이 많이 들면 그가 함부로 거두어들일 것이니 염려하지 않을 수 없는 것이다. ○ 색락미와 타석미는 이미 정례가 있다. 정례 외의 것은 비록 한 톨의 쌀이라도 함부로 거두어서는 안 된다. 조창에 세미를 바치러 온 백성의 자루 속에 쌀이 남는 경우에는 백성들로 하여금 그 마을에서 세미를 바치지 못한 가호家戶를 보고하게 하여 그 이름으로 이것을 바치게 한 다음 자문尺文[74]을 줄 것이다. ○ 조창을 여는 날에 수령은 따뜻한 말로 백성들에게 다음과 같이 타이를 것이다. "세곡은 환곡과 다르다. 환곡은 그 거두고 방출하는 것이 나에게 달렸으므로 헐하게 받아도 해가 없지만 세미는 서울에 올려보내는 것이기 때문에 결손이 생기는 것을 마땅히 유념해야 한다. 뱃사람들은 욕심이 한정이 없기 때문에 만약 이들의 심보를 크

72 세리稅吏: 여기서는 고을 내에서 세무를 담당하는 아전인 서리를 지칭하는 것으로 생각된다.

73 창노倉奴: 창고지기. 군현 소속의 창을 담당한 관노. 이들이 조창에서 거두는 것도 읍징에 속하는데 전세에 대한 석렴으로 간색미 1승, 낙정미 4승, 타석미 1승을 거둔다.

74 자문尺文: 원주에 "쌀을 받았다는 수표手標"라고 나와 있다. '자문'은 이두어로 영수증에 해당한다. 수표는 증서의 의미이므로 역시 영수증에 해당하는 것이다.

게 거스르면 반드시 우리 고을에 해를 끼치려고 들 것이다. 백성을 이롭게 하려고 하다가 도리어 백성을 괴롭게 만드는 일이 허다하다. 그러므로 말질은 평두平斗가 원칙이지만 꼭 정밀하게 할 수는 없으니 너희들은 이점을 알아두기 바란다."

진덕수가 천주泉州를 맡아 있으면서 세곡을 거둘 때 매양 백성들이 직접 개概[75]를 잡도록 하였다. 案 '개'는 말질을 할 때 고르게 미는 막대인데 백성 스스로 잡게 하면 그 말질이 함부로 되지 않을 것이다.

조극선이 고을살이하며 부세를 거둘 때 말질을 반드시 백성들 스스로 하게 하니 백성들이 그 공평함을 기뻐하여 벌주지 않아도 바치는 기한을 어기지 않았다.

『하산필담霞山筆談』[76]에 이렇게 말했다. "영암군에 옛날에 향승이 있었는데 청렴하고 신중하며 고집이 있어서 세미를 평두로 거두었다. 사공이 크게 원망하여 향승에게 같이 배를 타고 가기를 청했다. 향승이 '좋다. 네가 불평하는 것은 말질을 평평하게 하고 고봉으로 하지 않았다는 것인데 평평하게 한 것은 다 그대로 배에 실려 있는가?' 하고 물었다. 사공은 '그렇다'라고 대답했다. 향승이 다시 '너희 배에 실은 곡식을 모두 모 평지에 내려놓고 다시 되어보자. 배 안에 실린 쌀이 본래 받은 때와 똑같다면 내가 배를 타고 가겠다'라고 하자, 사공은 벌써 기가 죽었다. 향승이 배에 실린 쌀 한 섬을 끌어내서 다시 말질해보았더니 두 말이 축이 나 있었다. 향승이 '이미 두 말을 훔치고도 더 무엇을 구하는가?'라고 물으니 사공은

---

75 개概: 말질을 할 때 곡식을 평평하게 하기 위해 쓰는 막대. 우리말로 평미레라고 하는 것이다.

76 『하산필담霞山筆談』: 전하지 않는 책이어서 자세히 알 수 없으나 다산의 저술로 추정된다.

다시는 더 말하지 못하였다." ○ 대개 사공이 세미를 받아들여 섬에 넣고 배에 싣는 과정에서 으레 두 말을 빼돌리는데 향승이 그 실상을 알았던 것이다. 수령은 마땅히 이것을 알고 혹 억울하다고 호소하는 사공이 있으면 배에 실은 쌀을 다시 점검해볼 것이다.

조창을 열 때에는 그곳에 방문을 붙여 잡류雜流들을 엄금해야 한다.

창촌에서 금해야 할 부류는 이런 것들이다. 1)우파優婆,[77] 2)창기娼妓,[78] 3)주파酒婆,[79] 4)화랑花郎,[80] 5)악공樂工,[81] 6)뇌자櫑子,[82] 7)마조馬弔,[83] 8)도사屠肆[84] 등등이다. 무릇 이런 잡류는 노래와 여색과 술과 고기로 유혹하는 것이니 창리가 빠져들고 뱃사람이 빠져든다. 소비가 넘치고 탐욕이 심해지니 횡포하게 거두어들여 결손이 난 것을 메꾸려 들기 마련이다. 이런 것들은 필히 엄금해야 한다. ○ 방문에 이렇게 이를 것이다. "이들

---

77 우파優婆: 원주에 "우리말로 사당舍堂이라 한다"라고 나와 있다. 사당은 유랑 연희집단의 일종이다.

78 창기娼妓: 원주에 "늙은 퇴기 또한 금해야 할 것이다"라고 나와 있다.

79 주파酒婆: 원주에 "소주나 약주를 앉아서 파는 자"라고 나와 있다.

80 화랑花郎: 원주에 "즉 무당의 지아비인데 우리말로는 광대라 한다"라고 나와 있다. 전라도의 풍속으로 무당은 세습무인데 남자는 '화랭이'라 일컬으며 창을 잘하여 광대로 활동하였다.

81 악공樂工: 원주에 "거문고 타고 피리 불고 노래하는 사람"이라고 나와 있다. 악공 중 일부는 중앙으로 선상되어 장악원에 소속이 되기도 했는데, 여기서는 음악의 기능을 팔아서 떠돌이로 살아가던 부류를 말한다.

82 뇌자櫑子: 원주에 "우리말로 초라니라 한다"라고 나와 있다. 초라니 역시 유랑 연희집단의 일종이다.

83 마조馬弔: 원주에 "즉 두전頭錢이다"라고 나와 있다. 두전은 노름의 일종인 투전임.

84 도사屠肆: 원주에 "소 잡고 돼지 잡는 등"으로 나와 있다.

팔반잡류八般雜流를 하룻밤 재운 자는 매 30대를 치고 쌀 3두를 벌로 거두어 유망流亡한 자의 세미에 충당하고 밥 한 끼를 먹인 자는 매 10대를 치고 쌀 1두를 벌로 받는다. 관속배들 중 명령을 어기고 그들과 함께 어울려 노는 자는 매 50대를 치고 쌀 1석을 벌로 거둔다. 뱃사람 중 명령을 어기고 이들과 함께 어울려 노는 자는 매 30대를 치고 도사공都艄工[85]에게 매 20대를 친다. 이 팔반잡인八般雜人도 모두 해산시켜 관아로 불러들여 법대로 죄를 줄 것이다." ○ 아산牙山,[86] 충주의 가흥可興,[87] 함열의 성당포聖堂浦,[88] 법성포法聖浦,[89] 군산포群山浦,[90] 영산포榮山浦,[91] 마산창馬山倉,[92] 진주의 가산창駕山倉,[93] 밀양의 삼랑창三浪倉[94] 등과 같이 조창이 있는 도회지에서는 금하기를 더욱 추상같이 해야 한다. 또 바닷가의 여러 포구에는 으레 며칠씩 머물면서 바람을 기다리며 닻줄을 고치는 곳이 있는

---

85 도사공都艄工: 원주에 "艄(소)의 중국음이 沙(사)의 우리나라 음과 서로 비슷하기 때문에 속칭 사공沙工이라 한다"라고 나와 있다.

86 아산牙山: 충청남도 아산에 속한 공진창貢津倉. 아산 외 6개 고을의 세곡을 조운하였다.

87 가흥可興: 충청북도 충주에 있었던 조창. 충주 외 5개 고을의 세곡을 한강을 따라 조운하였다.

88 성당포聖堂浦: 전라북도 익산의 함열에 있었던 성당창聖堂倉. 함열, 고산 등 8개 고을의 세곡을 조운하였다.

89 법성포法聖浦: 전라남도 영광에 있었음. 법성창은 영광, 광주, 법성진 등 12개 고을과 1진의 세곡을 조운하였다.

90 군산포群山浦: 전라북도 옥구에 있었음. 군산창은 옥구, 전주 등 7개 고을의 세곡을 조운하였다.

91 영산포榮山浦: 전라남도 나주에 있었음. 영산창은 중종 7년(1512)에 폐지된 것으로 되어 있으나 포구로서의 기능은 계속 활발했다.

92 마산창馬山倉: 경상남도 창원에 있던 조창으로 경상도의 좌창左倉이다. 창원, 함안 등 8개 고을의 세곡을 조운하였다.

93 가산창駕山倉: 경상남도 진주에 있던 조창으로 경상도의 우창右倉이다. 진주, 곤양 등 8개 고을의 세곡을 조운하였다.

94 삼랑창三浪倉: 경상남도 밀양에 있던 조창으로 경상도의 후창後倉이다. 밀양, 현풍 등 6개 고을의 세곡을 조운하였다.

데, 이러한 곳에서도 잡류를 엄금해야 한다.

백성들이 납부 기일을 어긴다고 아전을 풀어서 독촉하는 처사는 호랑이를 양 우리에 밀어 넣는 것과 마찬가지다. 결코 그렇게 해서는 안 된다.

세미를 거두는 마감에 아전과 군교를 풀어 민가를 수색하여 긁어내는 것을 검독檢督이라 한다. 검독은 가난한 백성들에게는 승냥이나 범 같은 것이다. 백성들을 보살피는 관장으로서 어찌 이런 짓을 할 일인가? 부유한 집들의 토지를 조세대상에서 누락시키거나 조세를 감면해주는 짓만 하지 않으면 세액은 모두 저절로 충당될 수 있으며, 설령 빠뜨린 경우가 있어도 수령이 부드럽고 인자한 말로 백성들을 타이르면 기한 안에 세미를 내지 않는 사람은 거의 없을 것이다. 검독이 한 번 나가는 것만으로도 그 수령은 알 만하니 더 말할 것이 있겠는가【소동파는 부세 독촉하는 아전을 호랑이에 비유한 바 있다】.

호태초는 말했다. "난두攔頭[95]와 궁수弓手[96]를 파견하면 이들이 또 건달과 부랑자들을 거느리고 마을을 돌아다니면서 부세를 독촉한다는 명목으로 남의 집의 닭과 개를 잡아먹고 행인들의 짐을 약탈하는데 욕심이 한량이 없어서 후한 뇌물을 받으면 사사로이 풀어주고 뇌물을 주지 않으면 관가에 잡아가서 부세를 곱으로 물게 하고, 그 외에 비용까지 그대로 받아낸다." ○ 검독의 폐단은 중국도 마찬가지다. 백성은 힘이 없는데 부

95 난두攔頭: 뱃머리를 간수看守하는 사람.
96 궁수弓手: 중국 송나라 때 공용의 인부로 징발되어 도적을 잡는 일에 종사한 사람.

세를 바치지 못하면 괴롭힘을 당하고 또 과외의 비용까지 물어야하니 열 집에 아홉 집이 비는 사태는 모두 이 때문에 일어나는 것이다【흉년에 검독을 나가면 하나도 논밭과 집을 사지 않는 자가 없다】.

조전漕轉에 다른 짐을 보내는 것은 법조문을 상세히 검토하여 각별히 준수하고 범하지 말 것이다.

『대전통편·호전·조전』에 그 조례가 상세하여 이를 살펴보면 알 수 있으므로 여기서는 덧붙이지 않는다. ○조운선에 다른 물건을 부쳐 싣는 일을 금하는 것은 조례가 지극히 엄한데도 범하는 자가 잇따르고 있고, 이 때문에 파직되고 구속되는 자가 없는 해가 없다. 어찌 재물에 혹한 것이 아니겠는가. 매양 조운선이 출발하는 날이면 대나무 막대기, 나무절구, 쇠솥, 왕골자리, 대자리 등을 새끼로 묶고 짚으로 싸서 포구에 내어놓는데 백성들은 비웃고 손가락질하여 탐욕으로 빼앗은 물건으로 지목하고, 뱃사람들은 성내어 던지면서 좆덩어리라 이름하니 천금이라도 귀중히 여길 것이 못된다. 속물들이 바닷가의 수령 자리를 얻으면 집안사람들이 서로 경사로 여겨 "'화두火斗'[97]까지 모두 보내라"라고 한다는 것이다. 이 얼마나 부끄러운 말인가. 설령 보낸다 해도 어찌 사선私船이 없겠는가. 이 위험하고 두려운 법령을 어길 것 같으면 얻는 것은 몇 푼 안 되는 뱃삯인데 이것으로 벼슬자리를 아울러 잃지 않겠는가. 지혜롭지 못함이 심한 것이다.

97 화두火斗: 원주에 "화두는 우리말로 부등가리라 한다"라고 나와 있다. 부등가리는 부삽, 혹은 깨진 오지그릇 같은 것으로 부삽 대신 쓰는 도구.

연해의 고을은 조선이나 임선賃船[98]을 물론하고 쌀을 운반하기는 어렵지 않은데, 내지에서 조창으로 운반하는 것은 백성들이 등에 지고 수백 리 밖에까지 가야하기 때문에 괴로움이 심하다. 감사는 마땅히 여러 고을에 신칙하여 길을 평평하게 닦아서 조창에 이르게 하고, 유형거游衡車[99]를 만들어 한 고을에 각각 40~50대씩을 비치하면【정조 때 화성의 공사에 이 수레를 만들었는데 그 제도는 「성화주략城華籌略」[100]에 보인다】 한 대에 쌀 4~5석을 싣고 인부 두 사람이 운반하고 큰 것은 소 한 마리가 끌게 하여, 고개 밑에 이르러서 잠깐 등짐으로 운반하면 힘을 크게 덜게 될 것이다. 조운 담당자는 마땅히 강구할 일이다. 이는 한 고을이 단독으로 시행할 수 없는 것이므로【이웃 군현에서 길을 닦지 않으므로】 여기서는 생략한다.

궁방전과 둔전에서 침탈이 심한 것은 살펴보아 풀려나게 해주어야 할 것이다.

여러 궁방면세전宮房免稅田과 경사京司의 둔전에 도장導掌으로 내려온 자는 차인差人으로서 그곳의 세를 거두어 궁방과 경사에 바치기도 하고 자신이 자리를 사서 받은 세를 착복하기도 한다. 요컨대 긁어먹는 자는 많고 은혜와 동정을 베푸는 자는 적다. 그래도 궁방전과 둔전을 경작하

98 임선賃船: 대가를 받고 세곡을 조운하는 사선私船.

99 유형거游衡車: 바퀴가 2개 달린 수레의 일종. 이를 만드는 방법 및 그림이 『화성성역의궤華城城役儀軌』의 「어제성화주략御製城華籌略」에 자세히 나와 있다.

100 「성화주략城華籌略」: 정조 때 편찬된 『화성성역의궤』 속에 있는 「어제성화주략」을 가리킨다. 『화성성역의궤』는 정조 18년(1794) 1월부터 20년(1796) 8월까지 3년에 걸쳐 이루어진 화성(華城, 수원성) 축성의 경위와 제도, 의식 등을 자세히 기록한 책으로 순조 1년(1801)에 간행되었다.

는 백성은 대개 제역除役되어 그 고을의 요부徭賦에는 응하지 않는다. 그렇기에 수령은 이들의 빈부와 고락에 관심을 두지 않는다. 다 같은 백성인데 어찌 널리 돌보지 않겠는가. 수령은 마땅히 별도로 염탐하고 살펴서 무리하게 백성을 마구 긁어먹는 도장은 혹은 불러서 타이르기도 하고 혹은 붙들어다 벌을 가해서 횡포한 일을 못하도록 해야 할 것이다. ○ 궁방전과 둔전이 있는 마을은 더러는 패망하여 유지하지 못하기도 하며, 더러는 충실한데다 민역民役이 없기 때문에 이 마을이 민역을 포탈하는 소굴이 되기도 한다. 궁전촌과 둔전촌의 제역은 완문完文[101]이 있다 해도 응당 한계와 절제가 없으면 안 된다. 궁방전과 둔전은 1결의 땅을 두 농가에서 경작해도 일손이 부족하지 않으니 그 결수를 계산하여 이 정도의 농가를 제외하고, 나머지 새로 붙여 들어온 농가는 조사해 찾아내어 요역을 고르게 부담시키는 것이 좋다.

『균역사목』에서 이르기를 "여러 아문과 궁방의 유토면세전과 영작궁둔전永作宮屯田[102]은 민결면세民結免稅[103]와는 같지 않은데 땅의 비옥하고 척박한 정도에 따라 세를 올리고 내리는 것이 사전私田과 다르지 않다"라고 했는데 이 어찌 법의 본뜻이겠는가. 『속대전』에서 규정하기를 "영작궁둔전은 1부마다 조(租, 벼) 2두를 거두고 선마가船馬價[104]와 잡비도 모두

101 완문完文: 관에서 발급하는 공증 문서. 완문에 세 가지 종류가 있는데 하나는 부동산 소유권에 관하여 소관 관청에서 발급하는 사법 처분 문서, 다른 하나는 관청에서 면세지로 인정 허가해서 발급하는 일종의 행정 처분 문서, 또 하나는 궁방소유지, 국가기관 소유지의 소작료 수납 방법을 해당 궁방이나 기관에서 작성하여 경작인에게 발급하는 일종의 행정 처분 문서이다. 여기서는 세 번째 경우에 해당한다.

102 영작궁둔전永作宮屯田: 일반적으로는 유토궁방전을 의미하나 더 좁은 의미로는 절수折受에 의한 것이 아니라 매입에 의하여 설치한 궁방전만을 의미한다.

103 민결면세民結免稅: 여기에는 무토궁방전의 경우를 가리킨다.

104 선마가船馬價: 선가船價와 마가馬價. 경창에 내려진 세곡을 한성부내漢城府內의 창고까

그 속에 포함되어 있다"라고 하였다. 지금 의당 분명히 밝혀서 정해진 양을 초과해 징수한 것은 일체 감하여 백성의 원성이 없도록 할 것이다. 案 이는 곧 영조 신미년의 하교이다. 목민관으로서 어찌 감히 받들지 않겠는가.

여러 궁방에는 이른바 무토면세전이 있다【즉 민결면세이다】. 민전 100결마다 돈 700냥 징수해서 곧 호조로 바치면 호조에서 본 궁宮에 지급하는 것이다. 원래 매 1결에 돈 7냥을 징수했던 것인데 탐관과 교활한 아전들이 여기에 빙자하여 농간질하고 있다. 큰 흉년에 양호와 방결은 매 1결에 백미 40두를 거두는데 쌀 1두의 값은 1냥이므로 모두 40냥이 된다. 무토면세전이 100결이라면 여기서 양호·방결을 같이 거두어 4000냥이 된다. 호조에 바치는 700냥을 제하고 남은 3300냥을 수령과 아전이 나누어 먹으니 이 어찌 횡령이 아닌가. ○ 큰 흉년을 만나면 마땅히 이 돈으로 결전結錢을 충당하도록 해야 할 것이다【균역청에 납부하는 것】. 결전을 백성에게서 거두지 않는다면 큰 혜택이 되는 것이 물론이다. ○ 결전을 매 1결에 50푼을 거두면 1000결에는 500냥이 되고 6000결에는 3000냥이 된다. 이 3300냥으로 결전을 충당하되 부족하면 그 부족분만 조금씩 나누어 거둘 것이다. 만약 남는 것이 있으면 그 남는 돈으로 쇄렴의 물품, 예컨대 창작지倉作紙【쌀 2석】, 호조작지戶曹作紙【쌀 5석】, 공인역가貢人役價【쌀 5석】 등에 대신 충당하고 따로 쇄렴을 하지 않는 것이 좋다【만약 그렇게 하더라도 궁결미宮結米 12석은 작전作錢하지 말 것이다】. ○ 무릇 아전들의 방납은 으레 음침한 구석에 기대어 이루어지는데 무토궁방전이 100결이면 아전의 1000결

지 운반하는 데 드는 비용이라는 명목으로 받아낸 세목이 마가이다.

은 모두 이것으로 부정의 소굴을 삼는 것이다. 경기도에는 따로 그런 소굴이 없기 때문에 궁결이 큰 소굴이 된다. 무릇 이런 것을 만나면 마땅히 100결의 장부를 따로 만들어서【50결이나 30결 등으로 그 본래 수치에 따른다】 아무 마을의 장삼은 몇 결 몇 부이며 아무 마을의 이사는 몇 결 몇 부임을 낱낱이 열거하여 장부를 만들어놓고 방납을 조사할 때마다 이 장부를 검토해볼 것이다. 만약 무토궁방전 장부에 이름이 없으면 곧 아전의 사적인 방납에 속하는 것이다. 한 섬의 썩은 생선이 온통 흉악한 냄새를 피우는 식이 되게 해서는 안 된다.

남쪽 지방과 북쪽 지방의 습속이 서로 달라서 종자와 부세를 혹은 지주가 내기도 하고 혹은 전부佃夫가 내기도 한다. 수령은 다만 습속을 좇아 다스려서 백성들의 원망이 없게 할 것이다.

경기도와 충청도 지방에서는 벼를 베는 날 바로 타작하여 그 마당에서 똑같이 나누기 때문에 전주田主가 별로 잃는 것이 없다. 남쪽 지방에서는 벼를 베고 난 뒤 논에 펼쳐놓고 이틀 동안 바람에 말렸다가 그 볏단을 전부의 집으로 옮겨서 볏가리를 높이 쌓아두었다가 깊은 겨울에 이르러 전부의 집에서 남자, 여자를 모아 죽관竹管과 철고鐵股로 훑어서 곡식을 나눈다. 그러므로 전주는 농간질하는 것을 살필 수 없으니 그 사정이 서로 다르다. 종자와 세미를 북쪽 지방에서는 전주가 내고 남쪽 지방에서는 전부가 내는데 그 까닭은 타작하는 법이 다른 데 있다. 또 볏짚은 북쪽 지방은 전주와 전부가 똑같이 나누는데 남쪽 지방에서는 전부가 모두 차지한다. 이 때문에 종자와 세미를 이와 같이 하는 것이다. 그러나 흉년으로 굶주리는 해에 벼를 전부가 모두 차지하고 종자와 세미를 내지 않으면 전주가 대신 관청의 독촉을 받게 되니 그 자신이 부세를 납부해야 한다. 전주가 먼 곳에 있는 경우 한 말의 벼도 받아내지 못하고 오직 세미만 바치게 된다. 흉년이 들어 부민들이 많이 파산하는 것은 모두 이 때문이다. ○ 천지의 공리公理로 논하자면 농부가 왕토를 경작하여 9분의 1을 나라에 세로 바치고 나머지 9분의 8을 차지하여 그 밖에 다시 침탈을 받지 않는 것이 옛 법이다. 놀고먹는 사람이 전지를 넓게 차지하고 백성으로 하여금 경작하게 하여 그 10분의 5를 거두어가면서 세미까지도 전부에게 물게 하는 일이 옳겠는가. 내가 처음 남쪽 지방에 와서 이 일을 듣고 크게 놀랐으나 오래 있으면서 습속을 알고 보니 그 나름대로의 이유가 있었다. 북쪽 지방은 땅이 척박하여 하나를 심어 열을 거두기도 하고 혹은 하나를 심어 스물을 거두기도 하여 힘은 많이 들고 이득은 적으니 가련한 것은 전부이다. 남쪽 지방은 이와 반대이다. 타작하고 볏짚 나누는 것만 남북이 다른 것이 아니다. 국가가 법을 만들어 '일왕의 제도[一王之制]'[105]를 확립하였다면 칼로 자르듯이 남북의 습속을 통일하는 것이 옳다. 한 때 지나가는 나그네 같은 수령으로서 졸지에 관행을 깨고 뭇사람들의 심정을 흔들어놓는 것은 좋은 계책이 아니다. 그러므로 관행을 좇아 다스려서 백성의 원망을 사는 일이 없게 할 것이다.

105 일왕의 제도[一王之制]: '일왕'이란 한 나라의 왕은 둘이 있을 수 없고 또한 정통성을 가져야 한다는 의미를 갖는 개념이다. 이에 그 하늘 아래 땅은 모두 일왕의 것이라는 왕토王土 개념이 성립한다. 물론 이는 상징적인 의미다. 그리고 왕토를 다스리는 제반 제도가 통일적이어야 한다는 '일왕지제'라는 개념이 성립하게 된 것이다.

일 년 농사가 끝이 나서 만약에 흉년이 들었으면 추분날에 수령은 백성들에게 방문으로 미리 부세 문제를 다음과 같이 신칙할 것이다. ○"행현령은 방문으로 알리노라. 농사가 이같이 되었으니 나라에 바치는 세를 마땅히 유념해야 할 것이다. 관에서 명년 봄의 세미를 마땅히 전주로부터 거둘 테니 수확하는 날에 이 뜻을 미리 알아둘 것이다. 전부가 넉넉하고 믿을 만한 사람이면 서로 의론하여 선처하고 파락호破落戶로 믿을 만하지 못하면 타작하는 날에 먼저 세액을 떼어서 전주의 집에 실어다놓은 다음에 나머지 수확량을 가지고 서로 나눌 것이다. 만약 수확량이 겨우 세액에 충당될 정도여서 더 나눌 것이 없는 경우에 모두 빼앗아 버리면 농부는 안타깝기 이를 데 없다. 수확량 중에서 절반은 전부에게 주고 절반을 전주에게 돌리는 것이 천리와 인정에 비추어 마땅한 일이다. 전주가 부세를 보충해서 납부해야만 하는 것도 딱하지만 전부의 마당이 비로 쓸어낸 듯 아무 것도 없게 되는 일은 더욱 슬픈 노릇이 아닌가. 모름지기 서로 동정하며 원망하거나 노여워하지 않아 천지의 화기를 상하지 말아야 할 것이다. 농토는 비옥하고 척박함이 있고 재산은 넉넉하고 빈한함이 있으며 전주와 작인 사이에는 실정이 만 가지로 다르다. 그러니 일률적인 법으로 여러 정황을 모두 맞출 수 없음은 물론이다. 부세를 전주가 전담하거나 전객이 전담하거나 각기 실정에 따를 것이요 관의 명령에 구애될 것은 아니다. 수령이 할 말은 오직 세미가 기한이 지나도록 납부되지 않는 경우 전주에게 책임을 지도록 한다는 것이다. 이 뜻을 잘 알도록 하라."

남쪽 지방과 북쪽 지방의 관행이 다른 것이 또 있다. 북쪽 지방은 금년의 부세를 금년의 수확에서 내는데 남쪽 지방은 그렇지 않다. 예를 들면 갑자년의 전객 장삼이 갑자년에 수확한 벼를 다 먹고 나가서 경작하지 않으면 을축년의 전객 이사는 미리 갑자년 겨울의 작부하는 날에 이사의 이름으로 부세장부에 올리고, 연초에 조창을 열어 세미를 거둘 때 이사가 세미를 바치고 을축년에 전지를 경작하는 것이다. 이는 대단히 이치에 어긋나는 일이다. 까닭을 물어보니 경작을 처음 시작할 때 먹지 않은 지난번의 세미를 바쳤기 때문에 경작을 하지 않게 된 해에는 앞서 수확한 해의 세미를 바치지 않는 것이라고 하였다. 이 말이 비록 근거가 있는 것 같지만 역시 폐단이 있는 관행이다. 처음 경작을 시작할 때 곡가가 아주 헐해서 쌀 한 말이 20전에 불과하였는데 경작을 그만두는 해에는 곡가가 아주 비싸져서 쌀 한 말 값이 100전이 되었다고 가정해보자. 이런 해를 당해서 그 전객은 수확한 것의 몫은 다 차지하고 세미를 내지 않고 물러나는 것이 옳겠는가. ○ 비록 이렇다 해도 관행이 이미 굳어졌으니 갑자기 바꾸기는 어렵다. 다만 관행에 따를 수밖에 없으며, 송사를 처리할 때는 관행에 의해서 판결할 것이다.

서북 지방과 관동 지방 및 경기 북부는 본래 전정田政이 없다.[106] 오직 장부만을 살펴서 관례에 따라 시행하며 따로 마음 쓸 것이 없다.

경기도 북부와 황해도 북부는 전세에 본래 재감법災減法이 없다. 면에는 서원이 없고 가을에 실사를 하지 않는다. 다만 촌민 중에서 노련한 사

106 수령으로서 할 수 있는 전정은 주로 집재와 표재인데 이 지역에서는 집재와 표재의 업무가 없다는 뜻에서 한 말이다.

람이 본총本總[107]에 비추어서 전부들에게 부세를 분배하여 세액을 충당하며, 큰 흉년이 든 해에는 수령에게 세액의 감면을 청원하니 이 또한 천하의 좋은 법이다. 내가 어사로 경기 북부의 삭녕朔寧에 갔을 때[108] 보니 그곳의 세법이 이러하였고 곡산에 부사로 갔을 때도 이런 관행이 행해지는 것을 보았다. 짐작건대 강원도와 평안도, 함경도 또한 모두 이와 같은 법일 것이다. 남쪽 지방으로 귀양을 와서 18년 동안 지내면서 아전의 농간과 백성들이 겪는 괴로움을 환히 볼 수 있었다. 감사가 한 해에 재결 수만 결을 얻는다 해도 실제의 혜택이 가난한 백성들에게 돌아가지 못한다. 가령 재결이 1만 결이라면 아전이 먹는 것이 8000결, 수령이 먹는 것이 1000결이 되고 민간에 돌아가는 것은 기껏 1000결을 넘지 못하는 것이다. 헛되이 국가의 재정만 축낼 뿐, 백성들의 생활에는 무슨 도움이 미치겠는가? 나라의 절반은 좋은 법을 써서 위로는 국가의 재정을 넉넉하게 하고 아래로는 백성의 억울함을 풀 수 있거늘 왜 이 좋은 법을 쓰지 않는단 말인가. 실정에 밝지 못한 재상은 전세법을 바꾸면 아전들이 생계를 잃는다고 한다. 나라의 절반은 다른 규례를 쓰는 데도 아전들이 망하지 않은 사실을 생각하지 않는다. 혹자는 "산전山田에는 이 법을 쓸 수 있지만 수전水田에는 같이 쓸 수 없다"라고 한다. 그런데 호남과 영남 지방에서도 여러 역전驛田·목전牧田[109] 등에서 시행하는 부세 총액에 의한

107 본총本總: 농지의 세수를 위한 원장부.

108 다산은 정조 18년(1794) 경기 북부의 암행어사로 나가서 민생의 어려운 실정을 파악하여 국왕에게 보고서를 올렸고, 사실적인 시 형식으로도 묘사한바 있다. 삭녕은 경기도 연천군에 속한 고을.

109 목전牧田: 각 도의 적당한 장소에 소와 말을 방목하기 위해 설치한 곳이 목장이다. 여기에는 감목관監牧官과 목자牧子가 있었다. 목장의 경비를 충당하기 위하여 설정된 일종의 둔전이 목전이다 목장전牧場田, 혹은 목위전牧位田이라고도 하였다.

수세법은 다분히 북쪽 지방의 방식과 유사함에도 폐단이 없다는 사실을 모르고서 하는 말이다. 어찌 수전에는 불가하다고 할 것인가? 세법을 변경시키지 않으면 나라가 궁핍해지고 백성이 가난해지며 아전만 살찔 따름이다. 또한 남쪽 지방의 아전들도 교만하고 사치하고 방탕하게 되어 아전 자리를 대대로 물려주는 자가 드문 형편이다. 오히려 북쪽의 아전들이 자리를 오래 지키는 것만도 못하니 아전에게도 복될 것이 없다. ○ 요컨대 전정은 정전법井田法을 회복하는 것이 제일 좋은데【「전제고」에 상세히 나와 있다】 그렇게 하지 못하면 서북 지방에서 실시되고 있는 세법을 가져다 쓰는 것이 차선책은 될 것이다.

화전세火田稅는 관례를 참작하여 비총比總[110]을 하되 큰 흉년에는 적절히 덜어주며, 크게 황폐한 마을에 대해서도 적절히 덜어줄 것이다.

『대전통편』에 "화전은 아울러 6등전에 해당시킨다"라고 하였고, 또 "화전은 25일 갈이를 1결로 삼는다"라고 하였다. 혹 매 1결에 전미田米[111] 100두를 거두며, 반세半稅로 하면 전미와 콩을 각기 25두씩을 거둔다. 혹 15두를 거두기도 하고 혹 포布 10필을 거두기도 하며, 콩으로 8두나 4두

110 비총比總: 영조 36년(1760)부터 실시된 새로운 전세제도. 더욱 좁혀 말하면 새로운 급재給災 제도이다. 종전에는 감사의 재실災實 보고에 대하여 호조에서 경차관敬差官을 파견하여 재실을 실사하게 하고 그 보고에 의하여 전세를 산정하였다. 비총법에서는 호조에서 경차관을 파견하지 않고 감사의 농형農形 보고에 따라 그것에 상당하는 종전의 어느 연도의 수세액을 기준으로 하여 해당 도의 전세액과 급재 결수를 결정하였다. 이 제도는 『대전통편』 권2 호전수세戶典收稅에 나와 있다.

111 전미田米: 밭에서 나는 쌀. 산도 혹은 육도라고도 한다.

를 거두기도 한다【법전에 보임】. 대체로 1결이라 해도 큰 산줄기에 뻗쳐 있기도 하고, 평전平田과 같이 타량된 것도 있다. 큰 산 줄기에 뻗쳐 있는 땅은 옛날부터 100두를 거두었고 평전과 같이 타량된 것은 옛날부터 8두를 거두었다. 또한 화전민이 정착하지 않은 땅은 옛날부터 4두를 거두었다. 그러므로 관행에 따라 법이 되어서 도마다 고을마다 같지 않다. 전에 산간 고을의 화전한 곳을 보면 가파른 산비탈에 뙈기 뙈기 개간을 했기 때문에 실로 경묘법頃畝法으로 계산할 수도 없고 결부법結負法으로 묶을 수도 없고 두락斗落으로 헤아릴 수도 없고, 몇 일 갈이로 정할 수도 없다. 산골 백성에게 물어보니 "부세에는 원총原總이 있어서 평균으로 배정하여 그 액수를 채운다"라고 대답했다. 관의 대장에 몇 결 몇 부라고 올라가 있어도 마을의 사적인 기록에는 몇 석 몇 두로 되어 있는데, 관청에 세를 바칠 때는 모두 돈으로 환산하지 곡식으로 바친 일은 없다고 한다. 몇 보步 몇 척尺이 1결이 되는지 천지개벽 이래로 아는 사람도 없다. 법이 이 모양이니 오직 관례를 참작하여 비총으로 할 수밖에 없다【100묘로 푸는 법은 「전제고」에 상세히 나와 있다】. ○ 흉년에는 응당 재감이 있어야 하지만 밭에는 재감이 없는데 하물며 화전이야 말할 것이 있겠는가. 화전은 전세를 호조에 바치는 것과 궁방에 바치는 것, 그리고 수령 자신이 받아먹는 것이 있다. 수령이 받아먹는 부분을 적절히 줄여서 혜택을 주는 것이 좋다. ○ 대개 화전은 민호民戶의 성쇠와 관련이 있다. 땅은 부족하지 않은데 경작하는 사람이 없으면 그 수확이 적을 수밖에 없다. 폐촌이 된 마을은 30년 전의 호적을 상고해보아서 옛날의 100호가 지금은 30호가 되었다면 쇠퇴하고 흩어졌기 때문임을 짐작할 수 있다. 화전세를 덜어주어 백성들을 다시 모여들게 하는 일은 그만둘 수 없다. ○ 화전세를 영구히 덜어주는 일은 일시 감해주는 것보다 혜택이 깊다. 그럼에도 수령이 영구히 덜어주기를 꺼려하는 까닭은 뒤의 수령에게 원망을 들을까 염려해서이다. 슬프다. 뒤에 올 사람을 대접함이 너무 박하지 않은가. 평범한 사람인 나로서도 오히려 감면해주어서 혜택을 주고 싶거늘 뒤에 올 수령이 어찌 꼭 현명하지 않은 사람이리오. 또 백 사람이 좋아하는 바는 충분히 한 사람의 원망을 막을 수 있는 법이거늘 무엇을 꺼려서 행하지 않으랴!

ㅊ

ㅌ

ㅍ

ㅎ

정약용丁若鏞
조선 정조 때 실학자로 호는 다산茶山이다. 1762년 경기도 광주부에서 출생하여 28세에 문과에 급제했다. 곡산부사·동부승지·형조참의 등의 벼슬을 지냈다. 경학經學과 시문학에 뛰어났으며 천문·지리·의술 등 자연과학에도 밝았는데, 수기치인修己治人의 실학은 그의 학문 자세와 방향을 상징하는 말이 됐다. 18년간의 강진 유배생활 동안『목민심서』『경세유표』『흠흠신서』등 방대한 분량의 초고를 저술했으며, 경학 연구서 232권을 비롯해 2500여 수의 시와 다수의 산문 등 빼어난 저술들을 남겼다. 1818년 귀양이 풀려 고향으로 돌아와 1836년 별세하기까지 방대한 저술의 완성에 힘을 쏟았다.

다산연구회
1975년 고故 벽사 이우성 선생을 필두로 실학에 관심을 가진 학자들이 함께 원전을 읽고 토론해보자는 취지로 모임이 시작되어『목민심서』독회와『역주 목민심서』출간에 이르렀다. 10년간 치밀하게 조사하고 치열하게 토론하며 역주에 힘을 쏟은 결과, 1978년『역주 목민심서』(창작과비평사) 제1권을 간행한 이래 1985년 전6권이 완간되었다. 회원은 작고한 분으로 이우성李佑成·김경태金敬泰·김진균金晋均·박찬일朴贊一·성대경成大慶·정윤형鄭允炯·정창렬鄭昌烈, 현재 활동하는 분으로 강만길姜萬吉·김시업金時鄴·김태영金泰永·송재소宋載卲·안병직安秉直·이동환李東歡·이만열李萬烈·이지형李篪衡·임형택林熒澤 등 16인이다.『목민심서』200주년을 기념한『역주 목민심서』전면개정판 작업의 교열은 임형택이 맡았다.

역주 목민심서 2

초판 발행/1979년 9월 5일
전면개정판 1쇄 발행/2018년 11월 7일

지은이/정약용
역주/다산연구회
교열/임형택
펴낸이/강일우
책임편집/윤동희 홍지연
펴낸곳/(주)창비
등록/1986년 8월 5일 제85호
주소/10881 경기도 파주시 회동길 184
전화/031-955-3333
팩시밀리/영업 031-955-3399 편집 031-955-3400
홈페이지/www.changbi.com
전자우편/human@changbi.com

ISBN 978-89-364-6048-8 94300
978-89-364-6985-6 (세트)